LA VERDAD SECRETOS DE LOS ANTIGUOS CONSTRUCTORES

LA VERDAD SECRETOS DE LOS ANTIGUOS CONSTRUCTORES

2016

Miguel O. Montalvo

AuthorHouse™
1663 Liberty Drive
Bloomington, IN 47403
www.authorhouse.com
Phone: 1-800-839-8640

First published by AuthorHouse 07/06/2011

ISBN: 978-1-4634-2876-1 (sc)
ISBN: 978-1-4634-2878-5 (hc)
ISBN: 978-1-4634-2877-8 (ebk)

Library of Congress Control Number: 2011911690

Printed in the United States of America

DEDICATORIA

Yo le dedico este libro en especial a EDWARD LEEDSKALNIN, y a la humanidad por el gran monumento que el logro aportar a la humanidad, y su sencillez, gracias Edward por el castillo de coral.

"La historia te olvidad pero yo no, tu obra vivirá por siempre, como el tiempo" por Miguel o. Montalvo. 3:35 AM.

BIOGRAFIA

Nací en un pueblo llamado la romana en la republica dominicana 26 de febrero 1972, mis padres Francisco jacinto Montalvo Mañón y Carlita Hernández, tengo 2 hermana de padre y madre, y 4 hermano, 3 de padre y uno de madre. Fui un regalo en el 1972, el ultimo domingo de mayo día de las madre dominicana, mi abuela paterna Alicia Bélgica Valleberdu le dijo a mi padre que ella lo que quería de regalo de madre era a mi y mi padre me llevo a vivir con ella y viví con ella hasta lo 17 años y luego me fui a vivir a puerto rico en el 1989 con mi padre y en el 1991 me fui a vivir a Orlando florida con el hasta el, y ese mismo año empecé la escuela la secundaria a la edad de 19 años, y me gradúe a los 21 años en 93. Luego trabaje construcción por un año, viví 3 meses en Biloxi Missisipi, luego en marzo del 94 regreso a mi país, y luego empiezo la Universidad Federico Enrique y carvajal 1994 . Y luego conozco a Anneris padilla de castro nos hacemos novio y luego el 11 de enero 1995 nos casamos, luego un día después de mi cumpleaños, el 26, el 27 de febrero tuve una experiencia con la muerte con solo 1mes y 16 día o 46 días, me intoxique y para mi entender yo me morí y dure 3 días en el hospital, y luego yo regreso a Orlando con mi padre a trabajar y mi esposa sigue estudiando en la universidad y luego ella viaja a los estados unidos a vivir. Yo trabajaba en un hotel llamado Vistana Resort, en el área de restaurante, un sábado, como todos los sábados, yo cocinaba el BBQ en el área de la piscina, y veo que una niña de algunos 3 a 4 años sale de la piscina de los niños, y se tira a la de los adulto, para mi la niña sabe nadar, pero la niña no sube, la temperatura estaba caliente, mas el fuego del BBQ, se sentía como 110 grados, me tiro a la piscina, y saco a la niña del agua, nadie vio caer a la niña al agua, la niña estaba morada, y ya tengo por lo menos como 4 minutos dando le primeros auxilios, ya yo estaba a punto de tirar la toalla, y en el ultimo intento la niña vomito, y en ese momento llegaron los bombero, y la policía, yo di mi declaración a la policía, y me fui para mi casa, yo tenia 24 años, cuando eso sucedió, y en ese mismo año, el primero de octubre nace mi primera hija Ashley, y luego en el 97 nos mudamos hacia Miami, trabaje un poco de construcción, y me lastime un tobillo, los ligamentos y los tendones, y no pude trabajar, como por 3 meses, luego consigo trabajo en un almacén (caterpillar), me fui de ahí por que no que rían dar aumento, 2 meses mas tarde con seguí trabajo en la Red Bull energy drink, en el 98 hasta el 2002, luego resine, para irme a trabaja con altérnate famili Care, (cuidando niños del gobierno), que todavía hacemos, pero con otra compañía (CHI). En el año 99 nace mi segunda hija Ámbar, y yo tengo 27 años, en el año 04 compramos nuestra primera casa, y ese mismo año nace mi tercera hija Angélica, yo tengo 32 años de edad, y en abril del año 06, Angélica se cae a la piscina, y mi hija mayor la encuentra flotando en la piscina, ella estaba morada, yo le quito a la niña a mi esposa de las manos, y le doy primero auxilio, y se repite lo mismo, que la niña del hotel, 4 minutos, y logro revivir a mi hija, y ella tiene 6 años de edad. pueden ver lo números, si no se lo voy a explicar.

Yo nací el 26 de febrero del año 1972, un sábado, que es el día 6, y mi padre tiene 26 años.
Salí de mi país el 30 de agosto del 1989, yo tenia 17 años
Termine la secundaria a la edad de 21 año, en el 1993.
A la edad de 23 años casi me muero, duro 3 días en el hospital, y con solo 46 días de casado.
Mi primera hija a la edad de 24 años, en el 1996, ella tiene 13 años + 10 = 23 < octubre 1ro
Mi segunda hija a la edad de 27 años, en el 1999, ella tiene 10 años + 6 = 16 < septiembre 17
Mi tercera hija a la edad de 32 años, en 2004, ella tiene 6 años < mayo 18
La niña del hotel en el 1996, y mi hija en el 2006, 10 años mas tarde, lo mismo 10 de Edward leedskalnin del castillo de coral.
Ashley tendría en el 2016, 20 años
Ámbar tendría en el 2016, 17 años
Angélica tendría en el 2016, 12 años
Y yo tendría en el 2016, 44 años
44 + 20 + 17 + 12 = 93   9 + 3 = 12   9 - 3 = 7   9 * 3 = 27   9 / 3 = 3

COMENTARIO

Hoy 25 de febrero del 2010 a las 2:19 de la mañana eh terminado mi primer manuscrito después de 6 meses de trabajo, creo que eh hecho un buen trabajo, pero se los dejo a su criterio, y opiniones, toda esta información que esta en este libro es producto de mi visión con los números, las otras son cosa con sentido común que el ser humano no puede pensar por si solo, y estoy tratando de que puedan comprender la verdad de la vida, y no sean unos inepto, mucha de la información la en contre en el Internet, pero fue de referencia, porque no le copie el trabajo de nadie, todo lo que utilicé fue de la historia, y mi forma de pensar, que se que hay muchas personas que piensan igual que yo, pero no pueden hablar de estos temas porque le dicen ese esta loco, creo que saber es una enfermedad, porque si hablas mucho eres un sicópata, o lunático, pero recuerden que Galileo Galilei, fue un loco por la iglesia, al igual que Isaac newton, que siempre tenían que trabajar en secreto, como otros igual que ellos tenían que hacerlo en forma de enigma para que en el futuro pueda ser revelado la verdad de la mentira de la iglesia, que por 1800 años han tenido gran parte de la humanidad con los ojos vendado, y es tiempo de una revolución de conocimiento, por que saber no hace daño, si no es como comer cuando tiene hambre, pero en este caso es hambre de sabiduría de leer, de conocer otras opiniones, no que otra persona le diga lo que el quiera a su manera. Abran los ojos. 2016, 2016, 2016, 2016, 2016, 2016.

En este libro hablo un poco de la verdad de la iglesias en total todas, también hablo de un castillo de coral que es un enigma para la arqueología, y la historia, escribí sobre algunos mapas que la historia olvido escribir en los libro historias, de el libro que mas referencia tome fue de la Biblia, que en palabras es una mentira, y en la numerología es una gran verdad, hablo del domino chino, las barajas, y los dados en la numerología en la verdad de los números, de Malaquías y sus 112 papas, de Michel Nostradamus, Isaac Newton, da Vinci, etcéteras, también un poco de la historia de los fundadores de la nación de norte America en la numerología, el misterio de los números como el 11, 21, y 22 que es el mismo, pero mi mayor enfoque es el numero 2016 que es la figura principal, gracias al castillo de coral de EDWARD L. y su tabla de la edades como yo la eh llamado fue como encontré el numero 2016 escondido entre la edad de el, y la edad AGNES SCUFF, y otras cosa, para mi el numero mas extraño es el numero 28, ¿porque?. Porque es el único numero que dividiendo entre otros números el resultado es 714285, es como si fuera el (PI), hagan el ejemplo 5/28=? O 99/28=?, hay algunos números que no se puede hacer.

SENTIDO COMUN

La historia nos habla de nosotros y los hechos nos lo afirma la arqueología, nos ha enseñado todos los hechos de la humanidad, pero hay un grupo de personas que no quieren que la verdad salga a la luz. De cada persona con 5 sentido común porque desde la antigüedad están jugando con nuestra forma de pensar de como actuamos; con el cuento hay un dios que todo lo ve y lo sabe y por que hay tanto odio, muerte y guerras, desde los tiempo Bíblicos eran hombres de odio y mataban porque un dios llamado, Yahvé-Adonai-Eli-Mal Hakim-Elohim y Elyon, esto son unos de los nombre que Los antiguos judíos llamaban a su dios, pero yo Se que muchas personas en el mundo no saben el por que de la cosa de este mundo, si yo tengo el sentido de comprender todo lo que pasa alrededor mío, si la palabra Elohim como empieza en la Biblia judía se traduce como nosotros o los dioses en plural, luego sigue Elyon pero no es el mismo (el absoluto o el), luego sigue Adonai o Edonay que significa (el señor) pero la cosa sigue con Yahvé o Jehová, que significa (el es o el que es) Luego sigue Sadday que es (el todopoderoso) luego Eli que es (el padre) y Mala Kim que significa (ángel en griego o mensajero). Así podemos ver los judíos tenían la creencia en varios dios, y a pasar de los tiempo se fue unificando. La creencia de un solo dios que no era mas que una entidad superior a nosotros en lo que es tecnología, por que si dios esta en todos lados no hay necesidad de ir a la montaña a hablar con el, Y siempre viene en una nube, y con mucho ruido con candela porque tanto secreto, y misterio que siempre era uno el único que podía hablar con el en la montaña de reunión. Todo esto son datos de la historia que por razones inexplicables en la escuela al profesor de historia se le olvido enseñar, por eso es que las religiones tienen a sus fieles creyente como caballo sin mirar para los lados, porque si el día que la verdad se conozca, se acaba el juego, si pero es un juego muy lucrativo que dejas billones dólares al año sin pagar impuesto Pero esto no es nada los siervos de las congregaciones nunca se pregunta el por que de la cosa de la sagradas escritura (Biblia) solo se conforman con lo que la Biblia dice si pero, quién la escribió. Nadie sabe lo que se sabe que son copia de copia que no hay originales ni hay prueba de que Jesucristo vivió solo la historia de la biblia habla de el nadie que vivió antes de el supuesto nacimiento de Jesús o durante sus 33 años ningún historiador de la época mencionan a cristo, y muchos historiadores vivieron en esa época, con toda la cosa que la biblia dice que el hizo por, ejemplo curo a los ciegos, curo a los enfermos, camino por agua, Y por ultimo levanto a los muerto, camino por muchas ciudades, y Jesucristo no pudo pasar por la escritura de un historiador de la época que extraño, que eso no sucediera saben por que porque nunca existió, desde que Colon llego a nuestras tierras nos están vendiendo el cuento de que la tierra tiene 6 mil años de antiguadas que Adán y Eva fuero los primero que dios todo lo ve y lo sabe por que el Mundo esta como esta, saben cual es la respuesta de un cristiano por el pecado pero cual pecado Ho, el de Adán y Eva que se comieron una manzana por la serpiente le dijo que puede comérsela, y ellos se la comieron pero por eso es que a mi séme prende la sangre por que si el todo lo sabe y lo ve quien podía in pedir lo contrario nadie por que el es dios y todo lo puede pero no fue así por que no era dios, entonce por quien entonce dijo (el Elohim) hagamos al hombre a imagen nuestra, a nuestra semejanza. Génesis (1,26) que tan difícil es aceptar que no estamos solo tenemos la pruebas en nuestro ojos pero no queremos verla por que las religiones no quiere aceptar la realidad de la vida que ya. no somos niños de 2 grado hoy en día hay muchas forma de escrudiñar la verdad o compararla con los hechos histórico de la arqueología que siempre han estado hay pero por el juego de los grandes con ambición de mas poder y mas dinero no tienen en el olvido y a las religiones no le interesa que nosotros encontremos la verdad por que si la encontramos se le acaba el juego de que si te portas mal va para el infierno pero el te ama, ese es el miedo del los cristiano el fin del mundo, desde hace 2000 años el mundo se esta acabando y que el Mesías regresa y para poder salvarte tienes que creer en el hijo o no, nos jodimos lo que no creemos en el. Pues yo pregunto si a alguien en la escuela le enseñaron el origen de las lengua a mi si cual La fenica, jeroglífica y coniforme y hay record histórico de cada una de ellas pero el idioma hebreo fue un idioma sin historia que apareció de la nada como el dios de los cristiano de la nada. Ohm, los hebreo no conocían los numero, 22 letras todas consonantes, ninguna vocal, las letras se usaban como números las primeras 9 son la unidad las otras 9 decenas y las ultimas 4 centenas. Yo les garantizo que muchas persona no saben el origen de la palabra (Biblia) y que significa biblos que viene del termino griego que significa libro y a la ves es una palabra de origen Fenicio que viene del nombre biblos unas de la ciudades de la antigua fenicia es lo que quiero que vean en la escuela nos hablaron de biblos Pero nada de que la Biblia y biblos es lo mismo Porque? desde la antigüedad todos sabían que La tierra era redonda pero la iglesia decía que no Y si un sabio de la era decía lo contrario que pasaba con ellos que eran muchos, tenían que Jurar delante del papa y el mundo de que era mentira y creer en dios que los grandes sabios de la antigüedad no creían, porque? que diferencia hay entre ellos y nosotros que ellos tenían mas educación o conocían la verdad. Por eso hay muchos de ellos le decían que estaban locos por ser inteligente y conocer la verdad. que hoy en día es la misma lo que pasa es que hay un grupo que no quiere que se conozca pero gracias a la arqueología y a el interne mucha información se conoce y muchos tratan de esconderla, pero como dice el dicho (no hay mas ciego que el que no quiere ver) la verdad por que la historia nos cuenta una cosa y los que escriben la historia nos dicen otra cosa, por ejemplo que los egipcio tienen 4000 años de antigüedad que los inca en Perú y Bolivia tienen 1200 o 1600 años de antigüedad pero la ciencia dice lo contrario, Por ejemplo que la inca tiene mas de 17000 años de antigüedad y que la egipcia tiene 12500 años, Cuando los conquistadores llegaron a la que hoy En día es el Perú o Bolivia (America del sur) Francisco Pizarro le pregunto a lo aborígenes que si ellos construyeron esas grandes ciudades ellos dijeron que los dioses del cielos las construyeron, por eso es que digo que la arqueología siempre dice la verdad pero hay un grupo que son los que escriben la historia a su manera para mantener al hombre o mujer ciego de la verdad de nuestro origen o evolución como ser humano no como la teoría de Darwin, como es posible que unas civilizaciones tan antiguas tengan tanto conocimiento de astrología de geometría de matemática de ciencia de arquitectura de ingeniería y otras cosa que los historiadores se olvidan de escribirla en los libros de historia porque?, Porque nos tienen viviendo en un mundo de mentiras y falso el dios que nos obligaron a creer en el por que si no era la muerte en la hoguera, por ejemplo el (Hatuey aborigen la Española (Republica Dominicana) en 1511 Diego Velazquez partió de la Española para Cuba, Pero el indio Hatuey huyendo de la opresión de los conquistadores huyo hacia cuba y allí fue a presado por los conquistadores y fue quemado en la hoguera por no creer en el dios de los conquistadores, pero antes de que lo quemaran vivo un sacerdote le presenta la cruz y le dice que se arrepienta para que vaya al cielo, y conozca

A Jesús y el le dijo (hay gente como ustedes en el cielo) el sacerdotal dijo si hay muchos como nosotros en el cielo y luego Hatuey dijo (yo no quiero saber nada de un dios que permita que tal crueldad fuera hecha en su nombre) que crimen cometió ese hombre que no creía en el Dios de los conquistadores y por eso lo mataron si dios es un dios de amor, paz y dulzura entonce porque permite tanto odio tanta muerte en su nombre todo es mentira es un juego de conejillas de unos cuantos que tienen el poder y la verdad Y engañan los pobres cristianos con el cuento que Jesús murió en la cruz por nosotros el pecado que pecado el de una manzana el que tenga 5 sentido y no razone a la verdad es un ignorante por cuando mientras mas sufres el cielo es para ti por pena lo es por que siempre en la cárceles los criminales siempre encuentran a dios saben por que hay una Biblia para cada uno y lo que mas tienen es tiempo para leerla y de ellas salen los mejores predicadores de nuestra era, ladrones, asesinos Y violadores, por que nunca buscaron de dios o Jesús antes de cometer su crímenes si no después porque? Si dios o Jesús hizo tanto milagros por que ahora no ooo . . . . si cuando un criminal se arrepiente y porque no antes que extraño EE Pero los cristiano tienen una respuesta para todo, Ohm el señor obra misterioso no es misterioso es que no tiene un respuesta para poder explicar por si das explicaciones levantas preguntas que no tienes respuesta para contestar Y los miembros de tu congregación o iglesia conozca la verdad que todo es un juego que es muy lucrativo ($$$$$$) quizás muchos de ustedes no se dan cuenta que cuado hay un catástrofe las iglesia nucas ayudan en especial la católica siempre dicen oremos Por ellos cuando tu as visto que la oración resuelve problemas y quita el hambre, porque? La religión siempre a estado entres los gobiernos para poder controlar a lo que no creen, siempre manipulando nuestras decisiones propias, por ejemplo (mi esposa estaba visitando un iglesia con mi ex padrastro, y un día llega a la casa y me dice que el pastor dijo que no se podía Tener relaciones orales ni anales y yo le dije que recogiera sus cosas y se fuera a vivir con el pastor hasta hoy no a regresado a una iglesia pero es creyente, yo soy una persona que me gusta leer escudriñar el porque de las cosas, porque si tengo El cerebro para entender, entonce por que creerle a un hombre que sabe menos que yo y a un libro que no ay originales solo copia de copia pero ningún pastor le hablas a sus miembros con la verdad del origen de la Biblia una porque no lo saben porque nunca estudiaron o nos les conviene decir la verdad, porque ? ($$$$$). Porque no hablan de los pergamino de donde se escribió la Biblia que el mas antiguo es del siglo

4 de la era cristiana y los del nuevo testamento son 350 y 450 años después de su muerte, ninguna religión habla de la historia de la Biblia ni de quien la escribió solo le dicen a sus seguidores que fue una inspiración de dios si el es un dios por el no la escribió si el tiene el poder de crearlo todo porque?, Porque no existe siempre con el mismo juego el miedo es el arma mas fuerte que tienen en contra de su seguidores, El diablo, Satanás o Lucifer el infierno que sino si sigues a Jesús vas para el o para el cielo pero no hay prueba de eso es solo un cuento de caminos. Por ejemplo tuve visitas de mi país de origen y con ellos vinieron dos jóvenes que son cristiano y yo le hable si ellos conocían algo mas de su dios y me dicen que no y yo les hable de que hay pruebas arqueológicas de que Jesús nunca existió, se pusieron guapo y me dice la joven tu sabes que hay 3 cielos, en que cabeza cabe decir que hay 3 cielos es simplemente el juego del miedo y ella es una joven que va entrar a la universidad y cree en hombre que le dice cosas sin sentidos que ni el ni ellos mismo las en tienden, los pastores de la iglesias sean convertidos en grandes sicólogos que tienen a hombres y mujeres hipnotizados día y noche descuidan su hogares para ir a un hombre hablarle mentirá de un libro que no tiene historia de su escritores, pero ellos siempre encuentran la manera de lo que te están diciendo es la verdad de que ? Porque siempre Y casi siempre leen lo que le convienes y nunca les dan explicaciones de los hechos, por ejemplo Ezequiel que vio el profeta si porque es un profeta lo dice la Biblia, vio un objeto que el no sabia como explicarlo porque no era de esa época tenia ruedas dentro de ruedas y alas como pájaro pero no volaban como pájaro, (Ezequiel 1,4 al 28), si pero si alguien pregunta por que de Las cosa la respuesta es ooo . . . . es el espíritu que obra misteriosamente son repuesta para que nadie pregunte el porque de la cosas de dios que dios el que matas el que odias si pero el te ama, si el ama A tu dinero de todos los día y para que quiere el tu dinero para nada porque el no necesita Umm . . . Y los pastores si, si porque la palabra lo dice no lo dice el hombre igual que yo o que ustedes son ciegos o que nunca fuero a la escuela o a la universidad. Pero lo mas malo que yo veo es cuando los padres cristiano quieren que sus hijo sigan la misma religión deje que ellos Tomen su propia decisión no las tomen por ellos Yo tengo 3 hijas y yo no les enseño nada de la religión ni que crean en dios que ellas misma Tomen sus decisiones en lo que ellas quieran creer. mi esposa tiene un madrastra que es una linda persona y es cristiana después de grande ella dice cristo me salvo y yo le digo de que, pero no la culpo a ella porque su nivel educativo es muy bajo pero tiene una hija que

es licenciada en leyes y otra que es hijastra es medico y yo digo Si el haces tantos milagros por los cristianos van Al los hospitales ooo . . . . , pero cuando ocurre un milagro OH fue cristo, que cristo fue la ciencia Moderna que es la medicina pero en época de los Religiosos eras una brujas o un brujos poseídos por Los demonios o Satanás que mentira. Y Así no dicen que dios es amor y paz y el que todo lo ve y lo sabe permite que hagan tantos crímenes en su nombre, que dios?! Es que su perfecta creación es que ya no le importamos si es como dicen ellos que el nos ama tanto que amor es ese de tu ver matar, ver violar a una niña que pecado tiene un niño haber nacido pero somos su creación perfecta de que de mierda en la cabeza que nos creímos que el mundo se va acabar y todos los años cristo viene, pero siempre hay una respuesta para todo como solo el padre sabe cuando viene, eh y todo no son lo mismo, el padre, hijo y espíritu santo, que cuento y así mantienen su seguidores sentado como estupidos y ellos esperando el dinero que lo hacen mas rico y el que esta sentado el pastor le sigue hablando mierda y ellos se la creen y yo fui de ellos pero siempre fui curioso con las cosa que no me explicaban y yo buscaba el porque de la cosa, si otros lo saben por que yo no si el no es mejor que yo ni que nadie, lo que pasa es que ellos son mas vivo que otros que se conforman con la palabra de un hombre que es igual que yo y que tu lo mismo que ellos te hablan tu lo puedes estudiar por ti mismo y sacar tu propias conclusiones y no que otro te saque el dinero Y tu tiempo de vida en algo que vale mas que ellos. Como dijo alguien una ves en los 1800 LA RELIGION NUNCA PODRA REFORMAR AL HOMBRE

POR QUE ES ESCLAVA.

Miren hasta donde llegan los padres con sus hijo, vi. En el interne un video de un niño profeta que no tiene mas de 5 a 7 que te habla de la teoría de Darwin que sabe ese niño de la evolución o la creación si no por lo que sus padres le dicen y el niño se lo cree pero mas se lo creen lo que los escuchan y le aplauden que ignorante son, donde esta la niñez de ese niño esta perdida por la avaricia de su padre que es ($%$%$%$%) Mi esposa dice que estoy perdiendo el tiempo que si no fuera por la religión el mundo estuviera loco pero ante todas la culturas tenían su propio dioses y vivían, por que están difícil conocer la verdad no, la única verdad es creer en cristo que yo no e visto ni nadie tampoco pero el existe en donde que yo no lo veo y como Yo hay muchos como que le buscan, pero donde esta y te dicen en todos lados porque? Si dios creo el universo y quien creó a dios, ooo . . . .La respuesta es se creo de la nada y quien coño creo la nada, son repuesta sin explicación y ellos se lo creen, coño que mentira y nadie dice nada Pero los grandes sabios si lo sabían que no existía dios si no que era un cuento y lo hicieron un juego Y nosotros somos los estupidos que no podemos pensar por si solo tiene que otro hacer lo por nosotros para que tiene la cabeza solo para comer y hablar mierda sin sentido que tu mismo no sabes lo que esta diciendo solo por un libro que hechos por manos de hombre como tu y yo y todavía le sigue creyendo que son copias de copias y cada una de las religiones tiene un Biblia diferente una de las otras, si todas aman al mismo dios por hay tantas religiones, tantas iglesias y un solo dios porque? Es El ($$$$$$).Bueno la Biblia me habla de 10 mandamiento no tienen sentido porque? Quien soy yo para matar a otra persona que el es igual que yo, ahora robar si tu tiene lo que tengas es tuyo no mió pero quien me da el derecho de cogerlo nadie yo mismo pero el diablo me dijo que lo cogiera que diablo si el diablo es uno mismo. Y recuerda que los 10 mandamientos son una copia de la religión Egipcia, lo que pasa es que no les interesa que tu conozca la verdad, pero la verdad esta en tus ojos y no la quieres ver, la historia no fue como nos dijeron en la escuela y hay muchos arqueólogos que han dicho su hallazgo pero por razones de la vida esa información nunca llega se pierde con el tiempo o hacen que se pierda tengo un tío hermano de mi padre que es curioso con las cosas que no tienen explicación pero si la tienen, a el le gusta leer libro raros y revista de los años 1960 y 1970 y yo un muchacho de unos 12 o 14 años curioso comienzo a leer los libro y, las revista pero que curioso esa revista me hablaban de computadora de hace mas 2000 años de antigüedad y los griegos conocían un planeta que jira alrededor del sol y ellos lo conocían con el nombre de anti-teon, que significa antitierra Porque en las escuela nos no enseñan nada de eso porque mientras menos sabes mejor para ellos menos preguntas. Ahora por que mi tío le gustaba lo inexplicable, porque un día 4 de la mañana el tenia que ir a trabajar en la central de azúcar que la casa esta frente a frente y el dice ese día iba a trabajar y cuando abrió la puerta vio una gran luz detrás de unas mata de caoba, mango, pino, el solo tenia 17 años y que la luz se perdió en el cielo, a quien le creo al pastor de la iglesia que dice somos los único en el universo yo le creo a mi tío, porque como hay millones de pruebas de que no estamos solos, si dios es tan poderoso como es posible que somos lo único coño otro cuento, que en estos tiempo hay personas que piensen que somos los único si la Biblia habla de cosas extrañas pero los religiosos no saben como explicarla y la explican a su manera que bien, a su conveniencia propia. Yo hice un pacto con una prima en vida y por causas del destino ella muere que el que muera primero le dice como es la vida en el otro lado, y no a pasado nada, yo no se si hay cielo o infierno, pero solo se que nadie puede decir a mi que si yo no creo en dios o cristo voy para el infierno, el infierno es invento de los católicos para poder tener control, sobre su estupidos seguidores que hoy en día creen en el infierno, y hay cristiano que dan testimonio de que han visto el infierno, que mentira lo que el humana cree es lo que ve y lo que te dicen desde que somos niños es la mejor manera de lavarle el cerebro a una persona así nos impusieron su religión a la fuerza o si no muerte. 2012 el fin del mundo Ho si pero por quien dios no lo creo, pero el te ama, las grande civilizaciones de todos Los tiempo conocían la astrología y los fenómeno de el espacio, como los maya que habla que su rey bajo del cielo y a el regreso, pero que va a suceder nada es solo un cambio astrológico que su sede cada, 2160 años que la biblia habla de 2 uno con Moisés y el otro con el nacimiento Jesús pero que sucede con el tiempo de hoy estamos llevando el tiempo mal si este fenómeno sucede cada 2160 años y cristo nació en el siglo I de nuestra era entonce hay 128 años perdidos o es que nuestro calendario esta hecho a favor de unos cuantos que es el Gregoriano-romano, este fenómeno es que la constelación de piscis deja de estar con el sol y ahora es el tiempo de acuario pero sucede un fenómeno que los antiguos los conocían y los registraron en la historia que el 25 de diciembre El solsticio invernal, del solsticio veraniego que los días son mas corto, desde la perspectiva el sol se mueve hacia el sur volviéndose mas pequeño, los antiguos de la era lo conocían que so representa la muerte de las siembras y cosecha a la llegada del solsticio invernal, fue la muerte del sol para de moverse hacia el sur al menos por lo que la vista percibe por 3 días, por eso 3 días de pausa el sol reside en la constelación de la cruz del sur después de este tiempo el se mueve 1grado hacia el norte. Por favor señores si nuestros ante pasado conocían este fenómeno tan bien, como es que en nuestra escuela no lo enseñan, porque? Porque nos le interesa que tu ni yo tengamos conocimiento de la realidad de nuestra historia que creo que esta mal contada, pero si alguien dice lo contrario de la historia que nos han enseñada con pruebas, que sucede nunca sale a la luz y si logra salir la desmiente y nunca mas se escucha de ese tema como (la película de Zeitgeist) cuantas personas han visto esta película piensen por unos minutos cuantas persona hay en el mundo y yo les garantizo que solo un 3 a 5 por ciento han visto esta película porque? Mientras menos preguntes mejor. Piensen si todo el mundo pregunta lo mismo que respuesta nos darán? Una verdad o una mentira como siempre lo han hecho con la venda en los ojos, o como ovejas de pastor ya es hora de que el mundo conozca la verdad estamos en el siglo 21 y todavía sin con el cuento de que somos los único en el universo, pero que pasa con la historia, por ejemplo, los hindúes en sus escritura hablan que en el universo hay millones de galaxia y comos sabían ellos eso, si 10000 años atrás así como por arte de magia, los Egipcios construyen 3 monumentos de las actuales 7 maravillas del mundo, de las cuales ya han desaparecido 6; bueno, 3 pirámides a la perfección usan el número "pi." a su mayor elevación y hacen una alineación con la constelación del cinturón de Orión que era llamada los tres reyes, tienen piedras cortada a la perfección, tienen piedra mas dura que el granito cortada a la perfección y pulida, que extraño que tu no puedes prender un fósforo o un encendedor, ¿porque? Que extraño, si pero la historia nos enseñas que se alumbraban con escudo de cobre o bronce solo un 20 por ciento, ahora se que muy pocos de ustedes conocen la capadocia en Turquía es una ciudad subterránea que albergaba mas de un millón de persona, con baños, cocina, con una temperatura de 62 grados en el primer nivel como en el ultimo y puedes encender un fósforo o encendedor, porque pocos la conocen, y los historiadores que escriben los libro no hablan de eso ¿porque? Las baterías de Bagdad en Irak que en la antigüedad era babilonia están en el museo, porque la biblioteca de Alexandrino fue quemada dos veces porque toda la historia del mundo antiguo estaba escrita y alguien no quería que llegaran a nuestro tiempo pero algunos se salvaron pero donde están? Los mayas y aztecas construyen pirámides iguales que los egipcio y un calendario perfecto, los inca construyen ciudades que las piedra están cortada con rayo láser y perforación con taladro con punta de diamante y también hay pirámides y como es posible que una montaña se pierda su cúpula en forma de llanura y las otras no, porque?! Usa tu imaginación. La isla de pascua en chile con sus gigante en silencio, por quienes? Ooo . . . los aviones de oro de Columbia con 1200 años quien lo hizo un demonios? piensa un poco. Hablando de aviones algo sucedió en los años de la segunda guerra mundial en las isla de pacifico los aborígenes de las isla veían que los aviones o pájaro de hierro que de ellos caían cajas de comida para los soldado que estaban en la las isla Y ellos no tenían que cazar para poder comer porque del cielo le cae la comida, pero que sucedió cuando la guerra termino los hombre blanco se fueron y la comida ya no caía y que hicieron los nativos de las islas construyeron aviones de palma de coco y también pista de aterrizaje y tenían hombres día y noche sentados mirando para el cielo para que los dioses blanco le den comida, eso es una religión si o no. como el sol fue adorado por todas las civilizaciones de la antigüedad el dios sol. Que es la vida del planeta tierra. Podemos hablar de un sin fin de numeroso temas que no tienen explicación pero todo en este mundo tiene explicación, pero siempre dicen que es una teoría o una conspiración de que de la verdad, ahora ustedes se preguntaran cual verdad, como la teoría de que la tierra es hueca siempre es un mito o una leyenda pero porque tantas aves van hacia el polo norte si nada créese en el hilo y de que se alimentan, ooo . . . y esta prohibido volar sobre los polo porque nadie habla de que fue al polo norte o al polo sur con toda la tecnología que tenemos pero ningún gobierno habla del tema hay túneles por todo el mundo no cuevas túneles en Perú, Guatemala, Estados Unidos, están hay pero los canales de televisión hablan de eso, porque? (para un buen entendedor pocas palabra), la Atlántida ciudad perdida que Platón hablo de ella que paso con un video de el famoso explorador France de una ciudad bajo el océano atlántico de ruina como Grecia o Italia, ooo . . . , no es un mito, pero después del descubrimiento era rico y miembro de las sociedades mas secreta, y el video que?! Y Yo se que yo no soy el único que vio el video. Bueno le voy hablar un poco de mi persona, bueno tengo tres día que en pese a escribir el libro y mi esposa ya en peso hablar disparate que yo no hago nada que la casa se nos esta cayendo en cima, yo no tengo empleo, como muchos otros en los estado Unidos pero estoy cogiendo el desempleo y sigue que tenemos 3 hija como que yo no lo se que hay que poner la en la universidad, pero tenemos trabajo que cuidamos niños del gobierno que paga bien. Lo que pasa es que ella no cree en nada de lo que yo escrudiño porque saber no hace daño ella solo cree en su Biblia y yo le respecto su creencia, por que cada cabeza es un mundo, Por eso abecé pienso el por que de la cosa quizá la raza humana mentalmente no esta preparada para la verdad, porque somos muy conflictivo y cual quier cosa extraña es un caos; bueno si cuantos libros se han escrito sobre los misterio del mundo pero cuantas personas leen un libro, pero si el libro no es de fama nadie lo lee como el código de da Vinci de dan Brown, pero hay otros libros que hablan de lo mismo ante que el de Brown, Pero nadie se toma el tiempo de leer un libro porque el sistema de vida, que uno tiene es muy monótono trabajamos de 8 a 10 horas diarias y hay muchos que trabajan los fines de semana y otros le dedican el tiempo a la iglesia, okay trabajas 10 hora te levantas a las 5 de la mañana sales a la 6 de la tarde y te vas para la iglesia 2 o 3 horas, y que aprendiste a decir amen que es una palabra de origen egipcia, bueno creo que mucho no sabían eso, continuando nadie aprende nada en la iglesia ooo . . . si de hablar de las otras religiones, hablar de los otros hermanos, hablar del demonio por que no hablan de al con sentido siempre hablando del fin del mundo para meterle miedo a sus gente que le creen todo lo que dice el pastor, tienen estudio bíblico paro mi pregunta es con que otro libro de la historia o documentos de los grandes sabios o escritores que fueron muchos Ooo . . . , solo lo estudian de la biblia con una persona que sabe menos que ustedes, cuantas iglesias hay hoy en día esta son algunas, Católica, Episcopal, Pentecostal, testigo de Jehová, mormon, protestante, adventistas Apostólica protestante, musulmana, por que tantas con diferentes nombres si todas hablar de la misma personalidad divina, por que no una sola por todos quieren un poco de el beneficio que es el ($$$$$) que es poder, y todos lo quieren de una otra manera y la religión es una manera de gobernar a la humanidad, por que ellos son conforme con lo que la biblia dice o si no la fe que fe, si la fe mueve montaña y hace milagros cuales milagros porque al que le faltan las pierna o las manos no le crecen por que dios o Jesús no hace un milagro al frente del mundo para que todo los ojos ven su poder, pero siempre te dicen que no podemos poner a prueba su poder, porque? Porque un hombre de lo dijo tu le cree, ooo . . . . que bien, entonce para que tienen el cerebro de lujo, ponte a pensar por ti solo no porque otro de diga; que difícil es leer otros libros y preguntarles a ellos que dicen que saben tanto a ver que te dicen, si te van a responder así el señor obra misteriosamente o las cosa de Dios no se juzga, ohm y que respuesta es esa a algo que tiene explicación que la historia nos los dice pero los historiadores no, porque? Quien es Dios, nadie lo sabe ooo . . . creo el mundo y es un dios de amor y paz, y porque el mata y permite que maten y las guerras el hambre el odio, la envidia, porque no vivimos en un paraíso que la tierra es si no en una promesa sin fundamento que el va acabar con el pecado de la tierra y luego los elegido van a regresar a la tierra que es el paraíso que cuento tan bueno que desde que se tradujeron las cartas y los papiro todas las traducciones son mal echa por ejemplo la de Mateo 28-20, yo estaré con ustedes hasta el fin del mundo, pero la palabra original es AEON que significa edad que es cuando empieza la era de acuario que la misma Biblia lo dice en Lucas 22-10, he aquí al entrar a la ciudad os saldrá al encuentro un hombre que lleva un cántaro de agua; seguidle hasta la casa donde entrare, el hombre con el cántaro de agua siempre fue acuario que es el mes de la lluvia, todo lo que están diciendo es cuando la edad de piscis se acabe entra la edad de acuario. Es la representación del zodiaco de el hombre con el cántaro de agua, que es lo que pasa con Jesús es que el es el sol y que esta acompañado de 12 constelaciones que cada una tiene un ciclo de 2150 años que los egipcio y otras civilizaciones conocían que en la mañana del equinoccio de primavera ocurre un signo del zodiaco diferente, esto tiene que ver con el bamboleo que tiene la tierra en su eje al rotar, esto es llamado precisión porque las constelaciones se van retrasando en ves de atravesar el ciclo normal anual, la cantidad del tiempo que necesita la precisión para pasar los 12 signos es aproximadamente de 25.920 años esto es también llamado el "gran año" y los antiguos eran muy consciente de esto hicieron referencia de cada uno de ella en periodo de 2160 año como una "edad", De 21,456 AC. al 23,456 A.c. fue la edad de Tauro que es El toro, de 23,616 A.c. al 25,776 A.c. fue la edad de Aries, que es el carnero y de 25,776 D.c. al 2016 D.c. es la edad de piscis que es la edad en que estamos todavía hasta el día de hoy, y del 2016 D.c. acuario, que extraño que cuando moisés bajo de la montaña y encontró a sus gente a dorado a un becerro que es un toro y moisés representa la nueva edad de Aries que es el carnero que hoy en día los judío soplan el cuerno del carnero y otras civilizaciones marcaron esto hecho, como mitra que mato al toro, que es un dios pre-cristiano con la misma simbología. Ahora la edad de piscis en la Biblia tiene el símbolo del pez que simboliza a piscis en abundancia, en mateo 14-17, cuando Jesús alimento 5000 personas con pan y 2 peces, que extraño que el símbolo de piscis son dos peces y en galilea, se hace amigo de dos Pescadores, que lo siguen, que extraño otra ves el numero dos que son los dos peces de piscis, ahora cuantas personas tienen el símbolo de piscis en sus carros y no saben que es un símbolo pagano del zodiaco, "Jesús vive" Poco saben que es un símbolo astrológico para el rey sol durante la edad de piscis, pero cuando los discípulos le preguntan a Jesús donde estaría En la próxima Pascua después de marcharse, Jesús responde, Lucas 22-10; ahora cuantas veces a párese el numero 12 en la Biblia 9 veces, 12 tribus, 12 hermanos de José, 12 jueces de Israel, 12 patriarcas, 12 profeta, 12 reyes de Israel, 12 príncipe de Israel, y Jesús entra al templo a los 12 años, la biblia es un libro astrológico que con cualquier otra cosa, la vida figurativa del sol siempre ácido el circulo del zodiaco con las doces congelaciones y el sol en el centro y la cruz del zodiaco que divide las constelaciones, 3 / 4 = 12 que fue una representación artística o un instrumento para representar los movimientos del sol, que la cruz del zodiaco es un símbolo espiritual pagano que muchas iglesias usan el circulo y la cruz, por eso es que Jesús en las pinturas de los artistas de la época es siempre con el sol y la cruz detrás de la cabeza, el zodiaco representa los 12 meses de los años, las 4 estaciones de los años y los solsticios y equinoccios, las constelaciones fueron personificadas con persona o animales. Hablemos de José y Jesús.

José (Viejo testamento)	Jesús (Nuevo testamento)
1) José nació de un Parto Milagroso	1) Jesús nació de un parto Milagroso
2) José tenía 12 Hermano	2) Jesús 12 discípulos
3) José fue vendido Por 20 piezas de Plata	3) Jesús por 30 pieza de plata
4) hermano Judá Sugiere la venta de José	4) discípulo judas sugiere la venta de Jesús
5) empezó su trabajo A los 30 años	5) empezó su trabajo a los 30 años

Que coincidencia tan perfecta como un pastor le explica a sus seguidores no se lo explica por que siempre brincan esos capítulos y versículos Y así hay cantidades de errores en la biblia que ningún religioso la explica o la saca a la luz publica siempre deniegan toda prueba Arqueológica que es el demonio o eso es falso por ejemplo el manto de Turín que dicen los cristiano que es de cristo y las pruebas científica dicen lo contrario que es de la edad media que fue Encontrado en Francia y no en la tierra santa. Hablemos de Moisés fue un personaje místico por ejemplo es judío donde nace yo no se quizás en Israel o Egipto porque es puesto en una canasta a la deriva de del río Nilo para que no lo mataran Y fue criado por la familia del farón pero que extraño que la misma historia la cuenta otra cultura de hace (2250) b.c años que sargon de Akkad. Y luego conocemos a moisés como el donante de la ley, el donante de los 10 mandamientos y la ley mosaica, pero miren esto, 3 culturas diferente tienen la misma persona con nombres similares, por ejemplo, en la India Manou fue el donante de la ley, en creta que es una isla de Grecia Minos subió al monte dicta, donde Zeus le dio las leyes sagradas, y mises de Egipto quien llevo tablas de piedra y sobre ellas Las leyes de dios fueron escrita.

Manou

Minos

Mises

Moisés

Que extraño que todos los patriarca judío todos salieron de Egipto y Moisés que le dieron los diez mandamiento escrito en piedra y a mises también Y la cultura egipcia es mas antigua que la judía. Ahora el diluvio de Noé otra cosa extraña que culturas al rededor del mundo hablan de un diluvio y que coincidencia que la cultura sumeria le hable de que se llama la epopeya de Gilgamesh (2600) A.c., de origen pre-cristiano. La realidad es; Jesús era la deidad solar de la secta cristiana Gnóstico, y de la misma manera que todos los dioses paganos, era una figura mítica. El establecimiento político fue el que busco la figura histórica de Jesús para el control social. Antes de 325 D.c., en roma, emperador Constantino convoco el concilio de Nicea y fue durante esta reunión que las doctrinas cristianas políticamente motivadas fueron establecidas y empezó una larga historia de muerte y sangre de cristiano y el fraude espiritual. Durante (1600) años, el vaticano mantuvo un dominio político sobre toda Europa. Y los movimientos como las cruzadas y la inquisición. Muchos de nosotros conocemos la historia de las cruzadas que fue para liberar a la tierra santa de los musulmanes si en aquella época todos era iguales y creían en los mismo con diferente punto de vista, pero el vaticano que ria imponer su doctrina y crearon las cruzadas que solo una ganaron por que fueron muchas, pero nadie se acuerda de los caballeros templarios que estaban al servicio del vaticano pero que extraño porque algo encontraron ellos en la ciudad santa que le dieron la espalda al Vaticano y si muchos no saben ahí fue que el primer banco surgió, cuando los viajeros viajaban de la tierra santa a Europa o vise versa ocurrían muchos robo y los caballeros templarios ponían tiendas en la salida de la ciudad y las personas entregaban sus cosa de valor o dinero y le entregaban una carta diciendo el valor de sus pertenencia y en Europa se le entrega el valor de la carta. Los templarios fueron más rico que el vaticano y el rey de Francia el vaticano estaban endeudado con los templarios que dicen que su fortuna era de plata pero que extraño si en Europa no ahí mina de plata. Y luego el rey y el vaticano tomaron una decisión de matar y perseguir a los templarios porque ellos no creían en dios y que hacían rituales paganos. Pero un día ante de la persecución un flota de barco desaparece del puerto del sur de Francia. Otra cosa muy extraña es cuando colon llega a America con sus tres calaveras la santa María, La pinta y la niña, busquen un libro de historia para que se recuerden la cruz de las calaveras de colon que tenían la cruz de los templarios. Ahora sabia colon para donde iba si. Como es posible que hallan tantos mapas ante de colon llegar a America, otra cosa sin explicación, pero la ahí por ejemplo el mapa del almirante Piris Reis turco del (1513) sobre una piel de gacela. Tierras que no se conocían y animales, fauna las cordilleras de los andes el río Amazona y las isla de las Maldivas. Decía Piris Reis que colon había estado en America En el (890) de la hégira árabe que si traducimos el calendario árabe al cristiano estamos hablando del año de (1485). Pero que sucede las cordilleras no se conocen hasta la llegada de Francisco Pizarro en el (1531) pero que extraño que el llegue a esa región siendo America del sur tan grande?! Y luego las isla de las Maldivas que fueron descubierta en el (1592). Pero hablemos de algo súper extrañísimo, 1492 Colon llego a la Española (Quisqueya por los nativo) Republica Dominicana tiempo de ahora piensen un poco no porque yo lo diga. ellos todos salieron de halla, del caribe, Juan Ponce de león, Hernán Cortez y Francisco Pizarro y los tres salen a tres punto importante Juan Ponce de león Sale de la Española (de san Rafael del Yuma o Boca de Yuma) hacia puerto rico y luego hacia la Florida disque buscando la fuente de la juventud y en (1512) descubre la Florida, pero ahí un mapa (1502) de cantino de la florida y el Caribe, (que extraño), y Hernán Cortéz Monroy Pizarro Altamirano llega a la península de Yucatán en el (1518) que parte de cuba y que ahí en México dos de la civilizaciones mas grande de la historia y ellos llegaron ahí por pura coincidencia ooo . . . , (que es extraño), y luego sale una expedición en el año (1522) por pascual de anda Goya eso quiere decir que Francisco Pizarro no fue el primero que intento llegar al Perú, y Francisco Pizarro llega al Perú en (1531) buscando la ciudad del dorado en una selva imposible de penétrala así solo por una leyenda o mito de la ciudad del dorado es mentira el sabia para donde y van America del sur están grande y ellos fueron al Perú especial mente por una leyenda, así a la suerte. Que pasa con nosotros que no podemos ver las cosa mas halla de la realidad. Y ese mismo mapa de Piris Reis de el (1513) esta la costa de la Antarctica en una época que no había hielo y describe la Península de mau, pero la Antarctica fue descubierta en el año de (1818) y 300 años ante aparece un mapa de Piris Reis, se puede leer que el para confeccionar esta carta náutica se inspiro en mapas muy antiguos de ante del descubrimiento del (1492) y en concreto menciona la información de unos de los navegante de colon de los primeros tres viajes de Colon, para poder confeccionar este mapa tuvo que hacerse desde el aire a una latitud y longitud del cairo Egipto. Piensen Bien.

Ahora piensen un poco trácense una línea imaginaria en la desde el cairo Egipto hasta México y otra hacia el Perú y del Perú hacia Egipto, para ver que sucede los tres lugares tienen pirámides y el triangulo de la bermuda que triangulo en la tierra, triangulo en el agua y triangulo en el espacio. Ohm otra cosa extraña la nasa y la unión europea especial tienen sus plataforma de despegue una en la florida que al este esta en el triangulo de la Bermuda que es el agua y el otro esta en las Guyanés en America del sur que esta el triangulo de el espacio yo creo que nadie a sacado esta teoría al aire creo que soy el primero. Por eso es que se dice que son puertas dimensionales, pero nosotros no sabemos usarla. Y por que a la parte sur del continente Americano se le dice tierra de fuego que es chile, argentina y la Antártida si se recuerdan bien en la película de Alien vs. Depredador y un satélite encuentra una pirámide bajo el hielo, ahora pensemos un poco diferente ahora crucemos la mismas línea pero a la Atlántida que queda en el centro el Perú unos de los lugares con mas historia sobre objetos no identificado que extraño no? y luego esta la película de los 5 elementos que son, tierra, aire, viento, fuego y el ultimo una persona. Hollywood siempre sacan películas hablando de temas que no se hablan, pero vemos la película y decimos a eso es Hollywood y no nos preguntamos de donde salio la idea de la nada. Que bien sigan pensando así que seguirán siendo unos patanes mas para la sociedad. Ahora el triangulo de la Bermuda es el agua, el que se forma en el aire es el viento, y la pirámide del Perú es la tierra y si en la Atlántida y una pirámide es la de fuego, y nosotros si cambiamos nuestra forma de pensar de tanto odio, guerras y envidia nuestras vidas cambiarían y podríamos abrir puertas dimensionales como los hacen nuestros hermanos mayores que desde la antigüedad están con nosotros. Bueno siguiendo los temas de los mapas, En el (1488) se descubre el cabo del diablo que es (el cabo de las tormentas y luego se le da el nombre de cabo de buena esperanza) por Bartolomé Díaz, pero que caso tan curioso que ahí un mapa del (1402) de kangnido que es un mapa Coreano de gim sa-hyeong de (1402) pero este es la copia de dos mapa chino de litse-min de el (1330) y el otro de Ch'ing Chun de (1370), pero lo mas misterioso del mapa es que representa a toda África, con anterioridad a la de vasco de gama Y se puede notar la presencia de el faro de Alejandría con un dibujo de una pagoda y Nombra a Egipto con la palabra árabe (Misr). Ahora un mapa del (1418) aparece en el 2006, lo compra un abogado chino que es un copia del (1763) de un chino zheng he, y los registro histórico de muestran que el exploro el sur de Asia, de la India, del golfo pérsico, y la costa este de África. Con técnica y barco muy avanzado para su época. Y quien le dio esa técnica a el y esa tecnología para a ser barco avanzado?! El mapa de walsperger que de (1448) de la escuela de cartografía de Alemania y este mapa esta en el vaticano, pero este mapa si lo mira bien este mapa esta al revés y tiene el mapa de America del sur con un castillo español y ese mapa esta en el vaticano y se dice que era el mapa que Colon tenia con el en sus viajes a America, y con el vinieron los padres franciscano de el vaticano. Que extraño que ahora el mapa esta en el vaticano eso quiere decir que unos de los franciscano tenia el mapa? El mapa de waldseemülle de el (1507) que es un mapa mundi y el primero donde a parece la palabra America y también el océano pacifico y una ves mas la península de la florida. Y vasco Núñez de balboa descubre el océano pacifico en el año (1513). Y en el mismo año hizo un mapa nuevo que llamo al nuevo mundo (tierra incógnita y ya no America) y España siguió llamándole la india occidental a las nuevas tierra. Américo Vespucci de Florencia Italia lleva su nombre y el nunca jamás piso la tierra que lleva su nombre. Que buena mentaría no enseñaron en la escuela?! El mapa de martellus del (1489), de America del sur con todos sus río desde el Orinoco hasta el rió grande en tierra de fuego. Usen la imaginación?! Y el contrato de Cristóbal colon y los reyes Católicos de España las capitulaciones de santa fe del año (1491) y el contrato dice así por las tierras que ya han sido descubierta, mucho antes del primer viaje de colon, y Bartolomé de las casa decía que colon sabia para donde iba.

CASTILLO DE CORAL

Hablando de cosa extrañas hablemos de un castillo de coral que hay en la florida (Miami—homestead) Edward (ed.) leedskalnin nació en riga, Latvia en Agosto 10, (1887). Este extraña personaje con un mito o fantasía, de que un hombre de 5 pies de alturas y 100 libras, pero lo mas curioso del caso es el ed. estando trabajando a dentro de la murallas que nadie podía verle y el tenia punto de vista en castillo y el de buenas a primera dejaba de trabajar y sesentava en el punto de mirada y decía al monte estaba al rededor del castillo cuando se vallan yo sigo trabajando. como el sabia que a su alrededor habían personas tratando de ver como el estaba construyendo el castillo de coral? esta persona esculpió más de 1100 tonelada de piedra de coral. Un reloj de sol, telescopio 20 ton, un obelisco 28 ton-40 pies De altura, fuente de agua, parte del sistema solar, un corazón en forma de mesa 4000 libras y otro en forma de la florida, y una media luna 18 ton, Y un trono real. Los objetos son hecho de una sola pieza que pesa 18 ton (36,000) libras. Puerta de 9 tonelada, que jira en su propio eje y invento un generador magnético de electricidad. El reloj del sol esta a lineado con la luna en el invierno y el verano solstice y el reloj es preciso en el tiempo con dos minuto. El telescopio esta alineado con la estrella del norte a la perfección. Miren algo extraño en este personaje, se enamora de una joven que tenia 13 años y el 23 años, 10 años de diferencia, con fecha para casarse en año (1910), y un día antes de la boda ella (Agnes), le dijo que no podía casarse con el. Ahora miren esto, 1887 nace—el doctor suizo A. Eugen frick descubre el lente de contacto, y el descubrimiento la bacilo de la tuberculosis y nace el radio por el alemán James Clerk Maxwell, y el mismo año Heinrich hertz confirmo la teoría, hizo la primera transmisión Sin hilo.

1910 no se puede casar
1912 no se puede casar
1918 llega a la florida

1920 empezó la construcción del Castillo
1923 construye el Castillo de coral
1928 construye el obelisco y pesa 28 toneladas
1936 decide mudarse
1939 lo mueve
1940 construye el telescopio
1951 muere
1897 nace Agnes scuff-nada sucede grande en la historia

Bueno veamos algo raro su novia tiene 13 años A la fecha del casamiento y el 23 años y luego ella decide que no y luego 10 años mas tarde el construye un castillo de coral en 1923, ella tenia 13 en 1910 y 13 + 10 = 23, ahora ella tiene la edad de el en el 1923, que el tenia 1910, pero fíjense en esto el construye el castillo de coral en el 1923 ya han paso 10 años desde el 1910 que el tenia 23 + 13 = 36, pero en el Año 1920 tiene la edad 33 que es el grado mas alto en la masonería (G), su familia eran masones. Otra cosa extraña Agnes en el 1910 tenia 13 años, y ed. construyo el castillo de coral 1923 y estuvo en el mismo lugar por 13 años. En el 1928 construyo el obelisco y que extraño que pese 28 toneladas. Y en el 1936 compra 10 tareas de tierra a 10 millas de donde estaba originalmente y ella tiene 23 + 13 = 36 el mismo año que el compro la tierra Si 13 año tenia ella 1910, y que 23 + 13 = 36 el Año en que empezó a moverlo 10 milla hacia el norte y le tomo solamente 3 años moverlo de un Lado para otro y termino en el 1939 y Agnes tenia 39 años 36 + 3=39 y el tenia 52 años 1939 y ese mismo año comienza la segunda Guerra mundial, Agnes tiene 39 años en 1939 y nace la bomba Atómica Albert Einstein, si rectas el los numero 52-39=13. En el 1940 construyo el telescopio. Ahora con la fecha 1912 la novia tiene 15 años y la tenia 25, y 6 años más tarde se muda a la florida, (florida city), y en el 1918 se mudo a la florida, Y ella tiene 21 años y el tiene 31 años, luego en el 1920, el empieza la construcción ella tiene 23 y el 33 1923, el construye el castillo de coral y ella tiene, 26 años y el tiene 36 años y en el 1936 decide mudarse y compra 10 tarea de tierra y mudar el castillo de coral 10 millas hacia el norte, Agnes tiene 39 años y el tiene 49 años y en el 1939 termina de mover el castillo y Agnes tiene 42 años Y Edward tiene 52 años y muere en el 1951 a la edad de 64 años y Agnes tenia 54 años. recuerden que Edward era enfermo de tuberculosis. Y se descubre en su nacimiento la cura. Que raro? Bueno tengo que decir que Edward predijo su muerte y la sabia que iba a morir a la edad de 64 años, recuerden que 1936 compro 10 acres de Tierra. A 10 milla del lugar original.

10m * 16k = 160 10 * 160 = 1600
10mi2 = 6400 acre
10 acre = 0.015625m2
0 mi2 y 435600.0 ft2

El misterio se me sigue abriendo; y abriendo mas Puerta mientra mas cálculos saco. Por ejemplo,

(20 ton) son 40,000 libras el telescopio
(23 ton) son 46,000 libras la fuente
(2 ton) son 4,000 libras la mesa del corazón
(243 ton) son 486,000 libras la torre
(18 ton) son 36,000 libras cuarto de luna
(18 ton) son 36,000 libras cuarto de luna
(18 ton) son 36,000 libras Júpiter
(18 ton) son 36,000 libras Saturno
(9 ton) son 18,000 libras la puerta
(30 ton) son 60,000 libras la pared del norte
(3 ton) son 6,000 libras la piedra en forma de triangulo en la entrada.
(28 ton) son 56,000 libras el obelisco

Miren esto Ed cobraba 10 cents. por entrada y 25¢ por panfletos, y cuando el muere deja una caja con $ 3500 dólares. Que extraño? Mira.

Ed corría en su bicicleta del Castillo de coral a la ciudad (3.5 millas). (10 + 25 = 35) de entradas y panfletos. Ahora miren esto cuando el muere deja (5 panfletos los 2 primero y los 3 últimos) Docmestic and political views. Magnetic current, mineral and vegetable and animal life. Ahora mira.

(5 + 3 = 8) la pared tiene (8 pies).
(8 - 4 = 4) la pared tiene (4 pies de ancho).
(5 - 2 = 3) la pared tiene (3 pies de grosor).

Tablas de leyes matemáticas y geometría, Miren como Ed la usa simplemente

ED	AGNES
1887-1890= 3 >3	1897-1900= 3 >3
1890-1900= 10 > 13	1900-1910= 10 >13
1900-1910= 10 >23	1910-1912= 2 >15
1910-1912= 2 >25?	1912-1918= 6 >21
1912-1918= 6 >31	1918-1920= 2>23
1918-1920= 2 >33	1920-1923= 5>26
1920-1923= 5 >36	1923-1928= 5 >31
1923-1928= 5 > 41	1928-1936= 8 >39
1928-1936= 8 >49	1936-1939= 3>42
1936-1939= 3 >52	1939-1940= 1>43
1939-1940= 1 >53	1940-1951= 11>54
1940-1951=11 >64	

Recuerden esto números que son las fechas de ED y las edades de lo dos.
12-18-28-36 fechas-21-42-que se multiplican por el denominador X.
Reglas de la edad de EDWRD y sus preediciones.

03*672 o 720=2016=2160
13
23 cromosomas de padre
25*12=300º Acuarios
31
33*10=330º Piscis
36*56 o 60=2016=2160
41
49
52
53
64

Regla de los años de AGNES y sus predicciones.

3*672 o 720=2016=2160
13
15*144=2160 21*96=2016
23 cromosomas de madre

26
31
39
42*48=2016
43
54

Los años de su vida, lo que no hizo y lo que hizo.
E1887
A1897
90*24=2160
00*00=00
10*216=2160
12*168 o 180=2016=2160
18*112 o 120=2016=2160
20*108=2160
23
28*72=2016
36*56 o 60=2016=2160
39
40*54=2160
51

Ahora miremos la sumas de los dos.
3+3=6*336=2016>360=2160
23+13=36*56 o 60=2016=2160
25+15=40*54=2160
31+21=52
33+23=56*36=2016
36+26=62*32=1984
41+31=72*28=2016>30=2160
49+39=88
52+42=94
53+43=96*21=2016
64+54=118

Si usamos la recta.
3-3=0
23-13=10
25-15=10
31-21=10
33-23=10
36-26=10
41-31=10
49-39=10
52-42=10
53-43=10
64-54=10

La división de la suma de 10.
90/28=3.2142857142871428571428571428 57
900/286=3.1468531468531468531468531468531
100/33=3.0303030303030303030303030303030
1000/318=3.1446540880531446540880503144 65

Los único números que se encontraron en el Castillo son 7129/6105195, que el dijo son el secreto del universo.

Yo no soy un genio en la matemática pero fíjense como Ed aplica la matemática si multiplicamos. Las edades por el denominador del (3) estos son Los resultado, de la edad de Ed.

3*3=9*224=2016
3*13=39
3*23=69
3*25=75
3*31=93
3*33=99
3*36=108*20=2160
3*41=123
3*49=147
3*52=156
3*53=159
3*64=192

La recta de los números de la multiplicación por 3 entre ellos mismo.

39-9=30*72=2160
69-9=60*36=2160
75-9=66
93-9=84*24=2016
99-9=90*24=2160

69-39=30*72=2160
75-39=36*56=2016
93-39=54*40=2160
99-39=60*36=
108-39=69

75-69=6*360=2160
93-69=24*90=2160
99-69=30*72=2160
108-69=39
123-69=54*40=2160

108-9=99
123-9=114
147-9=138
156-9=147
159-9=150
192-9=183

123-39=84*24=
147-39=108*20=
156-39=117
159-39=120*18=
192-39=153

147-69=78
156-69=117
159-69=120*18=2160
192-69=153

93-75=18*120=2160
99-75=24*90=2160
99-93=6*360=2160
108-75=33
108-93=13
108-99=9*240=2160

123-75=48*42=2016
123-93=30*72=2160
123-99=24*84=2016
123-108=15*144=

147-75=72*28=2016
147-93=54*40= 2160
147-99=48*45=2160
147-108=39
147-123=24*90=

156-99=57
159-93=66
159-99=51 muere
156-75=81
156-93=63*32=2016
156-108=48*45=2160
156-123=33
156-147=9*240=2160

159-75=84
159-108=51 muere
159-123=36*36=
159-147=12*180=
159-156=3*720=

192-75=117
192-93=99
192-99=84*24=
192-108=84*24=
192-123=69
192-147=45*48 =
192-156=36*60=

Ahora miremos la de ella Agnes. 1910

3*3=9*240 o 224=2160 = 2016
3*13=39
3*15=45*48=2160
3*21=63*32=2016
3*23=69
3*26=78

3*31=93
3*39=117
3*42=126*16=2016
3*43=129
3*54=162

Por su recta de el total de ella por 3.

39-9=30*72=
45-9=36*56=
63-9=54*40=
69-9=60*36=
78-9=69
93-9=84*24=
117-9=108*20=
126-9=117
129-9=120*18=
162-9=153
69-63=6*360=

45-39=6*360=
63-39=24*90=
69-39=30*72=
78-39=39
93-39=54*45=
117-39=78
126-39=87
129-39=90*24=
162-39=123

63-45=18*120=
69-45=24*84=
78-45=33
117-45=72*28=
126-45=81
129-45=84*24=
162-45=117

78-63=15*144=
93-63=30*72
117-63=54*40=
126-63=63*32
129-63=66
162-63=99
78-69=9*240=
93-69=24*90=
117-69=48*45=
126-69=57
129-69=60*36=
162-69=93
126-117=9*224-
129-117=12*180=
162-117=45*48=

93-78=15*144=
117-78=39
126-78=48*45=
129-78=51muere
162-78=84*24=

129-126=3*720=
162-126=36*56=

117-93=24*90=
126-93=33
129-93=36*60=
162-93=63*32=

162-129=33*10=330º

Por que en la suma y recta de los dos sale el número 144, que extraño eh.

144*14=2016
144*15=2160
117+27=144ED
117+27=144Agnes

Y si seguimos buscando mas números lo encontramos, pero este no es el numero de la Biblia que usando la matemática da el mismo resultado, por la derecha, o la izquierda, al revés o al derecho Como quiera que miremos los números da lo mismo recta, suma, división y multiplicación Ed y su Castillo de coral son un libro de predicciones solo con las edades y las piedras de coral su peso.

ED	AGNES
1887-1890>3	1897-1900>3
1890-1900>13	1900-1910>13
1900-1910>23	1910-1912>15
1910-1912>25	1912-1918>21
1912-1918>31	1918-1920>23
1918-1920>33	1920-1923>26
1920-1923>36	1923-1928>36
1923-1928>41	1928-1936>39
1928-1936>49	1936-1939>42
1936-1939>52	1939-1940>43
1939-1940>53	1940-1951>54
1940-1951>64	

Aplicamos la tabla de la edad por (9).

ED	AGNES
9*3=27*80=2160	9*3=27*80=2160
9*13=117	9*13=117
9*23=207	9*15=135*16=2160
9*25=225	9*21=189
9*31=279	9*23=207
9*33=297	9*26=224*9=2016
9*36=324	9*31=279'

9*41=369'
9*49=441'
9*52=468.
9*53=477.
9*64=576'
9*39=351.
9*42=378.
9*43=387'
9*54=486.

Veamos la misma tabla de rectar, en los mismos grados de la tabla del (9).

27-27=0
117-117=0
207-135=72
225-189=36
279-207=72
297-224=73
324-279=45
369-351=18
441-378=63
468-387=81
477-486=9
576-486=90
477-387=90
468-378=90
441-351=90
369-279=90
324-224=90
297-207=90
279-189=90
225-135=90
117-27=90

El mismo numero 90 mas dos ceros, y si lo sumamos.

90/28=3.214285714287142857142857142857
900/280=3.214285714287142857142857142857
900/286=3.1468531468531468531468531
9000/2800=3.214285714287142857142857142857
9000/2860=3.1468531468531468531468531468531
Cual es la función del 3.21 en los números de ED, que ese número no es utilizado en la tierra, creo que se utiliza en el espacio. Ahora la suma y la recta de los números entre ellos que se rectaron.

72+36=108*20=2160
36+55=91
72+72=144*14=2016
55+45=100
45+18=63*32=2016
18+63=81
63+81=144*15=2160
72-36=36*60=
36-55=19
72-72=0
55-45=10*216=
45-18=27*80=
18-63=45*48=
63-81=18*120=

81+9=90*24=2160
73+45=118

81-9=72*30=

Ed es un personaje muy extraño, y empleo la geometría a la perfección junto con la matemática,

Eso es el secreto de las grandes civilizaciones que tenían, que ellos decían que el conocimiento se los dieron lo maestros del cielo, pero quien le dio a Ed la sabiduría y la ingeniería? Le voy a plantear dos formula mas de la tabla de la edad, la tabla del (12) y la de el (16).

Ed
12*3=36*56=2016
12*13=156
12*23=276
12*25=300Acuarios
12*31=372
12*33=396
12*36=432*5=2160
12*41=492
12*49=588
12*52=624
12*53=636
12*64=768

156-36=120*18=
156-276=120*18=
276-300=24*84=
300-156=144*14=
300-372=72*28=
372-396=24*90=
396-492=96*21=
492-588=96*21=
588-624=36*60=
624-636=12*180=
636-768=132
(132+12=144)
(768-624=144)

Agnes
12*3=36*56=2016
12/13=156
12*15=180*12=2160
12*21=252*8=2016
12*23=276
12*26=312
12*31=372
12*39=468
12*42=504*4=2016
12*43=516
12*54=648

648-516=132
516-504=12*168=2016
504-468=36*60=2160
468-372=96*21=2016
372-312=60*36=2160
312-276=36*56=2016
276-252=24*90=2160
252-180=72*28=2016
180-156=24*84=2160
156-36=120*18=2160
(132+12=144) (648-504=144)

Ed

16*3=48*42=2016	1024-848=176
16*13=208	848-832=16
16*23=276	832-784=48
16*25=400	784-576=208
16*31=496	576-528=48
16*33=528	528-496=32
16*36=576	496-400=96
16*49=784	400-276=124
16/52=832	276-208=68
16*53=848	208-48=160
16*64=1024	(96+48=144)
	(160-16=144)

Como quiera son los mismos números.

Agnes

16*3=48*42=2016	864-688=176
16*13=208	688-672=16 dulce dieciséis
16*15=240	672-624=48
16*21=336*6=2016	624-496=128
16*23=368	496-416=80
16*26=416	416-368=48
16*31=496	368-336=80
16*39=624	336-240=96
16*42=672*3=2016	240-208=32
16*43=688	208-48=160
16/54=864	(96+48=144)
*144*14=2016*	(160-16=144)
144*15=2160	

Los números no mienten, todo lo que el Castillo de coral y ed. están diciendo son las misma predicciones de la Biblia, los maya, y Egipto y otros mas de la historia, simplemente hay que mirar mas halla de lo controversial, el Castillo tiene desde el 1923 que lo hizo, lo mudo en el 1936, y en el 1951 muere y nadie a podido miran mas halla solo saben decir lo hizo por el amor de su sweet sixteen, y el Castillo tiene 87 años.

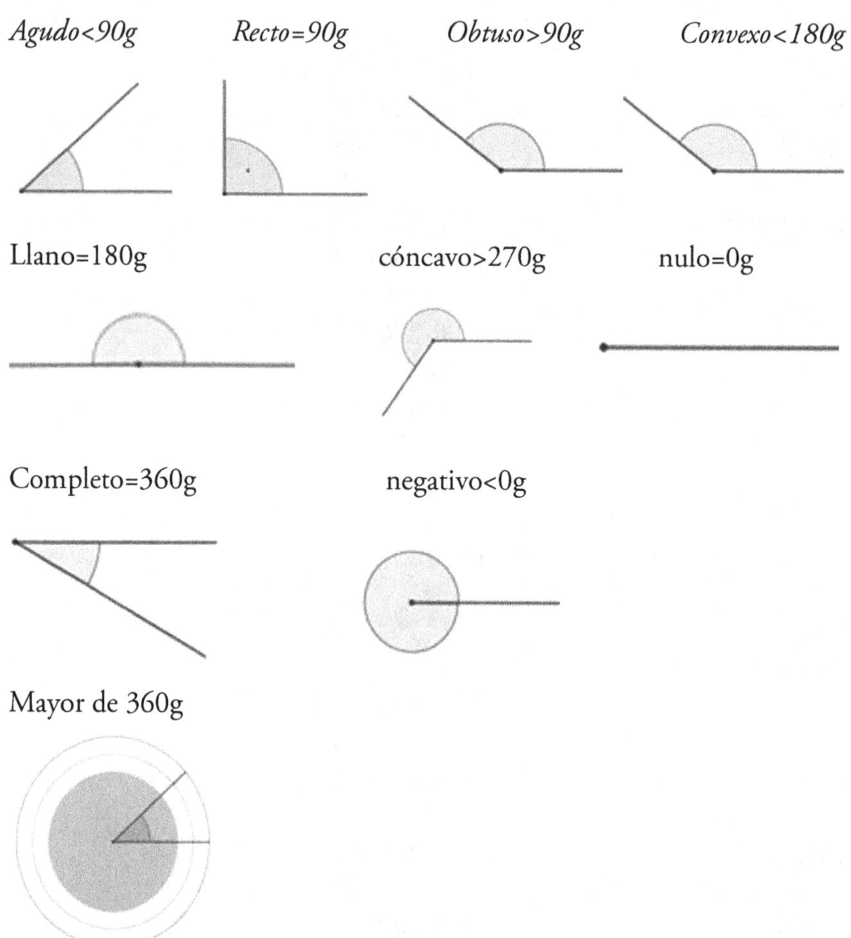

Ahí son algunos de los ángulos con sus grados y quizá Ed pudo utilizar esta formula para la construcción del Castillo de coral, como es posible que una persona con un nivel de educación de 4 grado, pudiera construir este monumento, con herramientas rudimentarias y solo, pero yo pienso que Ed tenia la formula secreta de la antigüedad, como el decía que el sabia como los egipcio construyeron las pirámides, yo creo que si. Este hombre era un genio en la geometría, matemática, Ingeniería, arquitectura, y física, el secreto esta en el Castillo. Los dejo como una tarea? Y siguen los problemas de matemáticas. Si el compro a (10) milla de distancia del lugar original, que son (16) kilómetro, si la formula que usamos cuando la tierra y Marte están mas cerca una de la otra es así (2.5-1.0=0.5) y cuando están en distancia opuesto es (1.5+1.0 =2.5) y miren como Ed lo hizo (10)

millas y (10) son (16) kilómetros, y si Una (1) milla es = (1.6) kilómetro y las suma, (16+10=26) = 2.6 y si lo rectamos es así (16-10=6) = 0.6. Esta eran unas de tantas formula de Ed en el (1923) al (1939). Ed conocía la distancia entre la tierra y Marte con la tabla de Ed es como la eh llamado o la tabla de las edades de Ed y Agnes. Esta tabla de Ed esta buscando el numero mas perfecto de la matemática que no se si es el (PI), Ed y su tabla de edades o numerología secreta Por ejemplo el castillo de coral es la replica de la Osa menor (ursa minor), miren como Ed usa los números, Ascencio recta 15°, una hora es =15° en la astrología esta son las medidas y coordenadas de la osa menor, declinación 70° 8° Área= 256456° cuadrados, rango 56, estrella mas brillante polaris, magnitud ap. 2.02, En latitudes altas (67°) es posible que durante una año el sol tenga una declinación mayor que (90°-67°= 23°) produciendo que el sol este siempre sobre el horizonte fenómeno conocido como el (sol de media noche). Son estrellas circumpolares, para un determinado punto sobre la tierra, aquellas cuya declinación nunca es inferior al Angulo complementario a la latitud del lugar. Miremos los numero de ed. Construye un reloj de sol que da el tiempo de 9am a 4 PM y la torre y cuarto de vivir con piedra de coral de 4 a 9 toneladas. 9 AM a 4 PM

9/4=2.5
9-4=5
9+4=13
9*4=36
36*2=72

13+5=18	13-5=8	72-5=67	72+13+5=90	90-67=23
18/8=2.25		72-72=0	13-13=0	
18-8=10		72/72=1	13/13=1	
18+8=26		72+72=144?	13+13=26	
18*8=144?		72*72=5184?	13*13=169	
5-5=5		13/5=2.6	13/8=1.625	
5/5=1		13-5=8	13-8=5	
5+5=10		13+5=18	13+8=21	
5*5=25		13*5=65	13*8=104/33=3.15pi	
67/59=1.13		169/144=1.17	72/8=9	
67-59=8		169-144=25	72-8=64	
67+59=126		169+144=313	72+8=80	

67*59=3953	169*144=24336	72*8=576
72/18=4	72/5=14.4	
72-18=54	72-5=67	
72+18=90	72+5=77	
72*18=1296	72*5=360	

144*21=3024
144*22=3168
5184-3024=2160
5184-3168=2016
3024+1296=4320-144=4176
3168+1296=4464-144=4320-144=4176
3168+3024=6192+144=6336
5184+3168=8352+144=8496
24336+1296=25362+144=25776+144=25920

Estas son algunas formulas de ed. de la simple +-*/ sin el uso del algebra y si de la geometría, cuantas teoría hay sobre el castillo de coral que fue por el amor de su sweet sixteen, es simplemente una replica de la ursa menor, como los egipcio con la pirámides, los maya, los azteca y los inca, y otras civilización de la antigüedad declinación con el castillo de coral miren bien como los números de Ed son iguales a los de la osa menor. La matemática no miente y a mi no me gusta, pero por alguna razón entiendo los problema de Ed. Ed utilizo la matemática, la geometría y la astrología sin ningún problema saco su coordenada antigüedad un telescopio polaris que es la estrella del norte de 25 pies de altura y 20ton En el 1940. Ed trabajaba de noche para poder mirar las constelaciones mejor, si miramos a la pare del norte hay una piedra en forma de Pirámide, ahora si miramos entre la osa menor y El cinturón de Orión hay una constelación que Yo la llame constelación V que forma una pirámide ◀. Solo con los números de su reloj del sol y el peso de las piedra que utilizo para construir la torre, el reloj de 9 a 4 y el peso de las piedra es de 9 a 4 toneladas, miren como el numero 144 que es el numero de la Biblia. Miren esto de

Ed.
18 * 8 = 144
72 + 72 = 144
144 * 14 = 2016
144 * 15 = 2160

Como es posible que halla tanta coincidencia en las edades, el sabia lo que estaba haciendo cuando construyo el castillo de coral, lo hizo en forma de rompe cabeza y creo que he encontrado algunas piezas de el rompe cabeza, simplemente hay que mirar mas halla de los hechos cada monumento tiene un significado en los números de la edad de Edward y Agnes, no es el simple hecho de que el lo hizo por una mujer, es un libro abierto. Y recuerden que no es considerado una maravilla, pero lo es porque fue la ultima, nadie mas a hecho al semejante en el mundo moderno.

Edgar Cayce y Edward Leedskalnins.

Edgar	Edward
1877	
1880=3	1887
1890=13	1890=3
1900=23	1900=13
1910=33	1910=23
1912=35	1912=25
1918=41	1918=31
1920=43	1920=33
1928=51	1928=41
1936=59	1936=49
1939=62	1939=52
1940=63	1940=53
1945=68	1951=64

Que coincidencia que los dos nombres empiezan con la letra (E) y uno nace en el 1877 y el otro en el 1887 10 años de diferencia, pero si sumamos los de abajo para Arriba miren el resultado.

13+3=16
23+13=36
33+23=56
35+25=60
41+31=72
43+33=76
51+41=92
59+49=108
62+52=114

63+53=116
68+64=132

Ahora multipliquemos la suma de los dos cual Serra?.

16*126=2016
36*60=2160
56*36=2016
60*36=2160
72*28=2016
76
92
108*20=2160
114
116
132

1877-la Bell telephone company fue creada.
1877-Thomas Edison crea el fonógrafo.
Alexander g Bell 3 de mayo 1847
Thomas a Edison 11 de febrero 1847

Thomas y Alexander cuando nació Edgar ellos tenían 30 años cada uno y de Edward 40 años, otra vez el numero 10, 1910 el cometa Halley y 2010 que este año algo va pasar grande en un país un volcán o un terremoto va a destruir. como es posible que haya tanta con coincidencias números con el 2016, pero todas la profecías supuestamente dicen que la fecha es 2012 es solo un año mas que los maya su calendario dice 2012 pero la pregunta es quien fue que hizo la traducción del calendario, y ahora el historia Channel tiene un programa de que aparecieron unos documento de Issac newton, que el esta prediciendo el fin del mundo, el no estaba tratando de buscar esa fecha si no la fecha de cuando el próximo cambio del signo del zodiaco, el trato de hacerlo por la Biblia pero sus cálculos matemáticos le fallaron el estuvo cerca de los números el único numero que el escribió fue 2060, pero el se en foco mas en lo religioso que en lo practico el estaba buscando el origen de dios, de algo que no es realidad es ficticio solo un cuento, los números son esto 2016 y 2160 es el tiempo que dura un signo

En darle la vuelta al sol y 2016 es el año en que va a suceder, para mi Issac newton fue unos de los hombre mas grande de La

Historia revoluciono al mundo con sus cálculos de matemática pero en preediciones el tiempo le fallo. Esto es mas coincidencia de los signos del zodiaco y las edades de Edward y Agnes, como es posible que el conozca los grados de cada uno de los signos del zodiaco con tanta precisión, y solo usando la multiplicaciones y la recta de las edades de los dos, por ejemplo.

ARIES es el grado 0º, y si decimos 3-3=0 o 13-13=0 esta es la recta de Ed y Ag.
TAUROS es el grado 30º, y si decimos 3*10=30, la multiplicación de los dos.
GEMINIS es el grado 60º, y si decimos 3*20=60, el año que empezó el castillo.
CANCER es el grado 90º, y si decimos 3*30=90, esta en todos los ángulos.
LEO es el grado 120º, y si decimos 15*8=120, la edad de Agnes.
VIRGO es el grado 150º, y si decimos 15*10=150, la edad de Agnes.
LIBRAS es el grado 180º, y si decimos 15*12=180, la edad de Agnes.
ESCORPIO es el grado 210º, y si decimos 21*10=210, la edad de Agnes.
SAGITARIOS es el grado 240º, si decimos 15*16=240, la edad de Agnes.
CAPRICORNIO es el grado 270º, si decimos 54*5=270, la edad de Agnes.
ACUARIOS es el grado 300º, si decimos 25*12=300, la edad de Edward.
PISCI es el grado 330º, si decimos 33*10=330, la edad de Edward.
Que coincidencia que el solo utilizara dos de su edad el 25 y el 33, ya yo entiendo por que el del 25 y el 33, cristo muere a los 33 años, que es Pissis, que su tiempo se cumple en el 2016, y nace Acuarios el 25 de diciembre, que es el grado 300º, que casualidad que a la edad de 25 dice que se va a casar 1912, y a la edad de 33 en el 1920 comienza la construcción del castillo de coral. Son las únicas 2 edades de Edward que el uso.
Edward dijo el secreto del universo esta en los números y esto son los números que el dejo escrito 7129 // 6105195.

7 129
6 105 195

Los primero 24 números primos por la suma de los primo de esta manera son así.
2—5—10—17—28—41
58—77—100—(129)—160—197
238—281—328—381—440—501
568—639—712—791—874—963

Ya sabemos de donde sale el numero 129 de los primos, pero el numero 7 también es primo, pero recuerden que la rueda magnética de Edward tiene 24 magneto.
7 * 24 = 168
168 * 12 = 2016

Ahora con los 3 últimos, que son 6 105 195, que son números cuádruplos, que son muy difícil solo hay 7 de 2000.
1—5—7—9—11—13
11—13—15—17—19
101—103—(105)—107—109
191—193—(195)—197—199
821—823—825—827—829
1481—1483—1485—1487—1489
1871—1873—1875—1877—1879

Si miramos bien el centro de los números cuádruplos entre el 103 y 107, y el 193 y el 197, encontramos el 105 y el 195. Y el numero 6, por los 24 magneto en la rueda.
6 * 24 = 144
144 * 14 = 2016
144 * 15 = 2160

Como podrán ver en la rueda magnética incorpore los números primos, y los grados de los signos zodiacales 0º, 15º, 30º, 45º, 60º, 75º, 90º, 105º, 120º, 135º, 150º, 165º, 180º, 195º, etc. Que son los mismo grados del zodiaco el 105 y 195, forman en la rueda un ángulo de 90º, en el signo de Cáncer que es el grado 90º, que es el único que Edward no utilizo en las

edades. Y en la misma rueda el 129 esta en el centro del ángulo en el grado 150º que es Virgo, miremos la recta.
129 - 150 = 21
21 * 96 = 2016
21 de diciembre.

Pero lo curioso del caso es que el 21 solo sale una vez en todo el castillo en la puerta principal de metal con el sol en el centro, la tierra en la parte de abajo con el numero 21 (EARTH), el sol de la puerta tiene 16 punto hacía afuera y 16 hacía afuera, y otro planeta en la parte de arriba sin nombre, 2 planeta, y el sol 1, que son 3. Recuerden Edward dulce dieciséis (sweet sixteen 16).
129 - 3 = 126
21 * 6 = 126
126 * 16 = 2016

Que nos quería dejar saber Edward con las inscripciones en la puerta? Hay 7 estrella por todo el castillo de coral la primera esta en la entrada en la esquina de la torre, la segunda esta en forma de mesa frente al obelisco, la tercera esta en el obelisco, la cuarta esta dentro de la estrella del obelisco, la quinta esta en la bañera al lado de obelisco, la sexta esta en la fuente de la lunas, que es la mas perfecta, y la séptima en la pared del norte donde esta el ojo del telescopio, en la esquina, y arriba de la pared esta el reloj lunar. La primera estrella tiene 3 letras que dicen así "admisión" ADM ¢ 10, que significa esas letras en números. También están las palabras (DROP BELOW), y un codo de hierro de plomería en la parte de abajo, para tirar la moneda.

1—A—J—S
2—B—K—T
3—C—L—U
4—D—M—V
5—E—N—W
6—F—O—X
7—G—P—Y
8—H—Q—Z
9—I—R

ADM
1 4 4
DROP BELOW
4 9 6 7 25 3 6 5

Los masones tienen el sol con 16 punto, el papa también, y la puerta de Edward.

Y el 144 es el numero de la Biblia, y del calendario maya, cual es el secreto de este numero, 25920 es el total de años que duran las 12 constelaciones en darle la vuelta al sol, y de una a la otra son 2160 años, y el próximo cambio es el 2016 de Piscis a Acuarios. El ciclo de los 12 signos termina en el numero (6), y empieza en el 144 que es el signo de Piscis.

Piscis144, Acuarios2016, Capricornios4176, Sagitario6336, Escorpion8496, Libras10656, Virgo12816, Leo14976, Cancer17136, Geminis19296, Tauros21456, Aries23616, Piscis25776 + 144 = 25920 esto son los siguientes años.

En la esquina de la pared del norte y el este están solo 2 planeta, y una luna en cuarto creciente, y otra mas pequeña, según Edward uno es Marte, y el otro es Saturno, pero ahora dicen que es Júpiter, y Marte pesan 18toneladas cada uno, y la luna pesa 23 toneladas, que en libras son 36000, y 46000.

36000 + 36000 = 72000 * 28 toneladas del obelisco = 2016
72 * 30 = 2160
23000 cromosomas de madre + 23000 cromosomas de padre = 46000.

Las medidas de la puerta de 9 toneladas que son 18000 libras, y la puerta tiene 80 pulgadas de ancho (6'.8"), y 92 pulgadas de alturas (7'8"), y 21 pulgadas de grosor (12'.9"), que es el mismo que el 7 - 129, y el 6 - 105195. Miremos los números.

6 * 8 = 48 * 42 o 45 = 2016 - 2160
7 * 8 = 56 * 36 = 2016
12 * 9 = 108 * 20 = 2160
21 de grosor * 96 = 2016

Yo se que se preguntan de donde sale el 42, el 20, y el 96, muy fácil miren el siguiente monumento.

Las medidas del telescopio que son 25 pies de altura (7.6 metro), 20 pies (6.096 metros), de distancia del telescopio a la pared del ojo del telescopio, y pesa 20 toneladas, que son 40000 libras, ¿miremos los números? Erecto en el 1940, y hecho. Y si decimos 25 * 12 = 300 que son los 300° Acuarios. Y 20 pies * 12 = 240 que son los 240° de Sagitarios, y los 240 magnetos de la rueda, que son 24 en total * 10.

7 * 6 = 42
25 + 20 = 45
6 * 9 = 54 de los 20 pies en metro * 40 de las 40000 libras = 2160
96 de los 20 pies en metro * 21 = 2016

Y el 7.6 otra vez, que son el comienzo de los números de Edward, en la puerta del segundo piso, 7-129 // 6-105195, ya saben de donde salen los números.

Las medidas del obelisco que son 40 pies (12.192 metros) de la superficie, mas 6 pies bajo la superficie (1.8288 metros), pesa 28 toneladas, que son 56000 libras, erecto en el 1928, y hecho. El total del obelisco son 46 pies (14.0208 metros).

40 * 6 = 240
12 * 192 = 2304
2304 - 288 de los metros = 2016
28 toneladas * 6 pies = 168
168 * 12 = 2016
El 12 de los 12.192 metros.

El 21 de junio es el día mas largo del año, y el 21 de diciembre es el día mas corto del año, como Edward sabia eso con solo un reloj de sol, este personaje con solo una educación de 4to grado sabia todo esto cálculos de geometría, matemática, y astrología a la perfección. El techo de la torre esta compuesto de 30 bloques de coral y cada uno peso 1 tonelada, ya saben de donde sale el 30 de la multiplicación del 72.

1 tonelada son 2000 libras, y son 30 bloques, que son 60000 libras.

30 + 60 = 90 el mismo numero 90º de el signo de Cáncer. Hay unas fotos de lo años 20, y 30, en forma de triangulo, con unas cajas en la parte de arriba, con unos cables colgando en las 3 torres, como Edward paro esos palo solo en forma de triangulo, y cuidado si Edward descubrió como cortar con la electricidad, o creo una forma de cortar con rayo láser, recuerden que el invento su propio generador eléctrico, con 240 imanes.

En la entrada hay una piedra de 3 toneladas en forma de triangulo, que son 6000 libras, perfectamente balanceada en un eje de un carro modelo T Ford del 1900, y puso un cuello de una coca cola en la parte de arriba del eje para lubricar el eje.

La paredes de cada sección del castillo de coral es de 8 pies (2.4 metros) de altura, 4 pies (1.2192 metros) de anchura, y 3 pies (0.9144 metros) de grosor.

8 * 12 pulgadas = 96
4 * 12 pulgadas = 48
3 * 12 pulgadas = 36

Esto 3 números 96, 48, 36, se pueden multiplicar por 21, 42, 45, 60, y 56, todos esto números están en toda medida, y peso del castillo de coral. Por ejemplo

96 * 21 = 2016 el cambio del signo de Piscis330º a Acuarios300º.
48 * 45 = 2160 el tiempo que dura una constelación en dar la vuelta al sol.
48 * 42 = 2016 lo mismo.
36 * 60 = 2160 lo mismo.
36 * 56 = 2016 lo mismo.

Como pueden ver el dijo Edward que el secreto esta en los números, si es verdad, por que todas las civilizaciones en todos sus monumentos en las medidas dejaron el secreto en los números, si no quieren ver la verdad que por tantos años la iglesia a ocultado, pero el tiempo esta terminando solo que dan 5 años y medios.

Esta es la puerta de la entrada con el sol, y sus 16 puntos, el planeta tierra con el numero 21, y el otro planeta sin nombre, si recuerdan que los antiguos griegos decían que detrás del sol hay un planeta que jira en la misma orbita de la tierra, ellos lo llamaban (antiteon), que es anti tierra. Si miramos en la parte de arriba dice (RING BELL), toca el timbre, también el (SUN) sol, y la (EARTH) TIERRA, miremos estas palabras en números.

RING BELL
9957 2333
99 - 57 = 42 * ??
99 + 57 = 156 ? 15 + 6 = 21 *
23 + 33 = 56 *
23 - 33 = 10 *

SUN
135 * 16 escalones para subir a su habitación = 2160

EARTH
21928
21 *
9 *
28 *

Los 16 puntos del sol por el 21 de la tierra = 336 * 6 = 2016

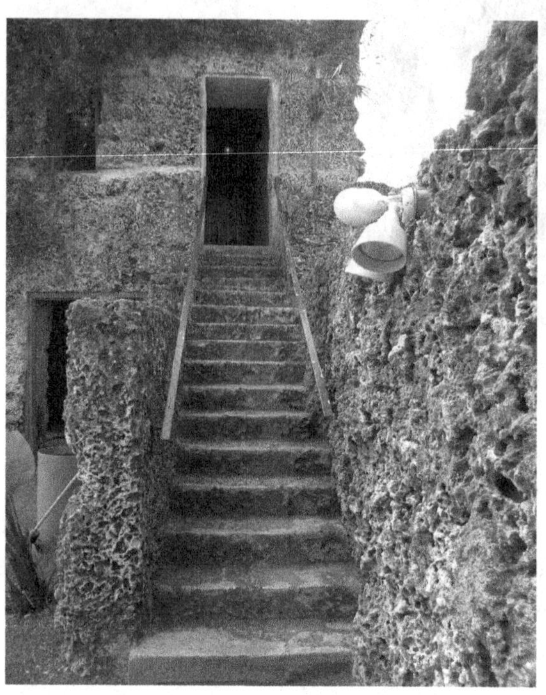

Esta es la escalera de 16 escalones, igual que los 16 puntos del sol de la puerta, la pregunta es por que no 17 o 19 escalones, y el llamaba el castillo de coral (SWEET SIXTEEN), dulce dieciséis, cual es la fecha mas cercana con el numero 16, no es el 2012 como todos el mundo piensa, el 2016 es la fecha mas cercana con el famoso numero 16.

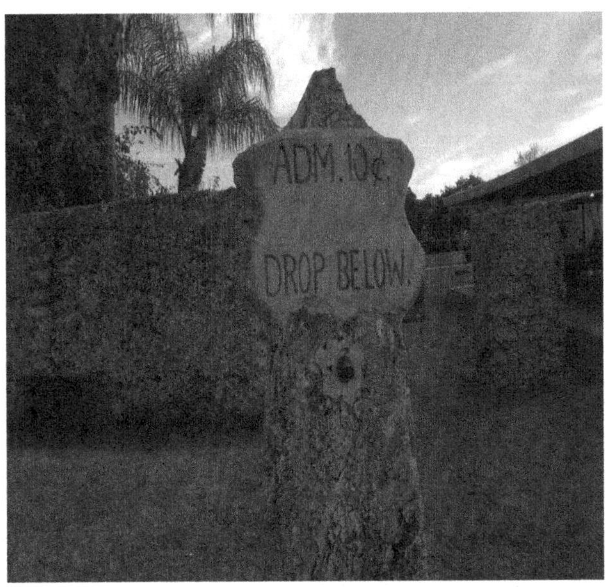

Esta es la primera estrella del castillo de coral, pero si miramos bien esta estrella tiene 6 punto, pero en realidad son 12 punto, que son las 12 constelaciones del zodiaco, si miran el codo de plomería es la representación de Aries que es el grado 0º, y recuerden que los signo dan la vuelta al sol al revés de la manecilla del reloj. Y las letras ADM, (ADMISION) los 10¢, esto es los 10º de inclinación de la tierra, y el símbolo de centavo es la tierra en su inclinación, como el sabia que la tierra estaba inclinada en el 1936, si la era espacial empezó en los años 1950. (DROP BELOW) tira abajo.

ADM
144 * 14 O 15 = 2016 - 2160

DROP BELOW
4967 25 3 6 5
49 + 67 = 116

25 de diciembre 365, que es el año que es 2016.
El secreto esta en los números, pero cual es el secreto?

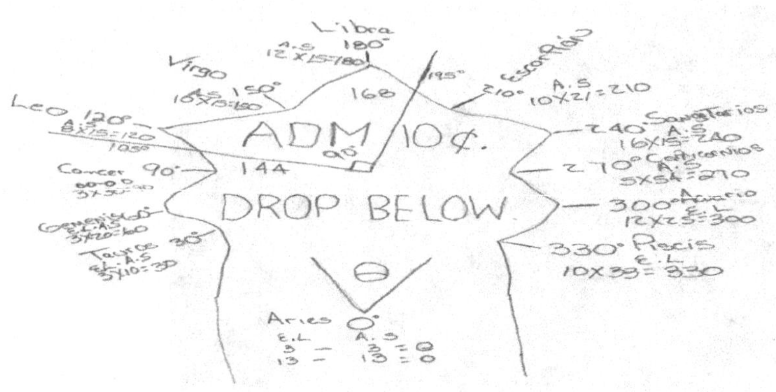

La estrella en la entrada del castillo, y los signo zodiacales. La edad de E.L y A.S.

La puerta de 9 toneladas (18000) libras, y sus medidas 80 pulgadas de ancha, 92 pulgadas de alturas, y 21 pulgadas de grosor, ahora de pulgadas a pies.

80' pulgadas en pies son 6 pies, y 8 pulgadas, 6 pies son 72 pulgadas, y 6 * 8 = 48 * 42 o 45 = 2016 - 2160

92' pulgadas en pies son 7 pies, y 8 pulgadas, 7 pies son 84 pulgadas, y 7 * 8 = 56 * 36 = 2016

21' pulgadas en pies es 1 pie, y 9 pulgadas, 1 pie son 12 pulgadas, y 9 * 12 = 108 * 20 = 2160

Este es el famoso generador de electricidad, la rueda hecho de 10 pedazos de imanes que en total son 24, si decimos 24 * 10 = 240, este es el mismo sistema de la rueda del zodiaco, de un signo al otro signo son 30° de diferencia, que también podemos decir de 15° en 15°.

240 * 9 = 2160

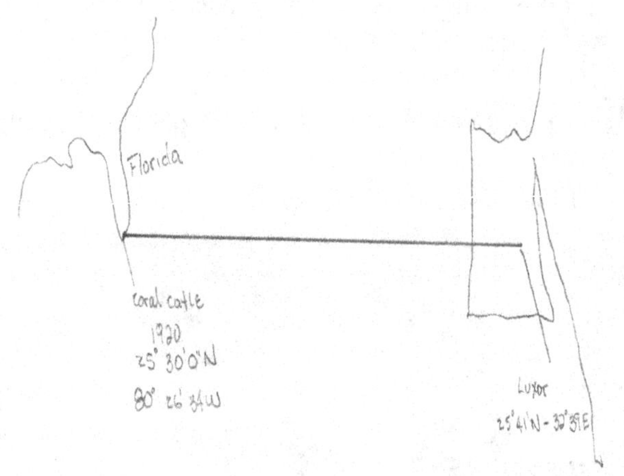

Tienen los mismo grados el castillo de coral, y el templo de Luxor en Egipto 25º

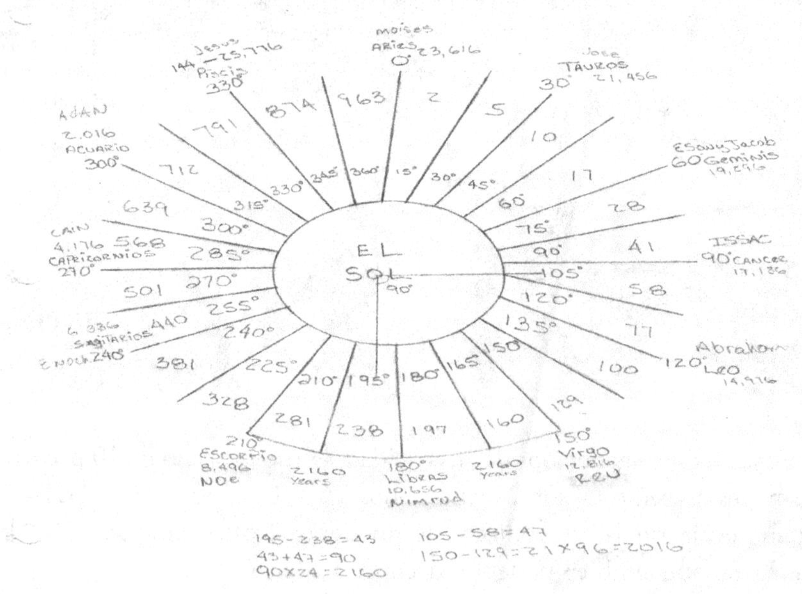

Esta es mi rueda del zodiaco con los números de Edward 7-129 // 6-105 195, que el decía el secreto esta en los números, este es el secreto, y el famoso 90º que es el único que no sale en la tabla de las edades.

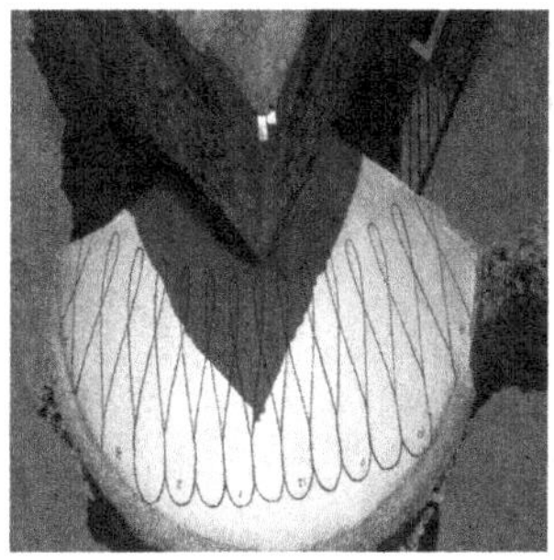

El reloj sol, es el único en esta forma, y marca el día mas largo del año 21 de junio, y el mas corto 21 de diciembre, y marca el tiempo de 9am a 4pm.

Esta es la séptima estrella, que esta en la pared al final, que tiene 20' pies de distancia del telescopio, y en esa estrella en el tope de la pared esta el reloj lunar.

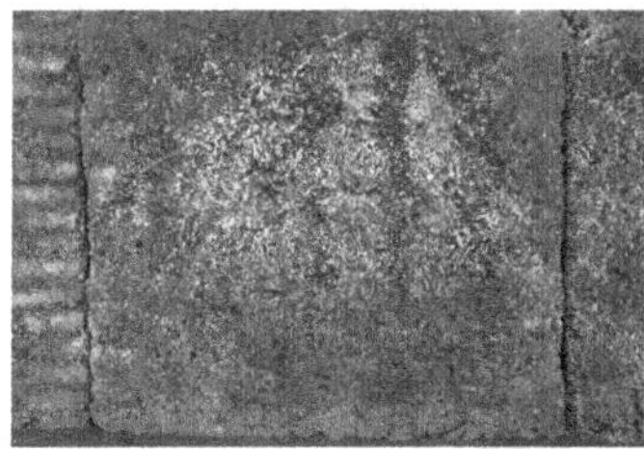

En esta piedra que pasa 30 toneladas, que son 60000 libras, en la parte norte del lado hacia afuera, hay algo hecho en el centro de la piedra, y yo creo que es nuestra galaxia (MILKY WAY), o (VIA LACTEA en latín), donde esta nuestro sistema solar, tiene un hoyo en el centro de la piedra, y

en la piedra de la derecha en el lado sur esta la misma pintura, que esta en la puerta, el sol, la tierra, y el planeta sin nombre.
30 + 60 = 90 * 24 = 2160

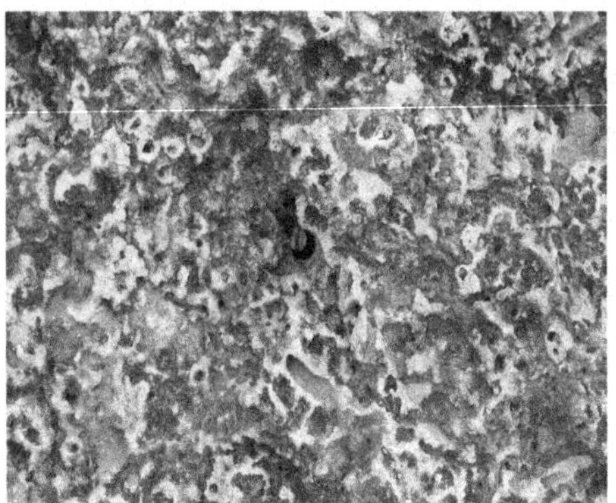

Este hoyo en el centro de la piedra, es la representación de un hoyo negro, en el centro de la vía Láctea o galaxia.

Este es el telescopio de 25 pies de altura, y pesa 20 toneladas. 25 * 12 = 300º

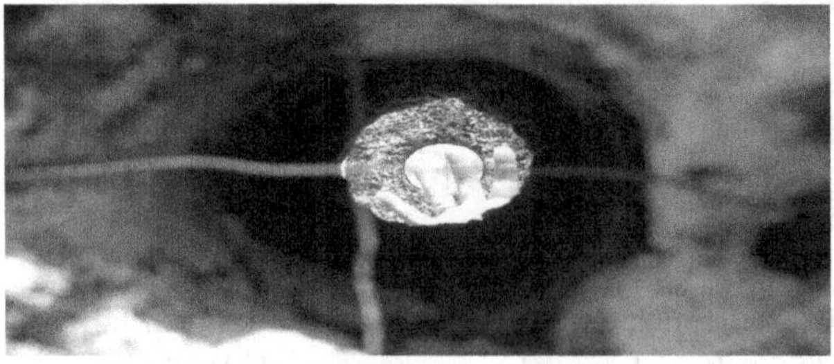

Este es el ojo del telescopio en la pared de 20 pies de distancia. 20 * 12 = 240º

Esta perfectamente alineado con el norte verdadero, (truth north).

Si miramos bien a esta fuente de agua, que todos en el castillo de coral la llaman luna llena, de donde?

Si miramos el borde de adentro de la fuente, en forma de onda, y las que sobre salen son 16, y las otras también son 16 que en total son 32, es lo mismo que el sol de la puerta 16 punto hacia afuera, y 16 punto hacia dentro, que son 32 * 63 = 2016, y pesa 23 toneladas, que son 46,000 libras, y se que se preguntaran de donde salio el 63, lo curioso del caso es que al lado de la fuente hay 2 media luna que pesan 18 toneladas, y si decimos 46 + 18 = 64 - 1 que es la estrella de la fuente = 63. Y esta es la estrella # 6, y si cruzamos 2 líneas del centro de la estrella a los bordes se forma un ángulo de 90º, y el compás masón.

Miren unos de los peces de Pissis en la pluma, o llave del agua, que casualidad.

La 2 media lunas de 18 toneladas, que son 36 libras.

Esto era para tomar sol según la posición del sol, tiene 8' pies diámetro, en otras palabra esto es una cama, con sus almohadas. Edward construyo la cama en unos tambores de freno de un carro Ford, para poder moverlo a la posición que el quisiera.

8 * 12 = 96 * 21 = ????

La esquina de los planeta, como pueden ver a Saturno, y Marte, o Júpiter, y el cuarto de luna que pesa 23 toneladas, y los 2 planetas 18 toneladas, 36,000 libras cada uno, y la luna 46,000 libras. La otra luna pequeña, yo no tengo información sobre ella.

El obelisco de 28 toneladas.
(MADE) hecho 1928
(MOVED) movido 1939
(BORN) nació en el 1887
LATVIA, país norte este de Alemania, (RIGA es la capital)
E. L.
EDWARD LEEDSKALNIN.

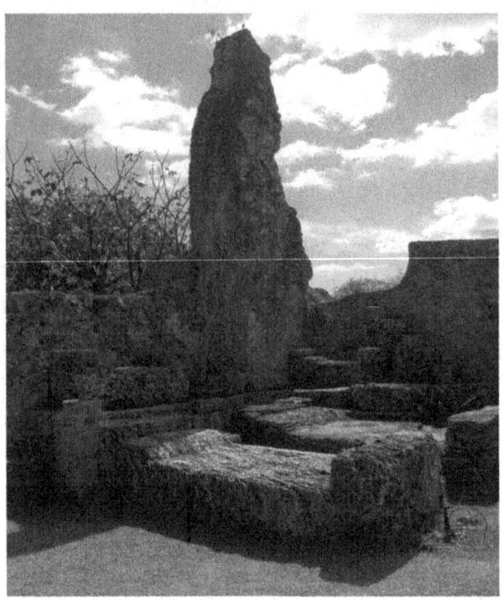

El obelisco de 40’ pies de altura, mas 6’ pies de profundidad. Y la estrella numero 3 y 4, una estrella dentro de otra estrella.

40 * 6 = 240 * 9 = 2160

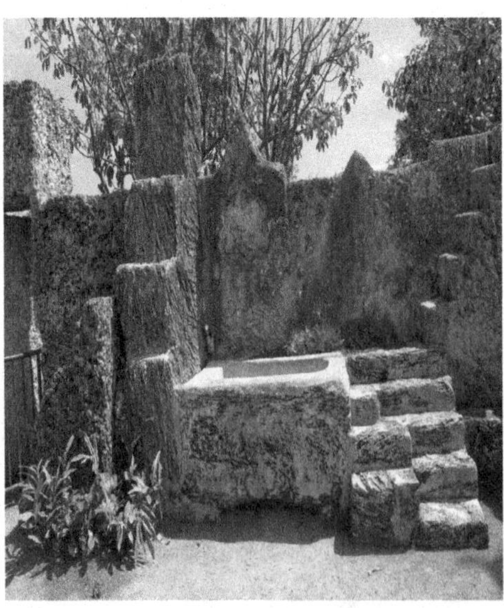

Esta es la quinta estrella, en la pared del frente de la bañera, donde el se bañaba.

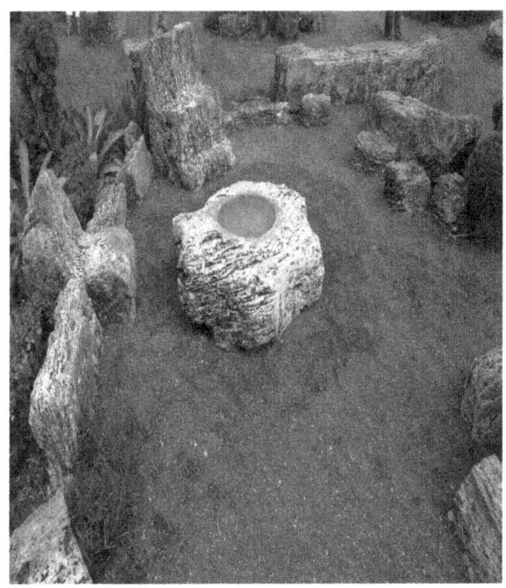

La segunda estrella en forma de mesa, y con un hoyo en el centro, ¿agua porque?

Esto fue lo ultimo que Edward hizo en el castillo ante de morir, como pueden ver hay una cara de un hombre, pero no parece de hombre, cuando observa la figura bien.

Hagamos algo con los nombres del castillo, por ejemplo el primer nombre fue (ROCK GATE PARK), parque de la puerta de piedra, y el nombre de hoy en día es (CORAL CASTLE), castillo de coral. Miremos estas palabras en números #.

ROCK GATE PARK
9 6 3 2-71 2 5-71 9 2
96 * 21 = 2016.
32 * 63 = 2016
96 - 32 = 64
71 + 25 = 96 * 21 = 71 - 25 = 46 cromosomas
71 + 92 = 163 71 - 92 = 21
92 - 32 = 60 * 36 =

CORAL CASTLE
36 91 3 31 12 35
36 * ?? O ?? = ???? o ????
91 - 35 = 56 * 36 =
91 - 31 = 60 * 36 =
36 + 12 = 48 * 45 =
91 + 35 = 126 * 16 = 2016 el dieciséis de su dulce dieciséis (SWEET SIXTEEN).
36 - 3 = 33
31 - 3 = 28 * 72 =
35 - 3 = 32 * 63 =

Ven la diferencia de un nombre al otro el único numero es el 36, pero donde esta el 56 o el 60.

Observemos la traducción de la palabras al español.

PARQUE DE LA PUERTA DE PIEDRA
719835 45 31 735921 45 795491
719 - 835 = 116
735 - 921 = 186 18 + 6 = 24
795 - 491 = 304 - 144 = 160 - 144 = 16
45 + 45 = 90 * 24 = 2160

CASTILLO DE CORAL
41 129 336 45 36 9 1 3

Que casualidad que la palabra castillo, tiene en numero el 129, y el 336, el 129 es el numero del marco de la puerta de la torre, el famoso numero primo, y el 336, que multiplicado por 6 = 2016, y si yo digo, o usamos las suma en el 336, por ejemplo 3 * 36 = 108, y el 108 se multiplica por 20 = 2160.

Todas la palabras, y las letras esta en la parte del frente del castillo, o en la entrada, todas mirando hacia el oeste (WEST), porque esa es la puesta del sol, pero cual es el misterio con el sol?

El 129 tiene su significado, el 336, el 45, el 36, y el 9, el 13, y el 41, no saben bailar en esta fiesta, pero si lo ponemos a bailar, por ejemplo 13 + 41 = 54, ya el 54 si baila en esta fiesta por 40 = 2160, o si decimos así el 41 - 13 = 28 también baila en la fiesta por 72 = 2016.

Otras palabras en el castillo de coral como (ENTRANCE), entrada.

ENTRANCE
55 29 15 35
55 + 53 = 108 55 - 35 = 20 * 108 = 2160
91 - 53 = 36 * 60
91 - 35 = 56 * 36 = 2016
53 - 29 = 24 * 90 =
55 + 29 = 84 * 24 = 2016
55 - 15 = 40
35 - 15 = 20 * 108 =
35 +15 = 40 * 54 =
29 - 15 = 14 * 144 =
55 + 15 + 35 = 105 el famoso 105 de el secreto esta en los números.
29 - 35 = 6 el numero 6 que también el es.

YOU WILL BE SEEING UNUSUAL ACCOMPLISHMENT
763 5933 23 15 59 57 35 313 13 13 36 47 39 18 45 52
7 - 63 = 56 * 36 =
59 - 33 = 26

23 cromosomas.
15 - 57 = 42 * 48 =
59 - 57 = 2 * 1008 o 1080 =
59 + 57 = 116
15 - 59 = 44 + 2 = 46 cromosomas.
313 - 13 = 300º ACUARIOS
35 + 13 = 48 * 42 o 45 = 2016 - 2160
13 + 47 = 60 * 36 = 2160
47 - 39 = 8 * 252 =
39 - 52 = 13
52 - 13 = 39
39 + 13 = 52
13 + 47 + 52 = 112 * 18 = 2016
13 + 39 + 52 = 104 / 33 = 3.15
52 - 47 = 7 el numero 7 que también forma parte del secreto esta en los números, solo me falta el 195, miren esto.
15 + 35 + 45 = 95 + 56 = 151 + 44 = 195.
7129 // 6105195 Edward dijo el secreto esta en estos números.

BLOW HORN
23 65 86 95
23 - 65 = 42 + 9 = 51 el año que muere.
86 - 95 = 9 + 63 = 72
23 - 86 = 63 + 72 = 135
95 - 23 = 72 * 28 = 2016
65 - 95 = 30 * 72 = 2160 42 + 30 = 72
86 - 65 = 21 + 30 = 51 el año que muere.
65 + 95 = 160 - 9 = 151, y el muere en el 1951.
160 - 21 = 139 mueve el obelisco de 28 toneladas.

RING BELL
99 57 25 33 = 214 2 + 14 = 16
99 - 57 = 42 * 48 =
25 - 33 = 8 * 252 =
57 + 33 = 90 * 24 =
25 - 57 = 32 * 63 =
57 - 33 = 24 * 84 =

SUN
135 * 15 = 2160 el numero 15 es de la entrada (ENTRANCE).

EARTH
51 9 28 el numero 51 otra vez el año que muere, el sabia el año en que el iba a morir.
51 - 9 = 42 * 48 o 45 = 2016 - 2160
51 - 28 = 23 cromosomas.
51 + 9 = 60 * 24 = 2160
9 - 28 = 19
28 + 9 = 37
37 + 19 = 56 * 36 = 2016
28 * 9 = 252 * 8 = 2016
En la estrella de la entrada también hay sus letras y 2 palabras, el numero 10¢ y el símbolo de centavo ¢.

Dice ADM (admisión), en abreviatura, y el numero de esas 3 letras es un numero especial, pero muy especial, tan especial que esta en la Biblia, y en el calendario maya.

ADM
1 4 4 * 14 o 15 = 2016-2160
1 + 4 + 4 = 9 *224 o 240 =
14 + 4 = 18 * 112 o 120 =
14 - 4 = 10 * 216 =
14 * 4 = 56 * 36 =
44 + 1 = 45 * 48 =

DROP BELOW
49 67 25 36 5
49 + 67 = 116
49 - 5 = 44
67 - 36 = 31
67 - 5 = 62
116 - 44 = 72 * 28 o 30 =
116 - 62 = 54 * 40 =
116 - 62 = 85
25 - 5 = 20

49 - 67 = 18 * 112 o 120 =
49 - 25 = 24 84 o 90 =
49 - 5 = 54
67 + 36 +5 = 108 * 20 = 2160
67 - 25 = 42 * 48 =

RING TWICE
99 57 25 33 25 93 5 son los mismo números.

Observen bien como Edward utilizo las palabras solo hay 20 palabras utilizando ROCK GATE PARK, DROP BELOW, ENTRANCE, RING BELL, SUN, EARTH, BLOW HORN, Y YOU WILL BE SEEING UNUSUAL ACCOPLISHMENT, Y 3 letras ADM. Y en la pared RING TWICE
20 * 3 = 60 * 36 = 2160

Recuerden que Rock Gate Park es el nombre original por Edward, no creen que ya es mucha coincidencia con los números, cual es el misterio de esa fecha, que no lo dicen como es si no siempre como un rompecabezas, y no fue solo el Edward, fueron todas las civilizaciones del planeta, que solo hablan sus monumentos en sus medidas, que son iguales, como yo veo las cosas algo grande va a pasar en la tierra, y unos cuantos tiene conocimiento de este fenómeno astrológico, que sucede cada 2160, que es el cambio del signo de Piscis al signo de Acuarios, en el 2016, no en el 2012 como muchos creen, porque alguien dijo que el calendario maya termina en el 2012, esos es mentira, todo eso es especulación, como en el 2000, el nuevo milenio, mucho dicen que es el fin del mundo, por ejemplo los religiosos, y es simplemente el cambio de la nueva era, en este cambio es el famoso regreso de cristo, que los religiosos, están esperando, cuando vean la verdad, que pasara con la religión, que cristo nunca llego, que fue solo un fenómeno natural que pasa cada 2160. Ahora miremos la cantidad de terreno que el compro, originalmente en (FLORIDA CITY), y en (HOMESTEAD), y la distancia de uno al otro. En florida city compro un acre de tierra, y en homestead 10 acres de tierra, a 10 millas de distancia uno del otro, observemos los números.

1 acre a pies cuadrado son 43560 piesª
1 acre a pulgadas cuadrada son 6272640 pulgª
1 acre a metro cuadrado son 4046.856 mª
10 millas a kilómetros son 16
10 millas a metros son 160
10 millas a pies son 528
10 millas a pulgadas son 63360
10 millas a centímetros son 160
10 acres a metros cuadrados son 40468.564 mª
10 acres a pies cuadrados son 435600 pª
10 acres a pulgadas cuadradas son 62726400 pulgª
Como pueden ver el todo lo hizo bien planeado, como un rompecabezas, que todas las piezas encajan, una con la otra, a la perfección.

Algunas de las palabras del castillo de coral.

Esta es la corona de Edward, y en la pirámide de Egipto en la recamara del faraón, hay otra.

Estos son los números que Edward decía que el secreto esta en estos números (7129) (6105195)

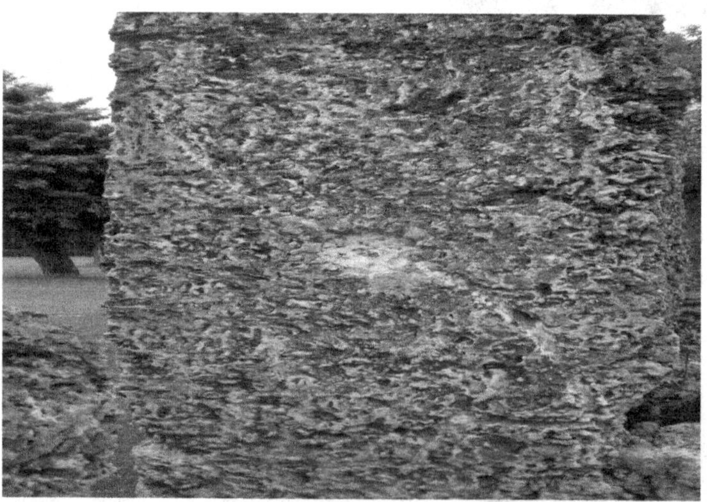

Esta figura es la misma que la de la puerta, el sol y los 2 planeta, la tierra, y el planeta sin nombre, pero en el 2016, cuando el sol se oscurezca por 3 días, es un eclipsis, y es cuando el planeta sin nombre que esta detrás del sol se podrá ver, ya los griego lo conocían con el nombre de antiteon, que significa otra tierra, igual que la nuestra, que puede sostener vida. Mi pregunta es como el sabia todos estos conocimientos de astrología en el 1920, a la perfección, alguien le dio el secreto.

Este hoyo que esta al lado del obelisco, esta perfectamente alineado con la entrada principal, recuerden que el sol sale por el este, y se acuesta en el oeste, yo creo que en una fecha especifica el sol esta, perfectamente alineado con este circulo, a su salida en la mañana, al igual que a la puesta del sol, cual es el secreto de todo esto con el sol.

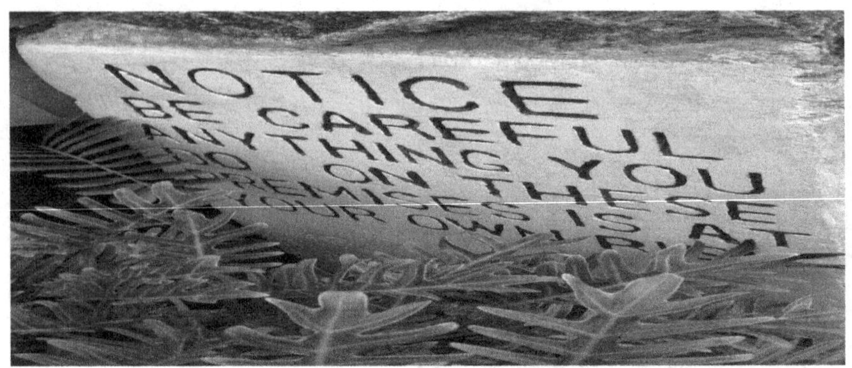

Este es otros de los letreros de Edward, en la entrada a mano izquierda, detrás de la puerta, hay algo curioso, en este letrero, la palabra (CAREFUL), le falta una letra que es otra (L), que diría así (CAREFULL), por que el dejo esa letra afuera, cual fue la razón; la razón esta en los números. La traducción dice así, noticia todo lo que usted haga en esta propiedad, lo esta haciendo a su propio riesgo.

NOTICE BE CAREFUL ANYTHING YOU DO ON THESE PREMISES IS AT YOUR OWN RISK.

56 2935 25 31 95 63 3 15 72 8957 7 6 3 46 6 5 28 515 7 95 4915 1 91 12 7 63 9 6 5 5 9912
29 + 35 = 64 el muere a esa edad
El 25 de diciembre del 2016
31 + 95 = 126 este numero multiplicado por 16 = 2016
89 - 57 = 32 * 63 = 2016
7 + 6 + 3 = 16
46 cromosomas, 23 de madre, y 23 de padre
6 * 5 = 30 * 72 = 2160
95 + 49 = 144 * 15 = 2160
15 + 1 = 16
9 + 1 = 10 * 216 =
65 - 5 = 60 * 36 = 2160

Les dejo los últimos números de tarea, y los números que no están en la suma, recta, o multiplicación, es porque ellos se multiplican, por un numero X.

Estas pequeñas piedras están en una de las lunas de 18 toneladas, y tiene forma geométricas, y si miran bien hay 2 números, que parecen el 120, y el 90, y estos números se multiplican por 2 números que son el 18, y el 24.

120 * 18 = 2160
90 * 24 = 2160

El castillo de coral en el 2016, va a cumplir 96 años * 21 = 2016, que casualidad.

Miren algo curioso el Taj mahal fue en el 1632, y en el 2016 va a tener 384 años, y * 5 = 1920

384 * 6 = 2304 - 288 = 2016, el 288 es la recta de la fecha del castillo, y el Taj mahal.

LA BIBLIA

GENESIS

Elohim como comienza la Biblia judía e hizo el mundo en 7 días y luego hizo al hombre y la mujer Y ellos tuvieron 2 hijos Caín y Abel. Caín mato a su hermano Abel, luego Caín se fue a la tierra de Nod. Quien es Nod es un personaje místico que solo sale Una sola vez en la Biblia, que extraño? Y Adán y Eva eran los únicos en la tierra? Cain y su mujer, Enoch hijo de Cain, Irad hijo de Enoch, Mahujael hijo de Irad, Metusael hijo de Mahujael, Lamec hijo de Mahujael, y Lamec y sus 2 mujeres Ada y Zila, Jabal hijo de Lamec, Tuba-Caín hijo Lamec y Noama hija de Lamec. Ahora Adán tiene otro hijo que lo llamo Set y Enos hijo de Set. Y vivió Adán (930 años), y Set vivió (91Caínos), Cainan hijo de Enos y Enos vivió (905 año), Mahalaeel hijo de Cainan y Cainan vivió (910 años), Jaret hijo de Mahalaeel y Mahalaeel vivió (895 años) Enoch hijo de Jaret y vivió Jaret (972 años) Matusalén hijo de Enoch y vivió (365 años) y porque el camino con dios y el se lo llevo, que extraño que Enoch tenia (365 años y el calendario tiene (365 días) y recuerden que el nombre de Enoch es de la familia de Caín del primer hijo de Adán. Lamec hijo de Matusalén y vivió Matusalén (969 años), Noe hijo de Lamec y vivió Lamec (777 años). Bueno que paso con los otros hijo de Caín? Viendo los hijos de dios que las hijas de los hombres eran hermosas, y tomaron para ellos mujeres escogiendo entre todas. Había gigantes en la tierra en aquellos días, y también después que llegaron los hijos de dios a las hijas de los hombres y les engendraron hijos, estos fueron los valientes que desde la antigüedad fueron varones de renombre. Que paso con la edad de Caín y que paso con Eva su edad? 905+895+365=2165, Enoch era el signo de virgo. 2160

130 años Adán más 800 años= 930
105 años Set más 807 años=912

90 años Enos más 815 años=905
70 años Cainan más 840 años=910
75 años Mahalaeel más 830 años=905
172 años Jaret más 800 años=972
65 años Enoch más 300 años=365? los días del años
187 años Matusalén más 782=969
182 años Lamec más 595=777?
500 años Noé más 100 + 350=950

El arca de Noe tiene 300 codos de largo y 50 codos de ancho y 30 codos de altura.

Noe y sus 3 hijos, Sem, Cam, Y Jafet. De todo animal limpio tomaras 7 parejas de macho y hembra, y de las aves 7 parejas de macho y hembra, mas de los que no son limpio una pareja, 1 macho y su hembra. 7 días has de pasar y arre llover, por 40 días y 40 noches. Y era Noe de 600 años cuando el diluvio. El año 600 de Noe en el mes 2 segundo a los 17 días del mes. Y las aguas sobre la tierra 150 días. Pero quien escribió todo esto se dice que Moisés, pero se sabe que moisés no escribió nada, pero el que lo hizo tuvo mucha imaginación o si la copiaron de otra historia. No se ni como decirle esto no se quien coño escribió este libro di que es tan sagrado de que de mierda?, si esta familia de Noe sus hijo y descendencias fueron lo que poblaron el mundo después del diluvio. Ahora miren en la tierra una sola lengua y unas misma palabras.

La famosa torre de babel que torre en que cabeza cabe creer que un edificio puede salir de la atmósfera de la tierra, el lenguaje que había en aquella zona era la telepatía, la comunicación mental y a los dioses no podían dejar que el hombre sea igual que ellos. Ahora miren este pasaje de la biblia, y descendió (Jehová) que es unos de los dioses judíos, para ver la ciudad y la torre, si el todo lo ve y lo sabe por que tiene que bajar a ver, que edificaban los hijos de el hombre. Ahora lo otro, miren bien ahora, pues descendamos y confundamos allí su lengua, fíjense bien que están hablan del plural de la personas no de una entidad de varios dioses que eran 7 en total y luego miren, lo esparció por toda la tierra y que paso con los hijos de Noe que fueron lo que poblaron la tierra creo que ellos hablaban su idiomas ante de la torre de babel. Quien fue primero el huevo o la gallina? Okay SEM hijo de Noé tiene 100 años y engendro a un hijo Arfaxad dos años después del diluvio. Cañazo si en el mundo no hay nadie solo Noé su mujer y sus 3 hijos y mujeres y 2 años después del diluvio tienen miles de hijos para poblar la tierra en solo 2 años, ohm Sem vivió 500 años y engendro hijos e hijas, pero por que este libro tan perfecto que lo escribió Jehová, OH su inspiración de que, de sus estupideces, que paso con los otros hijos o hijas de Sam por que la biblia no los mencionas por que nunca existieron y así fue con todo ellos desde Sam hasta Tare y todos vivieron, 400 años, 300 años, 200 años, y lo mismo engendraron hijos e hijas Nacor, Tare a Abram, a Nacor, y a Haran, y Haran engendro Lot y Haran murió. Miren el jueguitos de los dioses oh no Jehová, la mujer de Abram es estéril Sarai y la mujer del hermano Nacor Milca que era hija de Haran padre de Milca y Isca. Abram en Egipto es el primero de muchos y luego Jehová hirió al faraón en su casa con grandes plagas, por causa de la mujer de Abram. Que paso con esas plagas no se sabe nada, ohm que eran 10 pero cuando Moisés. De donde salio la riqueza de Abraham y Lot que era oro, plata y ganado, si cuando llegaron a Egipto eran unos muertos de hambre y porque si su dios siempre esta con el no le proveía comida y tuvo que ir a otro lugar. Si leen el capitulo 14 de el génesis en la Biblia miren cuantos nombres raros de reyes de el 1 al 8. Y Melquisedec rey de Salem y sacerdote del dios altísimo es otro de los dioses de los hebreo que es el (Elyon), miren bien como Abraham usa la palabra señor y luego Jehová que es (Yahvé), señor es (Adonai). Jehová le dice a Abraham que los hijos de los hijos van a vivir 400 años de esclavo en otra tierra. Abraham tiene un hijo con Agar que era sirva de Sarai, Ismael. Agar huyo de la presencia de Sarai, y el ángel de Jehová la encontró en un pozo en el desierto y le pregunta, de donde bienes tu y a donde vas. Miren como este libro poco a poco salen los nombre de ángel pero no el nombre original que es (Mala Kim que es ángel o mensajero) en griego. Porque los que hicieron la traducción la biblia no usaron el nombre de Mala Kim le es mas fácil usar la palabra ángel suena mas bonito que su nombre original. Tenia Abraham 99 años cuando le apareció dios y le dijo yo soy el todopoderoso, pero el todopoderoso es (saddy), miren como los hermanos mayores de nosotros jugaban con ellos a sus antojos. Tan do sentado en su tienda en el sol de la tarde ve 3 hombre en la biblia (ángel), Abraham no Abram porque el hizo un pato con Jehová, y el le dijo sentarse y descansar y les lavo los pies y luego corrió para donde su mujer y le dijo que hiciera pan y el cojio leche, queso y mantequilla y ellos comieron, esto me deja saber que Abraham ya conocía a estos personajes en la forma que el lo agrado y Le

Dijo (señor), Abraham sabia la diferencia entre uno del otro a Adonai (el señor), si porque los dioses o los Ángeles caminan el la tierra y comen comida y se lavan los pies, no son dios ni ángeles son hombre con mayor conocimiento en la tecnología que esas persona no sabían como explicarlo que veían, para ellos eran dioses, luego ellos le dicen que su mujer Sara que ya no se llama Sarai, que va a tener un hijo y ella es estéril. Sodoma y Gomorra y en unas de la ciudad vivía LOT sobrino de Abraham y cuando LOT vio a los 3 hombre y dijo mis señores y hizo lo mismo que Abraham, este pasaje nos dice que Lot también conocía a los 3 hombres en la forma que les hablo el a ellos como tu le habla a tus amigos. Coñoooooooooo, las 2 hijas de Lot dicen entre ellas que su padre es viejo y no hay hombre en la tierra conforme a la costumbre de la tierra. Y tomaron a su padre como hombre y le dieron hijo cada una, si hoy en día alguien suele hacer algo igual es un pecado, es incesto y es penado con la ley del hombre, pero para dios no era un pecado en esos tiempo era normal. Abraham duro 100 años para tener un hijo con Sarai, pero Jehová se le apareció a Sarai un día y como le dijo que ella va a tener un hijo y lo tuvo y llamo Isaac. Hoy la ciencia puede hacer que una mujer estéril tenga hijo, y en la antigüedad estos dioses eran los únicos que podían hacer eso, porque tenían la tecnología. Sarai murió de 127 años y Abraham 175 años. Ismael tuvo 12 hijos (príncipes) miren como el numero 12 se repite en la Biblia. Ismael murió de 137 años e igual que su padre Abraham exhalo el espíritu y murió. Isaac tiene 40 años cuando conoce a Rebeca su mujer y cuando Rebeca da a luz a 2 gemelos Isaac tiene 60 años, esto quiere decir que pasaron 20 años ante de que el tuviera su primer hijo. Esau y Jacob, Esau fue el primogénito y luego le vende el derecho de la primogénita a Jacob. Cual es el interés de ser el primero si los 2 son hijo del mismo padres. Cual es el juego aquí con estos 2 personajes Isaac amo Esau mas rebeca amaba a Jacob, miren como Jacob le dice a su hermano que le venda la primogenida por un guisó de lentejas que su hermano le dijo que le diera de comer y Jacob le dijo si me vende tu primogenida y júrame en este día y el juro. Y luego Isaac esta Viejo y se va a morir y llama a su hijo Esau para que le haga un guisó de la casería de Esau para darte la bendición, Rebeca que escullaba le dijo a Jacob que le triga 2 cabritos y ella le hizo el guisó y Jacob fue bendecido por Isaac y no Esau, todo una mentira de la madre y el siguió a su madre y como usan el nombre de Jehová en vano, Isaac era ciego y Rebeca y Jacob se burlaron de el, pero cuando Esau le hizo el guisado de la caza y le llevo y Isaac pregunto entonce quien vino al frente mío primero que tu y Isaac dijo Jacob. Jacob le robo la primogenida y la bendición y huyo a otra tierra familia de su madre, miren lo que le dice Isaac a su hijo Esau. He aquí será tu habitación en grosura de la tierra, Y del rocío de los cielos de arriba; Y por tu espada vivirás; Y a tu hermano servirás; Y sucederá cuando te fortalezcas, Que descargaras su yugo de tu cerviz. Dijo Esau yo matare a mi hermano Jacob, pero no lo mato. Luego Esau se casa con mahalat hija de Ismael hijo de Abraham, vuelve la unión de familia con familia, para dios eso esta bien, y hoy en día no. ahora los Ángeles de dios tienen que usar una escalera que se apoya en la tierra y la otra en el cielo y Bajaban y subían los ángeles de dios, que sueño son sus ojos que están viendo hombre que bajan de una nave especial como la vio Ezequiel. Cual era el juego de Jacob se casa con 2 mujeres que son hermana con una 7 años Lea la mayor por el amor que le tenia a Raquel y que Laban el padre de las 2, y Jacob trabajo otro 7años mas para Laban y otro 6 mas un total de 20 años por 2 mujeres. El mismo cuento de antes Raquel es estéril pero Lea si le da un hijo de nombre Rubén, y Simeón, Levi, Judá, Raquel que no podía darle hijo a Jacob le dijo dame hijo o si no me muero y ella le dio su sierva Bilha y Jacob le llego a ella y ella tuvo un hijo y Raquel lo nombro Dan, y otro Neftalí y Lea que ya no le daba hijo a Jacob le dio su sierva también y le dio hijo de nombre Gad y otro hijo y lo llamo Aser y luego Lea le da un quinto hijo Jacob y lo nombro Isacar y un sexto hijo Zebulon y luego dio a luz una hija su nombre Dina. Raquel tuvo un hijo porque dios se recordó de ella y el hijo de nombre José, un total de 11 hijo y 1 hija los de Jacob. Los hombre de la época paliaban con dios Jacob y le gano y porque le gano le cambio el nombre a Jacob por Israel y dijo Jacob llamo este lugar penile, porque vi. a dios cara a cara y vivió. Ahora como es posible que hoy dicen que el que ve a dios muere y como un religioso explica lo de Jacob, que puede pelear con el, como tu y yo peleamos con nuestro enemigos, ooo . . . , dios lo puede todo y es toda la explicación que le dan al que pregunta y ellos se conforman con es explicación que no tiene sentido, porque si explica mas allá de lo que es levanta sospecha, hagan se una pregunta con quien peleaba el? con un hombre o con ?. Luego Jacob se encuentra con su hermano Esau, y Esau le pregunta que te propones con todo este grupo, y Jacob le dijo hallar gracia en los ojos de mi señor. (Adonai). Vuelve dios otra ves a Jacob y le dice que su nombre no es mas Jacob ahora es Israel y también le dijo yo soy el dios omnipotente (Yahvé), luego Raquel ante de morir en el parto le da otro hijo a Israel y lo nombro Benoni y su padre lo llamo Benjamin. Rubén el primogénito de Israel durmió con Bilha la concubina de su padre, que luego Israel llego a saber. Y los hijo de Israel fuero 12. Los hijo de Lea; Rubén, Simeón, Levi, Judá, Isacar y Zabulon. Los hijos de Raquel; José y Benjamin. Los hijos Bilha, sierva de Raquel; Dan y Neftalí. Y Los hijos de Zilpa, sierva de Lea; Gad y Aser. Y fueron los días de Isaac padre de Jacob, 180 años. Miren algo raro el nombre de la hermana no se menciona mas lo borraron con mierda de gato?! La historia de José que es la misma historia de Jesús que a los 17 años no son 17 años son 12 años tuvo un sueño que iba hacer grande de nombre y Israel amaba a José mas que a todos su hijo y sus hermanos le aborrecían, soñó un sueño y le contó a sus hermanos, he aquí que el sol y la luna y 11 estrella se inclinan a mi, y los hermano le dijeron, reinaras sobre nosotros o señorearas sobre nosotros y se lo contó a su padre y su padre le dijo, acaso yo y tu madre y hermanos a postrarnos en tierra ante ti. Sus hermanos quería matar a José y Rubén dijo que no y lo echaron en una cisterna y luego su hermano Judá sugeríos que lo vendieran y lo vendieron por 20 moneda de plata a los ismaelitas y llevaron a José a Egipto, luego le dicen a su padre que una bestia lo mato. Como se lo explico este acontecimiento astrológico que su sede cada 2160 años, y la Biblia nos esta hablando del primero que es la constelación de Tauro en los signo zodiacales y José lo representa en la tierra. Miren como su padre Jacob, dijo a sus hijos as declarare lo que os ha de acontecer en los días venideros. Juntaos y oíd, hijos de Jacob, y escuchad a vuestro padre Israel.

1) Rubén, tu eres mi primogénito,
Mi Fortaleza, y el principio de mi vigor,
Principal en dignidad, principal en poder.
Impetuoso como las aguas, no serás el
Principal por cuanto subiste al lecho de tu
Padre; entonce te envileciste, subiendo a mi
Estrado.

2) Simeón y Levi son hermanos;
Armas de iniquidad sus armas.
En su consejo no entre mi alma,
Ni mi espíritu se junte en su compañía.
Porque en su furor mataron hombres,
Y en su temperad desjarretaron toros.
Maldito su furor, que fue fiero;

Y su ira, que fue dura.
Yo los apartare en Jacob,
Y los esparciré en Israel.
3) Judá, te alabaran tus hermanos;
Tu mano en la cerviz de tus enemigos;
Los hijos de tu padre se inclinar a ti.
Cachorro de león, Judá,
De la presa subiste, hijo mío.
Se encorvo, se echo como león,
Así como león Viejo: ? Quien lo despertara?
No será quitado el cetro de Judá,
Ni el legislador de entre sus pies,
Hasta que venga (SILOH);
Y a el se congregaron los pueblos.
Atando a la vid su pollino,
Y a la cepa el hijo de su asno,
Lavo en el vino su vestido,
Y en la sangre de uva su manto.
Sus ojos, rojos del vino,
Y sus dientes blancos de la leche.
4) Zabulon en puerto de mar habitara;
Será para puerto de naves,
Y sus límites hasta Sidon.
5) Isacar, asno fuerte
Que se recuesta entre los apriscos;
Y vio que el descanso era bueno,
Y la tierra era deleitosa;
Y bajo su hombro para llevar,
Y sirvió en tributo.
6) Dan juzgara a su pueblo,
Como una de las tribus de Israel.
Será Dan serpiente junto al camino,
Víbora junto a la senda,
Que muerde los talones del caballo,
Y hace caer hacia atrás al jinete.
Tu salvación espere, OH Yahvé.
7) Gad, ejercito lo acometerá;
Mas el acometerá al fin.

8) el pan de Aser será substancioso,
Y el dará deleites al rey.
9) Neftalí, cierva suelta,
Que pronunciara dichos hermosos.
10) Rama fructífera es José,
Rama fructífera junto a una fuente,
Cuyos vástagos se extienden sobre el muro.
Le causaron amargura,
Le ausentaron,
Y le aborrecieron los arqueros;
Mas su arco se mantuvo poderoso,
Y los brazos de sus manos se fortalecieron
Por la manos del fuerte de Jacob
(Por el nombre del pastor, la roca de Israel),
Por el dios de tu padre. El cual te ayudara,
Por el dios omnipotente, el cual te bendecirá
Con bendiciones de los cielos de arriba,
Con bendiciones del abismo que esta abajo,
Con bendiciones de los pechos y el vientre.
Las bendiciones de tu padre
Fueron mayores que las bendiciones de mis
Progenitores;
Hasta el término de los collados eternos
Serán sobre la cabeza de José,
Y sobre la frente del que fue apartado de
Entre sus hermanos.
12) Benjamin es lobo arrebatador;
A la mañana comerá la presa,
Y en la tarde repartirá el despojos.

Esta son las 12 tribus de Israel. Se muere Israel que es Jacob pero no dicen la edad cuando murió.
Miren como Jacob es la constelación de Gemini y cuando muere entra Tauro que es
El toro, José murió de 110 años en Egipto. Oro José, por eso es que en el tiempo de José se uso el sacrificio del becerro hasta Moisés.

EXODO

Moisés su nombre significa ^sacado de las agua^, Es la figura central de el éxodo y un figura mística como José. Ahora miren los egipcios todo lo escribían en papiro o en las paredes de sus ciudades y como es posible que lo hebreo no hayan pasado a la historia con la historia de los egipcios, que un nuevo faraón no sabia quien era José, y porque los hebreo eran muchos y los egipcio tenían miedo que cuento de camino que solo se lo creen los ignorante que no saben leer y que dejan que otra persona le interprete las cosas su maneras o conveniencias. Para un buen entendedor pocas palabras. Ya no se habla de los hermano de José ni de la hermana DINA? Que paso por que la mujer es marginada, si la mujer es el ser perfecto. Todos los patriarca salen de la misma familia, un varón de la familia de Levi fue y tomo por mujer a una hija de Levi, la que concibió, y dio a luz un hijo; y viéndole que hermoso, lo tuvo escondido 3 meses. Y como es posible que ella no le ponga nombre a su hijo que todas lo han hecho y ella no, luego es puesto en una canasta en un río y la hija del faraón encuentra la canasta, ooo . . . un niño, a quien le creo señores miren bien quien coñoooo, crío a moisés la hija del faraón o su madre? Según la Biblia fue la hija del faraón. Pero cuando el niño creció ella lo trajo a la hija del faraón, la cual lo prohíjo, y le puso por nombre Moisés, diciendo: de las agua lo saque. Moisés huye de Egipto miren como el tiempo se pierde de Egipto a Madian y Moisés llega al tierra de Madian y 7 hijas tiene el sacerdote de Madian, y ellas fueron a Reuel su padre y le hablaron de lo que Moisés hizo por ellas En el pozo que las defendió de los pastores y Reuel agradecido le da la hija mayor por mujer a Moisés y ella sin perder tiempo le da un hijo y le puso por nombre Gerson, porque dijo: forastero soy en tierra ajena. Oyó dios el gemido de ellos, y se acordó de su pacto con, Abraham, Isaac y Jacob. Que bonito ahora a dios se le olvidan las cosas y se recordó. Y miro dios a los hijo de Israel y los reconoció, oh también se olvida de las cara de sus hijo pero como es posible esto si el es dios lo perfecto que todo lo sabe y lo puede todo que mentira no han dicho toda la vida dios es un hombre igual que tu y yo lo que pasa es que usan su tecnología para hacerse pasar por dioses. Le dijo dios a moisés: YO SOY EL QUE SOY. Y así dirás a los hijo de Israel: YO SOY me envío a vosotros. Además dijo dios a moisés: así dirá a los hijos de Israel Yahvé. Fíjense como el se identifica con moisés yo soy el que soy, porque ellos se dividían el juego el tenia a 3 personaje de la Biblia Abraham, Isaac, Jacob y ahora moisés y porque el no fue el mismo dios con los otros ante de Abraham, Isaac y Jacob, porque los otro tenían su dios, como el (padre), (el señor), (el altísimo) y (el todopoderoso). Parte de la raza humana es una clonación genética por parte de nuestros hermanos mayores, pero se les fue de las manos, porque como hay personas con malos pensamientos aquí también los hay halla. Nosotros somos una raza compleja sin definición propia, por ejemplo La raza china, la negra, la blanca y los aborígenes del America, ahora pregúntese como vino el chino, el negro, etcétera, si era una sola raza pero la Biblia no nos dice nada al respecto y los hebreo no son chino esto no quiere decir que en la tierra habían hombre y mujeres ante de Adán y Eva el cuento pendejo que fueron los primero. Y como dice un pastor de nombre Maldonado, cuando esta disque predicando la palabra y dice yo se leer pero leer que si lo único que le es la Biblia pero a su manera, y yo digo yo se leer como muchas otras personas, si es verdad hay muchas personas que no leen ni el periódico ni nada y otras no saben leer. Miren que extraño que los egipcio no conocían a Yahvé el dios de Israel recuerden que Israel era un hombre Jacob y que no era el dios de todos los Hebreos, pero si el es un dios de amor por que no hacer que los egipcio lo amen a el también, pero todo es por la fuerza y a la mala porque yo soy mas fuerte que tu dios el juego es entre ellos mismo. Porque tiene dios que poner el Corazón de el faraón duro para que no deje salir a los hebreo de Egipto, si el todo lo puede y tiene que usar la fuerza, ooo . . . , ahora las plagas que fueron 10, pero si recuerdas cuando Abraham fue a Egipto, también sucedieron plagas. Según dios Moisés es faraón y su hermano Aaron profeta. Así que Aaron tiro su vara delante del faraón y se convirtió en culebra y el faraón llamo a sus sabios y hechiceros y ellos hicieron los mismos que Aaron, para poner el juego más interesante la culebra de Aaron se comió a la de los sabios. Cual es el poder de dios si los egipcio pueden hacer lo mismo que el?! Miren esto ahora el agua del río Nilo se convirtió en sangre, pero los egipcio hicieron pozo alrededor de el río para poder tomar agua. Que nos quiere decir esto que no toda el agua era sangre que era un truco de mago. Las ranas, los piojos, la moscas, la ulceras, granizo, langostas, tinieblas, todo esto son fenómenos de la naturaleza que siempre han sucedido en Egipto, pero hay que poner un poco de misterio en la historia con la muerte del primogénito no de hombre solo si no de animales también y que tienen que ver los animales en este caso nada es solo una mentira de el escritor para dar un poco de sabor a la historia que estaba contando y llego a un punto que dijo y que le escribo para que mi historia sea verídica y recuerden que los sabios de Salomón escribieron gran parte de la Biblia y eran solos cuento de historia contadas por los viejos de las tribus. Porque el misterio siempre con una nube y la nube los guiaba de día y en la noche una columna de fuego, que fuego es una nave nodriza de los que se hacen llamar dioses. En pieza la numerología con Moisés.

3 días de cárcel.
70 la familia de Jacob que llego a Egipto.
600000 mil hombre hijos de Israel.
Levi murió de 137 años.
Coat de 133 años.
Y Amram 137 años.
Moisés 80 años y Aaron 83 años hablaron con el faraón.
Se me iba a olvidar la muerte del primogénito es la muerte del sol por 3 días, luego le explico.
430 años en Egipto.
12 fuentes de agua y 70 palmeras.
40 años mana comieron.
12 columnas según las 12 tribus.
Es estuvo en el monte dentro de la nube.

Y Noe no duro 40 días y 40 noches en las agua del famoso diluvio y ahora Moisés hace los mismo, la historia se repite. El arca 2 codo y medio de largo, 1 codo y medio de anchura y 1 codo de altura. 4 anillo en la 4 esquina. Propiciatorio de largo 2 codo y medio y 1 codo y medio de anchura y 2 querubines y de allí me declarare a ti, y hablare contigo de sobre el propiciatorio. Bueno ahora dios habla con Moisés por medio al radio que fue el primero en la historia, si el es dios y todo lo puede porque es de construir un objeto para el poder hablar con Moisés y por que no sigue la misma forma que con los antepasado de Moisés. Y todo esto fue cubierto por oro puro. La mesa 2 codos de largo, la anchura de 1 codo y la altura de 1 y medio, 4 anillos de oro en sus patas, la vara de madera de acacia las cubrirá de oro y con ella será llevada la mesa. El candelero de oro puro y todas sus accesorios son de oro hecho a martillo, pero Moisés tenia un modelo que le mostraron en el monte. El tabernáculo 10 cortinas de lino torcido, azul, púrpura y carmesí y lo harás con turbines de obra primorosa, 28 codos de largo y al anchura de 4 codos, 5 cortina unida una con la otra y lo mismo con la 5 otras, 50 lazados hará con la primera cortina y 50 hará en la orilla de la cortina que están en la segunda unión. 50 corchete de oro que enlazaras las cortinas la una de la otra y se formara un tabernáculo. 11 cortina con pelo de cabra para una cubierta de el tabernáculo, 30 codos de largo y 4 codos de ancho, 50 lazadas en la orilla y 50 en la segunda y las 11 tendrán la misma medida. 50 corchetes de bronce que meterás por las lazadas y enlazaras las uniones para que se haga una sola cubierta. Madera de 10 codo de largo y 1codo y medio de ancho 2 espiga tendrá cada una para unirla una con la otra, 20 tablas al lado del medio día al sur, 40 basas de plata, 2 basas de bajo de una tabla y 2 basas debajo del otro lado, y al otro lado del tabernáculo, al lado del norte 20 tablas y para el otro lado al oeste 6 tablas, 2, tablas para las esquina en los ángulos posteriores los cuales se unan desde abajo y se junta ran por su altura 40 días y 40 noche con un goznes. 8 tablas con sus bases de plata, 16, 2 base debajo de una y 2 para la otra. Haras 5 barras de madera de acacia para un lado del tabernáculo y 5 mas para el otro lado y 5 mas para el lado oeste, y las barras pasaran por el medio de una tabla a la otra tabla, y las barras fueron cubierta de oro y sus anillos para meter las barras por ellos, y también 5 columna de madera acacia cubierta en oro y sus capiteles de oro y 5 base de bronce para ellas. El altar de madera de acacia de 5 codos de largo y 5 codos de ancho, será cuadrado el altar, y su altura de 3 codos, braseros; harás todos sus utensilios de bronce. Y le harás un enrejado de bronce de obra de rejilla y sobre las rejilla harás cuatro anillos de bronce a sus cuatro esquinas. Y la pondrás dentro del cerco del altar abajo y llegara la rejilla hasta la mitad del altar. El atrio al lado meridional al sur 100 codos de cortina de lino de largo, 20 columna y sus 20 basa serán de bronce, los capiteles de la columna y su moldura serán de plata. Y al norte lo mismo y a lo ancho del atrio 50 codos y 10 columna y 10 basa al oeste. Y al este cortina de 50 codos. Y las cortinas a la entrada de 15 codos, 3 columnas y sus basas. Y todas las columnas alrededor del atrio serán ceñidas de plata, sus capiteles de plata y sus basas de bronce. Okay dios mando a Moisés hacer toda esa edificación, pero de donde diablo sacaban tanto minerales y donde los fundían si estaba vagado por el desierto y como lo movían, bueno si miran bien todo esto es una cerca eléctrica para proteger el secreto de como Moisés habla con dios o (los extraterrestre) y el cuento que dicen es que moisés puso la tabla de los 10 mandamientos en ella, como el cuento de caperucita roja y el lobo. El efod es un traje especial de oro, azul, púrpura, carmisi y lino torcido para Aaron el sacerdote. 2 piedras de ónice y en ellas grabara los nombre de los hijos de Israel (Jacob), 6 de sus nombre en una piedra y los otros 6 en la otra, según el orden de su nacimiento de ellos, y Aaron llevara los nombre de ellos delante de Yahvé. Las 4 hileras de piedra.

1) SARDICA, TOPACIO Y CARBUNCLO.
2) ESMERALDA, ZAFIRO Y DIAMANTE.
3) JACINTO, AGATA Y AMASTIA.
4) BERILO, ONICE Y JASPE.

Serán según los nombre de Israel (Jacob) 12 hijos y según sus nombres serán 12 tribus.

Señores miren como Moisés crea 12 piedras que cada piedra representa un hijo de Israel que representa una constelación del zodíaco que hoy en día son 12, Ho y los 2 anillos de oro, son el sol y la luna si recuerdan bien la hermana Dina que ya no se menciona. Y porque los sacrificio de becerros y carneros, el becerro representa a (Tauro) el toro José y el carnero representa a (Aries) que es Moisés. Y Jesús a quien?. El becerro de oro que Aaron hizo un becerro que el pueblo le pidió que hiciera por que Moisés duro mucho tiempo en la montaña y cuando el bajo de la montaña con los 10 mandamientos y encontró a su pueblo adorando el becerro y Moisés representa a el carnero y rompe los 10 mandamientos sobre el becerro y si no sabe los 10 mandamientos son el libro de la muerte de los egipcios y los judío vivieron 430 años en Egipto, y muchas de la costumbre judía es egipcia, y que extraño que todos salen de Egipto, miren que el ultimo fue Jesús porque es eso?.

LEVITICO

Este libro habla mucho de número en especial el 7 que se dice que es el número perfecto porque no tiene mita en números iguales. Por ejemplo, 7 veces rocío el altar, 7 los días de su menstruación y será inmunda y al 8 día circuncidara al niño, mas 33 días de purificación la mujer, (7+33=40), Y si es niña 14 días y 76 días de purificación, (14+76=90), 7 días si tiene manchas o lepra, 7 mas si siguen, 7 día la tiña, 7 día la plago o el plagado. En el mes 7 a los 10 días del mes en el mes primero, a los 14 del mes entre las 2 tarde la pascua es de Yahvé y a los 15 días de este mes es la fiesta solemne (el sol) por 7 días. 6 años sembrara y 6 años podara tus viñas y el 7 año la tierra descansara. Y Contaras 7 semana de año, y 7 veces 7 años. 7*7=49 días. Como vemos este libro hablan de los rituales que ellos le hacían al sol en la Pascua que se celebra en el de abril por es eso porque es cuando el sol esta en el norte y los días son mas largo que la noche.

NUMEROS

Su titulo lo dice todo. Esto son los príncipes de las tribus de sus padres 12.

1) Elisor
2) Selumiel
3) naason
4) Natanael
5) Eliab
6) Elisama
7) Gamaliel
8) Abidan
9) Ahiezer
10) Pagiel
11) Eliasaf
12) Ahira

Y esto fue agrupado por familia, según su casa de sus padres, conforme a la cuenta por cabeza, de 20 años para arriba.

1) Rubén (46,500)
2) Simeón (59,300)
3) gad (45,600)
4) Judá (74,600)
5) Isacar (54,400)
6) Sabulon (57,400)
7) Jose (40,500)
8) Manases (32,200)
9) Benjamin (35,400)
10) Dan (62,700)
11) Aser (41,500)

12) Neftalí (53,400)

Y los levitas no fueron contados porque ellos cuidaban el tabernáculo. Okay mire lo raro de estos números según su división.

Al norte.
Dan (62,700)
Aser (41,500)
Neftalí (53,400) que es = 157,600

Al oeste.
Efrain (40,500)
Manase (32,200)
Benjamin (35,400) que es = 108,100

Al sur.
Rubén (46,500)
Simeón (59,300)
Gad (45,650) que es = 151,450

Al este.
Judá (74,600)
Isacar (54,400)
Zebulon (57,400) que es =186,400

Ahora te memos el total de cada suma y a dividirlo por cada una de las 3 a ver que numero da. Cual será?

El primero.
157,600 / 62,700 = 2.515
157,600 / 41,500 = 3.797
157,600 / 53,600 = 2.951

El Segundo.
108,100 / 40,500 = 2.669
108,100 / 32,200 = 3.357
108,100 / 35,400 = 3.053

El tercero. PI= 3.141
151,450 / 46,500 = 3.256
151,450 / 59,300 = 2.553
151,450 / 45,650 = 3.317

El cuarto.
186,400 / 74,600 = 2.498
186,400 / 54,400 = 3.426
186,400 / 57,400 = 3.247

Miren que bien los judío también usaron el # pi.,
Como los egipcios, los babilónicos, los griegos, los hindúes, y los chinos y otras civilizaciones de la antigüedad. Hay 7 veces 3 y 5 veces 2.

7 + 5 = 12
7 - 5 = 2
7 * 5 = 35
7 / 5 = 1.4
7 / 3 = 2.33
7 * 3 = 21
7 + 3 = 10
7 - 3 = 4
5 + 2 = 7
5 - 2 = 3
5 * 2 = 10
5 / 2 = 2.5
5 + 3 = 8
5 - 3 = 2
5 * 3 = 15
5 / 3 = 1.6

Para los judío el numero perfecto es # 7 todo es 7 para ellos, ahora miren los numero en las familia de Coat, Garson y Merari.

Coat 2,750
Gerson 2,630
Merari 3,200 que es = 8,580
8,580 / 2,750 = 3.12

8,580 / 2,630 = 3.26
8,580 / 3,200 = 2.68

Y estos son decimales grande, ahora miremos las ofrendas de los príncipes que son 12 pero porque todo es 3, 7, 12 y 24, okay sabemos que 3 es el PI, que el 7 son los días de la semana, 7 maravillas del mundo etc., un año son 12 meses, una día tiene 24 hora y se dividen en 2, 12 del mediodía y 12 de la medianoche, 12 signo del zodíaco, el 2, el sol y la luna y 60 minutos es una hora, estos números de la Biblia nos deja saber que los hebreo llevaban el tiempo, los días, los meses y los años a la perfección desde el cuento de Adán y Eva. Entonce los príncipe de Israel (Jacob), los jefes de la casas de sus padres, los cuales eran los príncipe de las tribus, que estaban los contados, y ofrecieron; y trajeron sus ofrenda delante de Yahvé, 6 carros cubiertos y 12 bueyes; por cada 2 príncipes un carro y cada uno un buey, y los ofrecieron delante del tabernáculo. Y Yahvé hablo a Moisés, diciendo: tómalo de ellos, y serán para el servicio del tabernáculo de reunión; y los dará a los levitas, a cada uno conforme a su ministerio. 2 carros y 4 bueyes dieron a los hijos de Gerson, conforme a su ministerio, y a los hijos Merari dio 4 carros y 8 bueyes, conforme a su ministerio bajo la mano de Itamar hijo de sacerdote Aaron. El primer día fue Naason hijo de Aminadab, de la tribu de Judá. Su ofrenda fue un plato de plata de 130 ciclos de peso, y un jarro de plata de 70 ciclos, una cuchara de oro de 10 ciclos, 1 becerro, 1 carnero, 1 cordero, y 1 macho cabrio, y para ofrenda de paz, 2 bueyes, 5 carneros, 5 macho cabrio, y 5 corderos. Y los demás 11 hicieron lo mismo de ofrenda. El Segundo Natanael hijo de Zuar de la casa de Isacar.
130, 70, 10
1, 1, 1,1
2, 5, 5, 5

El tercero Eliab hijo de Helon, príncipe de los hijo de Zabulon.
130, 70, 10
1, 1, 1,1
2, 5, 5, 5

El cuarto Elisur hijo de Sedeur, príncipe de los hijos de Rubén.
130, 70, 10
1, 1, 1,1
2, 5, 5, 5

El quinto Selumiel hijo de Zurisadai príncipe de los hijo de Simeon.
130, 70, 10
1,1,1,1
2, 5, 5, Simeónexto Eliasaf hijo de Deuel, príncipe de los hijo de Gad.
130, 70, 10
1,1,1,1
2, 5, 5, 5

El séptimo el príncipe de los hijos de Efraín, Elisama hijo de Amiud.
130, 70, 10
1,1,1,1
2, 5, 5, 5

El octavo el príncipe de los hijo de manases, Gamaliel hijo de Pedasur.
130, 70, 10
1,1,1,1
2, 5, 5, 5

El noveno el príncipe de los hijo de Benjamin, Abidan hijo de Gedeoni.
130, 70, 10
1,1,1,1
2, 5, 5, 5

El décimo el príncipe de los hijo de dan, Ahiezer hijo Amisadai.
130, 70, 10
1,1,1,1
2, 5, 5, 5

El undécimo el príncipe de los hijo de Aser, hijo de Pagiel hijo de Ocran.
130, 70, 10
1,1,1,1
2, 5, 5, 5

El duodécimo el príncipe de los hijo de Neftalí, Ahira hijo de Enan.
130, 70, 10
1,1,1,1
2, 5, 5, 5

Los números según sus +, - , * y /.

130 * 12 = 1,560 / 840 = 1.85 1,560 / 120 = 13
70 * 12 = 840 / 120 = 7
10 * 12 = 120
130 + 70 + 10 = 210 / 70 = 3 210 / 10 = 21
130 + 70 = 200 / 70 = 2.85 200 / 10 = 20
130 + 10 = 140 / 70 = 2 140 / 10 = 14
130 - 70 - 10 = 50
130 - 70 = 60
130 - 10 = 120
1,560 +840 +120 = 2,520 / 1,560 = 1.61
2,520 / 840 = 3 2,520 / 120 = 21
1,560 - 840 = 720
1,560 - 120 = 1,440
1,440 + 720 = 2,160 / 1,440 = 1.5
2,160 / 720 = 3
1560 + 840 = 2400
840 + 120 = 940
840 - 120 = 720
2,400/720=3.333333333333333333333333333333
2,400 / 940 = 2.55
2,400 / 120 = 20

Y seguimos con los números de Yahvé que le da a Moisés, ahora 12 platos de plata, 12 jarros de plata, y 12 cucharas de oro.

12*3 = 36 / 3 = 12
12*12 = 144 / 36 = 4
36*12 = 432 / 144 = 3
24*12 = 288 / 12 = 24
144*12 = 1728 / 432 = 4
288 + 144 = 432
432 + 288 = 720
1728 + 432 = 2160 / 720 = 3

Todos dieron 1 becerro, 1 carnero, 1 cordero y 1 macho cabrio, que todos juntos que son 12 por cada uno de los príncipes.

12 * 12 = 144 * 12 = 576 1728 + 576 = 2304
12 * 12 = 144 48 * 12 = 576 2304 - 144 = 2160
12 * 12 = 144 24 * 24 = 576
12 * 12 = 144 576 * 3 = 1728
12 * 36 = 432
12 * 24 = 288 = 720
1728 / 576 = 3
2304 / 720 = 3.2

Bueno esta es la ultima de la famosas ofrenda, si recuerdan que todo dieron 2 novillos, 5 carneros, 5 machos cabrio, y 5 corderos, todos los príncipe.

24 * 12 = 288 2160 - 144 = 2016 (2016-1872=144)
60 * 12 = 720 2160 - 288 = 1872
60 * 12 = 720 720 - 288 = 432
60 * 12 = 720 * 3 = 2160 1872 + 432 = 2304
2304 - 288 = 2016 720 + 288 + 432 + 720 = 2160

Creo que esta un poco claro como le digo de la matemática no se mucho por no me gusta mucho solo lo básico por x o y, veo los problema que eh escribido, los del castillo de coral y los de la Biblia miren les voy a explicar un poco de los números de la Biblia uno de los numero mas famoso es el 144 es un decimal que los hebreo utilizaron para calcular el tiempo de cuando iba hacer la próxima pascua, que es un ciclo de 2160 años que dura un constelación darle la vuelta al sol, no como muchos cristiano que eso son los elegidos, como los testigo de Jehová (Yahvé). Se dice que Jesús o cristo nació en el año 1ro de nuestra era pero no es así el nació en el año 144 y la próxima pascua es en el 2016 y no en el 2012 como mucho piensan, según los Jehová su calendario acaba en el 2012 todo lo que pasa es una mala traducción de la escritura maya pero por solo 4 años, si yo estoy correcto hay que reescribir la historia del hombre, todo esta teoría es autónoma es mía propia. Según los cálculos de la matemática por la Biblia que este fenómeno sucede cada 2160 años contando de cada signo del zodiaco estamos viviendo en el año 12,960, y creo que un geólogo hizo un estudio en Egipto, en la esfinge y determino que tiene 10,500 años de antigüedad. Lo que sucede es que nosotros llevamos un calendario malo, porque si el libro de números de la Biblia según sus numero Jesús o cristo nació en el año 10800, por eso es que con el que es la constelación de piscis los 2 peces, se comienza de 0 hasta nuestra fecha, 2009 o 2010, creo que si los arqueólogos usan estas forma de fechas le pueden dar muchas fechas a todos los monumentos de la antigüedad. Y creo que pueda a ver alguien que tenga esta información en secreto. Números 13-32-33. Vimos allí gigantes hijos de Anac, raza de los gigantes y éramos nosotros a nuestro parecer como langosta y así les parecimos a ellos. Como dice la Biblia al principio que habían gigantes en la tierra, y de donde salieron esos gigantes, porque según la Biblia dios creo Adán y Eva, es para que miren lo tonta que son las persona que no pueden leer por si mismo y hacer estudio por ellos mismo, si no que otra persona se lo haga por ellos que sabe menos que ustedes, porque ellos seleccionan los capítulos y versículos a su favor, porque hoy en día es un negocio lucrativo como cual quier otro negocio que deja mucho dinero sin pagar impuesto a nadie, miren los pastores se hacen mas rico con tu dinero y tu sigue igual o peor, porque el te dice lo que ustedes quieren escuchar mentiras. Porque creen ustedes que la iglesia católica selecciono los libros de la biblia solo utilizo 72 en total, 45 libros del antiguo testamento y 27 en el nuevo testamento que en el año 1546 en el concilio de Trento, que son conocido, como el Sinaitico, Alejandrino y el vaticano. También se que muchos se preguntaran que papel tienen los números 5, 6, 7, 12 y 13, si observamos a la luna ella no tiene el mismo ciclo que tiene el sol que es un ciclo completo de 12 horas en el solsticio de verano porque el día es mas largo que la noche y en el solsticio de invierno la noche es mas larga que el día, de 6pm a 12am son 5 hora en el invierno y de 12am a 7am son 7 hora la luna y en el verano es así de 7am a 12pm son 5 hora y de 12pm a 7pm son 7 hora, el sol, por eso es que se dice que en el invierno que la noche son mas largo y la noche en el verano es mas corta, 6 +7 = 13 horas en el invierno y 7 + 5 = 12. El ciclo de la luna sale en el este o en el oeste y llega a la mitad de la tierra y vuelve al mismo lugar donde salio sea al este o el oeste, y la civilizaciones conocían estos fenómenos de la naturaleza.

DEUTERONOMIO

Los hijo de Lot le he dado por heredad las tierra de gigantes fue ella tenida, habitaron en ella gigantes en otros tiempo a los cuales los Amonitas llamaban Zomzomeos pueblos grande y numerosos y alto como los hijo de Anoc. Observen bien como estas personas siguen hablado de gigantes en la tierra, porque es la pregunta?

EL CALENDARIO DE LOS JUDIO.

Tisri-sep-oct-30dias-mes civil-1-mes sagrado-7
Marchesvan-oct-nov-29 o 30 2 8
Quisleu-nov-dic-29 o 30 3 9
Tebet-dic-ene-29 4 10
Sebat-ene-feb-30 5 11
Adar-feb-mar-29 o 30 6 12
Nisan-mar-abr-30 7 1
Iyar-abr-may-29 8 2
Sivan-may-jun-30 9 3
Tammuz-jun-jul-29 10 4
Ab-jul-ago-30 11 5
Elul-ago-sep-29 12 6
Piscis-feb-20-mar-20
Acuario-ene-21-feb-19
Capricornio-dic-22-ene-20
Sangitario-nov-23-dic-21
Escorpio-oct-24-nov-22
Libra-sep-24-oct-23
Virgo-ago-24-sep-23
Leo-jul-24-ago-23
Cáncer-jun-21-jul-23
Géminis-may-22-jun-21
Tauro-abr-21-may-21
Aries-mar-21-abr-20

JOSUE

Sol detenté en Gabaon y tu luna en el valle de Ajolon y el sol se detuvo y la luna se paro; no esta escrito en el libro de Jaser y el sol se paro en medio del cielo y no apresuro a ponerse casi un día entero y no hubo día como aquel ni antes ni después de el. 10, del 13-14. Okay, donde esta el libro de Jaser creo que si el libro de Jaser estuviera aquí diría muchas cosa diferente a lo que dice la Biblia miren como ellos hablan de un acontecimiento que sucede cada 2160 años que para los ojos de mucho que no conocen este fenómeno es algo grandioso o para otros el fin del mundo, que muchos creen que es en el 2012 diciembre 21, si no lo saben ese día será un día común y corriente como los de mas días del año, pero en el 2016 diciembre 21 ese fenómeno va a suceder la muerte del sol por 3 días del 22 al 25, pero no es la muerte es que la constelación de piscis deja de ser la cabeza en la salida del sol y acuario empezara hacer la nueva cabeza del zodiaco.

JUECES

Los hijos de Israel (Jacob) ya no adoraban a Yahvé, si no a otros dioses, Baal y Aseráot.2c, v7, 8y10

Y olvidaron a Yahvé su dios y sirvieron a los Baales y a las imágenes de Asera. Si mal no recuerdo Aser era unos de los hijo de José y a la muerte de Josue ellos empezaron a adorar a Tauro que es José y Aser es el hermano, Este hecho nos deja saber que los hebreo no eran fiel a Yahvé que era su dios, si no que cambiaban de parecer. OH Yahvé más lo que te aman, sean como el sol cuando sale en su fuerza. 5c 31v. Recuerden que José era la cabeza de los hermano que era Tauro y Aser era libra que es pan que es el trigo que es septiembre que es el mes de la cosecha y entra el invierno y no hay cosecha por que en el frío nada crece, por eso es que ellos celebraban la pascua en abril comienza la primavera. Por la mañana, cuando los de la ciudad se levantaron, he aquí que el altar de Baal estaba derivado y cortado la imagen de Asera que estaba junto a el y el Segundo toro había sido ofrecido. 6c 28v Ahora entiendan el porque los hebreo todo era el pan porque en septiembre era la cosecha del trigo que ellos hacían el pan y ese pan tenia que durar todo el invierno. El nacimiento de Sanson, y había un hombre de zora, de la tribu de Dan el cual se llamaba Manoa y una mujer que era estéril y nunca había tenido hijo. A esta mujer apareció el ángel de Yahvé y le dijo, he aquí que tu estéril y nunca has tenido hijos pero concebirás y darás a luz un hijo. Entonce conoció Manoa que era el ángel de Yahvé y dijo Manoa a su mujer ciertamente moriremos porque a dios hemos visto. 13c 21,22v. Porque si dios o sus ángeles podían caminar entre la gente y hacer Milagros porque no hoy en día, porque dios no es una realidad es un juego de los

Guardianes del cielo que a si lo llamaba Enoch en sus escritura que la iglesia las considero apócrifos, pero porque por que sus escritura hablaban de los hijos de los dioses con lujo de detalle y lo consideraron que era muy peligroso para el poder de la iglesia que empezaba a surgir en Europa.

Miren como el ángel de Yahvé era un dios que dios era un hombre con poderes tecnológico y que fácil ellos le ven la cara a dios y nunca mueren los que se la ven.

RUT

Es un pequeño libro que no dice nada de importancia, pero la iglesia si lo uso en su Biblia.

ISMAEL

Entonce dios hizo morir a los hombre de bet-semes, porque habían mirado dentro del arca de Yahvé; hizo morir del pueblo a 50,070 hombres. Estuvo el arca de Yahvé en la tierra de los filisteo 7 meses. Entonce los filisteos, llamando a los sacerdotes y adivinos, preguntaron: Que haremos del arca de Yahvé?. Y consulto Saul a Yahvé y no le hablo ni en sueño, ni urim, ni por profeta, y Saul dijo a sus criados, búscame una mujer que tenga espíritu de adivinación, para que yo vaya a ella y por medio de ella preguntare: he aquí hay una mujer en Endor que tiene espíritu de adivinación. Y se disfrazo Saúl, y se puso otros vestidos, y se fue con 2 hombres, y vinieron a aquella mujer de noche; y el dijo: Yo te ruego que me adivines por el espíritu de adivinación, y me hagas subir a quien yo te dijera. Y la mujer le dijo: He aquí tú sabe lo que Saul ha hecho, como ha cortado de la tierra a los evocadores y a los adivinos, por que, pues, pones tropiezo a mi vida, para hacerme morir? Entonce Saul le juro por Yahvé, diciendo vive Yahvé, que ningún mal te vendrá por esto. La mujer entonce dijo: A quien te are venir? Y el respondió: Hazme venir a Samuel. Y viendo la mujer a Samuel, clamo en alta voz, y hablo aquella mujer a Saul, diciendo: porque me has engañado? Pues tu ere Saul. Y el rey le dijo: no temas. Que has visto? Y la mujer respondió a Saul: He visto dioses que suben de la tierra. El le dijo: cual es su forma? Y ella respondió: un hombre anciano viene, cubierto de un manto. Saul entendió que era Samuel. C28-6 al 14. Ooo . . . , no se ni que decir sobre esto, uno de los profeta de Yahvé esta usando el espiritismo que las religiones condenan que es un pecado, de que si es un don que vienes de tiempos milenarios y hoy en día sigue siendo lo mismo, yo tengo una amiga que tiene el don de espíritu y somos Buenos amigos y es una persona igual que tu y yo. Ahora por que matar a 50,070, persona por el simple hecho de mirar dentro de el arca de Moisés, si dicen que lo que había hay son las tabla de los 10 mandamiento que crimen es ese, que te dice eso que lo que había en el arca no eran los 10 mandamiento que era otra cosa como un radio de comunicación con el que Yahvé hablaba con Moisés en el tabernáculo, eso es para que vean que ningún pastor le va a explicar eso por que no tiene explicación y si lo hace le dice que dios obra misteriosamente y muchos lo creen. Que Buena mentira, eh.

2 SAMUEL

Hubo larga Guerra entre la casa de Saul y la casa de David. Y por que Guerra si los 2 son profeta de Yahvé el dios que los 2 aman y si dios todo lo sabe y lo ve por que permite que ellos se maten como perros sin ley, porque no seguir los mandamiento que dios le dio a Moisés de no matar donde esta el ejemplo de ellos sobre el hombre, la verdad es que dios nunca fue dios sino que fue un extraterrestre que es el nombre que el hombre moderno le a dado. Saúl-benob uno de los descendientes de los gigantes, cuya lanza pesaba 300 ciclos de bronce. Otra Guerra en Gab y Filisteos, Sibecai husatita mato a Saf descendientes de los gigantes. Otra Guerra en Gab y Filisteos, el Hanon hijo de Jaore-oregim de belen mato a Goliat geteo. Otra Guerra en gab donde había un hombre de gran estatura, el cual tenia 12 dedos en la manos y 12 en los pies, 24 por todo y también de los gigantes. Ligadura del seol (el sol) me rodearon tu eres mi lámpara alumbra mis tinieblas. Lo que quiero que entiendan es que este libro habla de gigantes desde el principio hasta 2 de Samuel cuanto tiempo ha pasado desde la supuesta creación mucho tiempo, y hoy en día se han encontrados esqueleto de hombres gigantes en toda parte del mundo. Si mal no recuerdo eran 72 anciano en la tribu de David, pero 72 no son los años de el cometa Halem, que dura para darle una vuelta a la tierra y el numero 72 es muy abundante en la Biblia, por eso es que se dice la estrella de David por que en el reinado de el sucedió ese fenómeno astrológico.

1 REYES

Salomón mata a su hermano Adonias. Y cuando se edifico la fabricaron de piedra que traían ya acabadas, de tal manera que cuando la edificaron, ni martillo, ni hachas se oyeron en la casa, ni ningún otro instrumento de hierro. La casa de Salomón en 13 años, y la casa del Salomón del Líbano. Todas aquellas obras fueron de piedra costosas cortada y ajustadas con sierra según la medida. Salomón siguió a Astoret diosa de los sidonios y milcom ídolo de los amonitas. Y le había mandado acerca de esto, que no siguiese a dioses ajeno; mas el no guardo lo que le mando Yahvé. Aquí tenemos un caso muy especial que hay que buscar a los 12 jueces de la Biblia para ver que fue lo que paso con Salomón que dejo de adorar a Yahvé y le dio la espalda, porque Salomón se dio cuenta que era un juego y una mentira. Salomón edifica casas y un templo para Yahvé, las piedra ya vienen cortada y son preciosa, con sierra pero de donde sacaron sierra, yo no puedo creer que eran sierra de mano no eran sierra eléctrica, recuerden que en la Mesopotamia ya habían baterías eléctrica y cual era su huso?. Solo voy a decir una sola cosa de Salomón, asesino, asesino y asesino, su propio hermano donde esta el mandamiento no mataras y el era un profeta de Yahvé, otra mentira. Ooo . . . , y casi se me olvidaba algo muy especial. 666 talentos de oro el peso del oro que Salomón tenia de renta cada año. Si pero lo cristiano creen a muerte que ese numero es el sello de el demonio, que demonio el Diablo es un cuento que se invento la iglesia católica para meter miedo a la gente que no creían en dios que iban para el Salomón, otra mentira.

2 REYES

Ocozias cayo por la ventana de una sala de la que tenia en Samarian, y estando enfermo envío mensajero, y le dijo id y consultad a Baal-zebub dios de Ecron, si he de sanar de esta mi enfermedad. Entonces el angel de Yahvé hablo a Elias tisbita diciendo levántate y sube a encontrarte con los mensajeros del rey de Samaria y dile, no hay dios en Israel que vais, a consultar Baal-zabub dios de Ecron. Miren como estos personaje se disputaban la adoración entre ellos, si se fijan bien todas la tribu tenían su propio dios, pero cuando unos de los dioses no le hablaba o se le aparecía el famoso ángel iban a donde otro dios o persona con espíritu de adivinación. Y vinieron 50 varones de los hijos de los profetas y se pararon delante a lo lejos, y ellos dos se pararon junto al río Jordan tomando entonce Elías su mano la doblo y golpeo las agua del río las cuales se apartaron a uno y a otro lado y pasaron ambos por lo seco. Si Elías es considerado un profeta porque de huirle a los hijos de los profeta, porque Elias no era ningún profeta o era unos de los hijos de los dioses. Y aconteció que yendo ellos y hablando, he aquí un carro de fuego con caballo de fuego aparto a los dos y Elias subió al cielo en un torbellino, y viéndolo Eliseo carro de Israel y su gente de caballo y nunca lo vio. Aquí aconteció un echo de adopción por parte de los dioses en una nave, en que cabeza de un hombre de pensar que fue un carruaje con caballo, esto solo se lo cree un niño de 5 años☺. Por favor usen el cerebro que no es solo para ir a una iglesia a escuchar a un baboso hablar mierda por esa boca y hacerse rico a costilla de ustedes♀. Elías resucita a un niño y Eliseo al hijo de la sunamita. Miren algo curioso ahora ellos resucitan gente, como lo hizo Jesús y Jesús no es dios que es el único que tiene el poder para resucitar persona y nos encontramos con dos personaje de nombre similar y asiendo milagros quienes era esos dos personaje con Elías de la vida y ellos simplemente eran profetas según la Biblia ▲. Eliseo alimenta a cien hombres con 20 panes de cebada. Y Jesús con 5 panes a 5000 persona, lo curioso de este libro es que todo se repite en un tiempo u otro porque es eso, por que es mentira toda es el mismo juego de quien tiene mas poder sobre el hombre en esa región. Muere Jehu y durmió con su padre, desde el nacimiento del sol, 28 años reina Jehu sobre Israel en samaria. Durmió Jotam con su padre y murió. Muere Ezequías durmió con sus padres. 12 años era Manases y reino 55 años a Jerusalén, y durmió con sus padres y murió manases y hizo un imagen de Asera. Que extraño que todos mueren durmiendo con su padre cuales si ya están muerto todos Hohe que los padres son eterno y el hijo no eso es discriminación.

1 CRONICAS

Pero Satanás se levanto contra Israel. Esta es la primera vez que el nombre de Satanás aparece en la Biblia pero el nombre no es así el nombre correcto es satanael, es el nombre de el jefe de los ángeles o dioses de el grupo de cuando bajaron a la tierra y tomaron a las hijas de los hombre que eran bellas y hermosas, y por esa unión su castigo fue vivir en la tierra los neflines.

1 DE CRONICAS
CAP24 VER 5 AL 19
Están lo números 16, el 8, y el 12 que no puede faltar
16 * 12 = 192
8 * 12 = 96 * 21 = 2016
16 * 8 = 128

CAP25 VER 7 AL 31
Los músicos eran 12 con los hijos y los hermanos y era un total 288
12 * 24 = 288 * 7 = 2016

CAP27 VER 2 AL 15
Los militares son 24,000 por cada mes, y son 12 en total, y sigue el 12
24,000 * 12 = 288,000 * 7 = 2016,000

CAP21 VER 2 AL 10
Miren como dios ya no habla con David, sino con un vidente, y que es un vidente hoy en dia?

2 CRONICAS

Los demás hechos de Salomón, primero y postreros, no están todo escrito en los libros del profeta Natan, ni en las profecía de Ahias silonita, y en la profecía del vidente Iddo contra Jeroboam hijo de Nabat? Y durmió Salomon con sus padres, y lo sepultaron en la ciudad de David. Este libro es que mas reyes y guerras tienes por lo que he leído todo fueron reyes de Israel o otra ciudad, y vuelve el nombre de los vidente Iddo pero donde están la profecía, o las profecía de Natan el profeta y su libro, y las de Ahias silonita que paso con estos libros en la historia religiosa no se hablan de ellos por? El que es el?

ESDRAS

Esto son los hijos de la provincia que subieron del cautiverio, de aquellos que Nabucodonosor rey de Babilonia había llevado cautivos a Babilonia, y que volvieron a Jerusalén y a Judá, cada uno a su ciudad; los cuales vinieron con Zorobabel, Jesua, Nehemias, Seraias, Reelaias, Mardoqueo, Bilsan, Mispar, Bigvai, Rehum y Baana, el numero de los varones del pueblo de Israel.

PAROS = 2172
SEFATIAS = 372
ARA = 775
PAHAT-MOAB-JESUA Y JOAB = 2812
ELAM = 1254

ZATU = 945
ZACAI = 760
BANI = 640
BEBAI = 623
AZGAD = 1222
ADONICAM =666? 6*6*6=???*10=????
BIGVI = 2056
ADIN = 454
ATER = 98
BEZAI = 323
JORA = 112
HASUM = 223
GIBAR = 95
BELEN = 123
NETOFA = 56
ANATOR = 128
AZMAVET = 42
QUIRIAT-JEARIM = 643
RAMA Y GEBA = 621
MICMAS = 122
BET-EL Y HAI = 223
NEBO = 52
MAGOIS =156
ELAM =1254
HARIM = 320

Etcétera, porque son muchos y hasta los sirviente eran, 652. Miren como aparece el número 666 que es un número de una cantidad de persona como de otras de las demás. Ahora miren la división del y la suma y multiplicación.

666 / 200 = 3.33
666 / 212 = 3.14150943396226415094339622641 51
666 * 666 = 443556
443556 / 141188 = 3.1415984361277162365073518
995949
PI = 3.14159265358979323846264338327 95
666 + 666 = 1332

1332 / 848 =3.1415094339622641509433962264151

Que buscaban los hebreo con este numero si los hebreo son famosos por el famoso libro de la Biblia y el único monumento que se le conoce es el templo de Salomón que solo sus medida están en la Biblia, pero los egipcio buscaron el PI en 1800 A.c., y Mesopotamia también lo buscaron, china, la India y Grecia, Arquímedes en el siglo III A.c. y en el siglo II Claudio Ptolomeo y en el 120 Chang Hong y otros mas, pero los hebreo conocían los decimales de alta numeración con el simple números del 666 que es el numero de la bestia según los cristianos, pero creo que nadie ha hecho esto con los numero de la Biblia solo referencia en los libro de 1 de Reyes y 2 de Crónica, 2 de crónica es una copia de lo que paso en los otros libro, que es lo que dice, hizo fundir un mar de 10 codos de un lado a otro, perfectamente Redondo; su altura de 5 codos, y los ceñían el mar, y adelante un cordón de 30 codos. Bien miremos los números.

12 * 5 = 60 un ángulo
12 * 10 = 120 un ángulo
12 * 30 = 360 un ángulo

Ellos sabían lo que estaban haciendo con el número pero cual es la fecha que ellos comenzaron a usar el PI.

NOHEMIA

Copia de el libro de Esdras. Porque?

ESTER

Era reina es lo único, en tanto machismo.

JOB

Por favor leerse el capitulo 1ro del el versículo 6 al 12 y el capitulo 2 del versículo 1 al 10. Y verán que es lo mismo y no es Satanás es satanael que es unos de los dioses.

SALMO

En ellos puso tabernáculo para el sol y este, como esposo que sale de su tálamo, se alegra cual gigante par correr el camino, de en extremo de los cielos es su salida y su curso hasta el termino de ellos y nada hay que se esconda de su calor. C19, v5-6

Porque le has salido al encuentro con bendiciones de bien, corona de oro fino has puesto sobre su cabeza. C21v3

Que la muerte les sorprenda desciendan vivo al seol (sol), tarde, mañana y medio día orare y clamare. C55v15

Movió el solano en el cielo (sol).c78v26

Yo dije vosotros sois dioses y todos vosotros hijo del altísimo. El altísimo es el dios el Elyon, que significa el absoluto o el altísimo. c82v6

Porque mi alma esta hastiada de males y mi vida cercana al seol (sol). c88v3

Sobre el león y el áspid pisaras hollaras al cachorro del león y al dragón. c91v13

OH altísimo a nunciar por la mañana tu misericordia y tu fidelidad cada noche. c92v1-2. Porque Yahvé es dios grande y rey grande sobre todos los dioses. c95v3-4

Porque grande es Yahvé y digno de suprema alabanza temible sobre todos los dioses porque todo los dioses de los pueblos son ídolos. c96v4. Regocíjese la tierra alégrese las muchas costa, nube y obscuridad alrededor de el; justicia y juicio son el cimiento de su trono. Fuego ira delante de el. c97v1-3. Alabad el sol y la luna, alabad vosotros toda luciente estrella. c148v3. Miren como estas persona alababan al sol y otras constelaciones como si el sol fuera su dios, sin ningún problema, el sol fue el objeto mas adorado en todo el mundo, en diferente tiempos y civilizaciones, en Perú, México, Egipto, china, India, Mesopotamia, Grecia y los fenicio.

PROVERBIOS

El seol la matriz estéril, la tierra que no se sacia de agua y el fuego que jamás dice. Basta. (El sol) C30v16

ECLESIASTES

CANTAR DE LOS CANTARES

ISAIAS

He aquí que la virgen concebirá y dará a luz un hijo y llamara su nombre Emanuel. c7v14. Sobre las alturas de las nubes subiré y seré semejante al altísimo. Mas tu derribado eres hasta el seol. (El sol) c14v14-15. No les digo nada miren por si solo que es lo mismo de los otros libros.

JEREMIAS

LAMENTACIONES

EZEQUIEL

Unos de los profeta que mejor describe una nave especial, con lujos de detalles, que tiene rueda, y alas pero no como pájaros sube y Baja por si sola, lean por favor ese capitulo con sus propios ojo para que vean la verdad de la mentira que por siglo nos vendieron con los ojos cerrados, ya es tiempo de tomar conciencia, sobre la verdad, y no que nos singan diciendo el mismo cuento de niño. C1-v4 al 28

DANIEL

Sabios, magos, astrólogos, caldeos y adivinos, y le dijo el sueño, pero no me pudieron mostrar su interpretación. Hasta que entro Daniel, cuyo nombre es Beltsasar como el nombre de mi dios en quien mora el espíritu de los dioses santos. Beltsasar jefe de los magos, ya que he entendido que hay en ti espíritu de los dioses santo. c4v6-7-8

Daniel que es unos de los profeta que tiene el don de espíritus, el es igual que unos de los de ahora, y es considerado unos de los mejores profeta de la Biblia, por sus preediciones, cuales, si la brujería que es como se le llama hoy en día es un pecado, y en aquellos tiempo era correcto invocar a los espíritu. Que bien.

OSEAS

JOEL

AMOS

ABDIAS

JONAS

Los marineros tuvieron miedo y cada uno clamaba a su dios. c1v5

Ooo . . . , no que era un solo dios y porque ellos aclamaban muchos dioses?!

MIQUEAS

NAHUM

HABACUC

SOFONIAS

HAGEO

ZACARIAS

De nuevo alce mis ojo y mire, y he aquí un rollo que volaba. Y dije: que ves? Y respondí: veo un rollo de 20 codos de largo y 10 de ancho. Y salio aquel ángel que hablaba conmigo, y me dijo: alza ahora tus ojos, y mira que es esto que sale. Y dije: que es? Y dijo: este es un EFA que sale. Esta es la iniquidad de ellos en toda la tierra. Alce luego mis ojos, y mire, y he aquí dos mujeres que salían, y traían viento en sus alas, y tenían alas como cigüeña, y alzaron el EFA entre la tierra y el cielos. Dije al ángel que hablaba conmigo: a donde llevan el EFA?. Y el respondió: para que le sea edificada casa en tierra de sinar; y cuando este preparado la pondrán ángel su base. c5v1-2-5-6-9 al 11. En este capitulo y versículo encontramos otro acontecimiento maravilloso de una nave especial con nombre y todo y nombre de ciudad de otro planeta, esa es la primera ves que yo veo el nombre de SINAR en la Biblia, y mire como el esta hablando con el ángel que no es un ángel es un extraterrestre y el le esta dando información, con nombre y todo, como si tu o yo estuviéramos hablando con una persona común y corriente, pero los cristiano no lo entienden así, Ho no dios todo lo puede, el que la mierda.

MALAQUIAS

EL NUEVO TESTAMENTO

MATEO

Y Jacob engendro a José, marido de María de la cual nació Jesús, llamado cristo. c1v16

Quien coño es Matan que su nombre solo sale una sola ves en la Biblia y diques es el padre de Jacob, y Jacob es el padre de José, pero Israel que es el mismo Jacob que es el padre de José en el antiguo testamento se repite la misma historia, ooo . . . , y los hermano de Jesús tienen los mismo nombre de los hijo de Jacob (Israel), Jacobo, José, Simon y judas. Solo miren como le cambian y repiten el nombre Jacob, por Jacobo, el nombre de Simeón por Simon, y el de Judá por judas. Dice así. El hijo del carpintero, su madre María y sus hermanos, Jacobo, José, Simon, y judas, no están todos sus hermanos con nosotros. De donde pues tiene este todas esta cosa. C13v55-56. Mujer enferma desde hace 12 años y Jesús fue y la sano. c9v20. Jesús alimenta a 5000 persona con 5 panes y 2 peces. c14v19. Jesús alimenta a 4000 persona con 7 panes y unos pececillos. c15v34. Jesús clamo a gran voz diciendo: ELI< ELI. Alguno de los que estaban allí decían al oírlo a Elías llama este. El centurión. c27v46-47. Y he aquí yo estoy con vosotros todos los días hasta el fin del mundo (EION) o (AION) que es edad. Que es la palabra correcta.

Jesús empezó su ministerio a los 30 años y tenias 12 discípulos y fue vendido por 30 monedas de plata. Una pequeña suma para que abran los ojos.

30+30=60 30*30=900
60*12=720 720*3=2160 2160-144=2016
900/280=3.2142857142857142857142857142857
900/286=3.1468531468531468531468531468531

Recuerden que José tienes las misma atribuciones de Jesús, que la única diferencia que a uno lo vendieron por 20 y al otro por 30, pero estoy seguro que lo cambiaron para que Jesús no se parezcan uno del otro.

MARCOS

Jesús estuvo allí en el desierto 40 días y 40 noches. ES UNA COPIA DE MATEO TODO. c1v12

LUCAS

Id preparadnos la Pascua para que la comamos. Ellos le dijeron: donde quieres que la prepare? El le dijo: he aquí, al entrar en la ciudad os saldrá al encuentro un hombre que lleva un cántaro de agua; seguidle hasta la casa donde entrara. El hombre con el cántaro de agua es acuario, si o no. c22v10

Jesús mismo al comenzar su ministerio era como de 30 años, hijo, según se cría de José hijo de ELI. COPIA DE LOS 2 PRIMERO LO MISMO. En Mateo era hijo de matan, ahora se cree que es hijo de Eli, a quien le creo, si ellos mismo no saben de quien es hijo. Jesús es el sol.

JUAN

ES COPIA DE LOS 3 PRIMERO NADA CON SENTIDO LO MISMO PARABOLAS.

HECHOS
ROMANOS
1 CORINTIOS
2 CORINTIOS
GALATAS
EFESIOS
FILIPENSES
COLOSENSES
1 TESALONICENSES
2TESALONICENSES

1 TIMOTEO
2 TIMOTEO
TITO
FILEMON
HEBREOS
SANTIAGO
1 PEDRO
2 PEDRO
1 JUAN
2 JUAN
3 JUAN
JUDAS
APOCALIPSIS

7 cartas a las iglesias
7 sellos
7 trompetas
7 señales
7 copas
7 espectáculos
7 visiones de la consumación
7 testigos confirman
7 truenos
7 ángeles
7 espíritus
7 estrellas
7 candeleros
7 cuernos
7 ojos
7 lámparas de fuego
7 cabezas
7 montes

Yo soy la raíz y el linaje de David la estrella resplandeciente de la mañana. C22v16

Apareció en el cielo una gran señal: una mujer vestida del sol, con la luna debajo de sus pies, y sobre su cabeza una corona de 12 estrella. c12v1.

Aquí hay sabiduría. El que tiene entendimiento cuente el número de la bestia, pues es número de hombre. Y su # es 666.c13v18. Vino entonces a mi uno de los siete ángeles que tenían las 7 copas llenas de las 7 plagas. Y me llevo en el espíritu (una nave) a un monte grande y alto, y me mostró la gran ciudad santa de Jerusalén, que descendía del cielo, dios, tenia la gloria de dios. Y su fulgor era semejante al de una piedra preciosísima, como piedra de jaspe, diáfana como el cristal. Tenía un muro grande y alto con 12 puertas, y en las puertas, 12 ángeles, y nombres inscrito que son los de las 12 tribus de los hijos de Israel. Al oriente 3 puerta, al norte 3 puerta, al sur 3 puerta, y al oeste 3 puerta. Y el moro tenia 12 cimientos y sobre ellos los 12 nombres de los 12 apóstoles. La ciudad se halla establecida en cuadro, y su longitud es igual a su anchura, y el midió la ciudad con su vara de oro, 12000 miel estadios, la longitud, la altura y la anchura de ella son iguales. Y midió su muro y era de 144.c21v9 al 17

4 seres
6 alas cada uno
6 * 6 = 36
36 * 4 = 144
12000 * 12 = 144000
12 perlas
12 piedras preciosas
12 tribus
24 tronos
24 ancianos
42 veces
24 + 24 = 48
48 * 42 = 2016
12 * 12 = 144
12 * 12 = 144
12 * 12 = 144
12* 12 = 144
576 * 4 = 2304
2304 - 144 = 2160
2160 - 144 = 2016
7 + 7 = 14
144 * 14 = 2016
72 + 72 = 144 * 15 = 2160

Como vieron los números le voy hablar de alguno de ellos, por ejemplo el 144 es el numero que se utiliza para el próximo evento solar no es el numero de los elegidos, 2160 son los años que dura una constelación en darle la vuelta al sol, y 2016 es cuando va suceder el próximo evento solar, que es cuando el signo de piscis que es el que estamos hoy en día, deja de estar en la salida del sol y acuario es el próximo, el hombre con el cántaro de agua. Y el 666 era una formula para ellos buscar el numero PI y la encontraron. Todo lo que el Apocalipsis o Juan están diciendo es cuando va ha suceder en forma de adivinanza y parábolas que confunden a todo el mundo los números de la Biblia se pueden usar para predecir fechas en el futuro, como en el.

666
6*6*6=216*10=2160
2010
2014
2016 es el único que se lo que va a pasar.
2020
2032
2036
2076

No se lo que va a pasar solo se que me salen los números con los mismos numero de la Biblia. Miren que el 2012 no sale en los calculo de matemática pero si el 2016. Quizá en un futuro no muy lejano sepa lo que pueda pasar en esas fechas. Recuerden que el tiempo que duran los 12 signo del zodiaco en completar el ciclo es de 25920 años o era, 25920 / 12 = 2160.

HORUS-EGIPTO-3000A.C
Nació de una virgen
Nació el 25 de diciembre
Su nacimiento una estrella en el este
Adorado por 3 reyes
Profesor a los 12 años
Bautizado y empezó su ministerio a los 30 años
12 discípulos
Camino en el agua

Hizo Milagros y curo a los enfermos
Fue llamado la oveja de dios, la luz y rey de rey
Crucificado
Muerto por 3 días y resucito

ATTIS-GRECIA-1200A.C
Nació de una virgen
Nació el 25 ce diciembre
Hizo Milagros y curo a los enfermo
Crucificado
Muerto por 3 días
Resucitado

KRISHNA-INDIA-900A.C
Nació de una virgen
Nació el 25 de diciembre
Una estrella en el este anuncio su nacimiento
Hizo Milagros y curo los enfermos
Muerto por 3 días
Resucito

DIONYSUS-GRECIA-500A.C
Nació de una virgen
Nació el 25 de diciembre
Hizo Milagros y curo los enfermos
Fue llamado rey de rey y el alfa y omega
Muerto por 3 días
Resucito

MITHRA-PERSIA-1200A.C
Nació de una virgen
Nació el 25 de diciembre
12 discípulos
Camino en el agua
Hizo Milagros y curo a los enfermos
Muerta por 3 días
Resucito
El día sagrado de Mitra es el domingo

JESUS CRISTO-ISRAEL-144D.E.C
Nació de una virgen
Nació el 25 de diciembre
Una estrella en el este anuncio su nacimiento
12 discípulos
Camino en el agua
Hizo Milagros y curo a los enfermos
Muerto por 3 días
Resucito
Fue llamado rey de reyes, el hijo de dios, luz del mundo, el alfa y omega y el cordero de dios.

LA BIBLIA CAPITULOS Y VERSICULOS

Estos numero de la Biblia que voy a utilizar son de los numero de los capitulo, y el final de los numero de los versículos.

EL GENESIS
2 * 25 = 50
3 * 24 = 72 * 28 = 2016
4 * 26 = 104
5 * 32 = 160
6 * 22 = 132
7 * 24 = 168 * 12 = 2016
8 * 22 = 176
9 * 29 = 261
10 * 32 = 320
12 * 20 = 240
14 * 24 = 336 * 6 =2016
16 * 16 = 256
18 * 33 = 594
20 * 18 = 360 * 6 = 2160
21 * 34 = 714
24 * 67 = 1608
28 * 22 = 616
32 * 32 = 1024
36 * 43 = 1548
42 * 38 = 1596
48 * 22 = 1056

EL EXODO

2 * 25 = 50
3 * 22 = 66
4 * 31 = 124
5 * 23 = 115
6 * 30 = 180 * 12 = 2160
7 * 25 = 175
8 * 32 = 256
9 * 35 = 315
10 * 29 = 290
12 * 51 = 612
14 * 31 = 434
16 * 36 = 576 * 4 = 2304 - 144 = 2160
18 * 27 = 486
20 * 26 = 520
21 * 36 = 756
24 * 18 = 432 * 5 = 2160
28 * 43 = 1204
32 * 35 = 1120
36 * 38 = 13 68

LEVITICO

2 * 16 = 32 * 63 = 2016
3 * 17 = 51
4 * 35 = 140
5 * 19 = 95
6 * 30 = 90 * 24 = 2160
7 * 38 = 266
8 * 36 = 288 * 7 = 2016
9 * 24 = 216 * 10 = 2160
10 * 20 = 200
12 * 8 = 96 * 21 = 2016
14 * 57 = 798
16 * 34 = 544
18 * 30 = 540 * 4 = 2160
20 * 27 = 540 * 4 = 2160
21 * 24 = 504 * 4 = 2016
24 * 23 = 552

NUMEROS
2 * 34 = 68
3 * 51 = 153
4 * 49 = 196
5 * 31 = 155
6 * 27 = 162
7 * 89 = 623
8 * 26 = 208
9 * 23 = 207
10 * 36 = 360 * 6 = 2160
12 * 16 = 192
14 * 45 = 630
16 * 50 = 800
18 * 32 = 576 * 4 = 2304 - 144 = 2160
20 * 29 = 580
21 * 35 = 735
24 * 24 = 600
28 * 31 = 868
32 * 42 = 1344
33 * 56 = 1848
36 * 13 = 468

DEUTERONOMIO
2 * 37 = 74
3 * 29 = 87
4 * 49 = 196
5 * 33 = 165
6 * 25 = 150
7 * 26 = 182
8 * 20 = 160
9 * 29 = 261
10 * 22 = 220
12 * 32 = 384
14 * 29 = 406
16 * 22 = 352
18 * 22 = 396
20 * 20 = 400
21 * 23 = 483

24 * 22 = 528
28 * 68 = 1904
32 * 52 = 1664

JOSUE
2 * 24 = 48 * 42 = 2016
3 * 17 = 51
4 * 24 = 96 * 21 = 2016
5 * 15 = 75
6 * 27 = 162
7 * 26 = 182
8 * 35 = 280
9 * 27 = 243
10 * 43 = 430
12 * 24 = 288 * 7 = 2016
14 * 15 = 210
16 * 10 = 160
18 * 28 = 504 * 4 = 2016
20 * 9 = 180 * 12 = 2160
21 * 45 = 945
24 * 33 = 792

JUECES
2 * 23 = 46
3 * 31 = 93
4 * 24 = 48 * 42 = 2016
5 * 31 = 155
6 * 40 = 240 * 9 = 2160
7 * 25 = 175
8 * 35 = 280
9 * 57 = 513
10 * 18 = 180 * 12 = 2160
12 * 15 = 180 * 12 = 2160
14 * 20 = 280
15 * 20 = 300º ACUARIO
16 * 31 = 496
18 * 31 = 558
20 * 48 = 960

21 * 25 = 525

RUT
2 * 23 = 46
3 * 18 = 54 * 40 = 2160
4 * 22 = 88

1ra DE SAMUEL
2 * 36 = 72 * 28 = 2016
3 * 21 = 63 *32 = 2016
4 * 22 = 88
5 * 12 = 60 * 36 = 2160
6 * 21 = 126 * 16 = 2016
7 * 17 = 119
8 * 22 = 176
9 * 27 = 243
10 * 27 = 270 * 8 = 2160
12 * 25 = 300º ACUARIO
14 * 52 = 728
16 * 23 = 368
18 * 30 = 540 * 4 = 2160
20 * 42 = 840
21 * 15 =315
24 * 22 = 528
28 * 25 = 700

2 DE SAMUEL
2 * 32 = 64
3 * 39 = 117
4 * 12 = 48 * 42 = 2016
5 * 25 = 125
6 * 23 = 138
7 * 29 = 203
8 * 18 = 144 * 14 = 2016
9 * 13 = 117
10 * 19 = 190
12 * 31 = 372
14 * 33 = 462

16 * 23 = 368
18 * 33 = 594
20 * 26 = 520
21 * 22 = 462
24 * 25 = 600

1ra DE REYES
2 * 46 = 92
3 * 28 = 84 * 24 = 2016
4 * 34 = 136
5 * 18 = 90 * 24 = 2160
6 * 38 = 228
7 * 51 = 357
8 * 66 = 528
9 * 28 = 252 * 8 = 2016
10 * 29 = 290
12 * 33 = 396
14 * 31 = 434
16 * 34 = 544
18 * 46 = 828
20 * 43 = 860
21 * 29 = 609

2 DE REYES
2 * 25 = 50
3 * 27 = 81
4 * 44 = 176
5 * 27 = 135 * 16 = 2160
6 * 33 = 198
7 * 20 = 140
8 * 29 = 232
9 * 37 = 333
10 * 36 = 360 * 6 = 2160
12 * 21 = 252 * 8 = 2016
14 * 29 = 406
16 * 20 = 320
18 * 37 = 666
20 * 21 = 420
21 * 26 = 546
24 * 20 = 480

1ra DE CRONICAS
2 * 55 = 110
3 * 24 = 72 *28 = 2016
4 * 43 = 172
5 * 26 = 130
6 * 81 = 486
7 * 40 = 280
8 * 40 = 320
9 * 44 = 396
10 * 14 = 140
12 * 40 = 480
14 * 17 = 238
16 * 43 = 688
18 * 17 = 306
20 * 8 = 280
21 * 30 = 630 * 6 = 2160
24 * 31 = 744
28 * 21 =588

2 DE CRONICAS
2 * 18 = 36 * 56 = 2016
3 * 17 = 51
4 * 22 = 88
5 * 14 = 70
6 * 42 = 252 * 8 = 2016
7 * 22 = 154
8 * 18 = 144 * 14 = 2016
9 * 31 = 279
10 * 19 = 190
12 * 16 = 192
14 * 15 = 210
16 * 14 = 224 * 9 = 2016
18 * 34 = 612
20 * 37 = 740
21 * 20 = 420
24 * 27 = 648
28 * 27 = 756
32 * 33 = 1056

36 * 23 = 828

ESDRAS
2 * 70 = 140
3 * 13 = 39
4 * 24 = 96 * 21 = 2016
5* 17 = 85
6 * 22 = 132
7 * 28 = 196
8 * 36 = 288 * 7 = 2016
9 * 15 = 135 * 16 = 2160
10 * 44 = 440

NEHEMIAS
2 * 20 = 40
3 * 32 = 96 * 21 = 2016
4 * 23 = 92
5 * 19 = 95
6 * 19 = 114
7 * 73 = 511
8 * 18 = 144 * 14 = 2016
9 * 38 = 342
10 * 39 = 390
12 * 47 = 564

ESTER
2 * 23 = 46
3 * 15 = 45
4 * 17 = 68
5 * 14 = 70
6 * 14 = 84 * 24 = 2016
7 * 10 = 70
8 * 17 = 136
9 * 32 = 288 * 7 = 2016
10 * 3 = 30 * 72 = 2160

JOB
2 * 13 = 26
3 * 26 = 78
4 * 21 = 84 *24 = 2016
24 * 25 = 600
28 * 28 = 784
32 * 22 = 704

5 * 27 = 135 * 16 = 2160
6 * 30 = 180 * 12 = 2160
7 * 21 =147
8 * 22 = 176
9 * 35 = 315
10 * 22 = 220
12 * 25 = 300º ACUARIO
14 * 22 = 308
16 * 22 = 352
18 * 21 = 378
20 * 29 = 580
21 * 34 = 714
33 * 33 = 1089
36 * 33 = 1188
42 * 17 = 714

PROVERBIOS
2 * 22 = 44
3 * 35 = 105
4 * 27 = 108 * 20 = 2160
5 * 23 = 115
6 * 35 = 201
7 * 27 = 189
8 * 36 = 288 * 7 = 2016
9 * 18 = 162
10 * 32 = 320
12 * 28 = 336 * 6 = 2016
14 * 35 = 490
16 * 33 = 528
18 * 24 = 432 * 4 = 2160
20 * 30 = 600
21 * 31 = 651
24 * 34 = 816
28 * 28 = 784

ECLESIASTÉS
2 * 26 = 52
3 * 22 = 66
4 * 16 = 64
5 * 20 = 100
6 * 12 = 72 * 28 = 2016

8 * 17 = 136
9 * 18 = 162
10 * 20 = 200
12 * 14 = 168 * 12 = 2016

CANTAR DE LOS CANTARES
2 * 17 = 34
3 * 11 = 33
4 * 16 = 64
5 * 16 = 80 * 27 =2160
6 * 13 = 78
7 * 13 = 91
8 * 14 = 112 * 18 = 2016

ISAIAS
2 * 22 = 44
3 * 23 = 78
4 * 6 = 24 * 84 = 2016
5 * 30 = 150
6 * 13 = 78
7 * 25 = 175
8 *22 = 176
9 * 21 = 189
10 * 34 = 340
12 * 6 = 72 * 28 = 2016
14 * 32 = 448
15 * 9 = 135 * 16 = 2160
16 * 14 = 224 * 9 = 2016
18 * 7 = 126 *16 = 2016
20 * 6 = 120 * 18 = 2160
21 *17 = 357
24 * 23 = 552
25 * 12 = 300º ACUARIO
28 * 29 = 812
32 * 20 = 640
36 * 22 = 792
42 * 24 = 1050
48 * 22 = 1056
56 * 12 = 672 * 3 = 2016
63 * 19 = 1197

JEREMIAS
2 * 37 = 74
3 * 25 = 75
4 * 31 = 124
5 * 31 = 155
6 * 30 = 180 *12 = 2160
7 * 34 = 238
8 * 22 = 176
9 * 26 = 234
10 * 25 = 250
12 * 17 = 204
14 * 22 = 308
16 * 21 = 336 * 6 = 2016
18 * 23 = 414
20 * 18 = 360 * 6 = 2160
21 * 14 = 294
24 * 10 = 240 * 9 = 2160
28 * 17 = 476
30 * 24 = 360 * 6 = 2160
32 * 44 = 1408
36 * 32 = 1152
42 * 22 = 924
48 * 47 = 2256 - 96 = 2160

LAMENTACIONES
2 * 22 = 20 * 108 = 2160
3 * 66 = 198
4 * 22 = 88 Y LA SUMA ES DE 330º PISCIS
20 + 88

EZEQUIEL
2 * 10 = 20 * 108 = 2160
3 * 27 = 81
4 * 17 = 68
5 * 17 = 85
6 * 14 = 84 * 24 = 2016
7 * 27 = 189
8 * 18 = 144 = 14 =2016
9 * 11 = 99
10 * 22 = 220
12 * 28 = 336 * 6 = 2016
48 * 35 = 1680

14 * 23 = 322
15 * 8 = 120 * 18 = 2160
16 * 63 = 1008 *2 = 2016
18 * 32 = 576 *4 = 2304 - 144 = 2160
20 * 49 = 980
21 * 32 = 672 * 3 = 2016
24 * 27 = 648
28 * 26 = 728
32 * 32 = 1024
33 * 33 = 1089
36 * 38 = 1368
42 * 20 = 840

DANIEL
2 * 49 = 98
3 * 30 = 90 * 24 = 2160
4 * 37 = 148
5 * 31 = 155
6 * 28 = 168 * 12 = 2016
7 * 28 = 196
8 * 27 = 216 * 10 = 2160
9 * 27 = 243
10 * 21 = 210
12 * 13 = 156

OSEAS
2 * 23 = 46
3 * 5 = 15
4 * 19 = 76
5 * 15 = 75
6 * 11 = 66
7 * 16 = 112 * 18 = 2016
8 * 14 = 112 = 2016
9 * 17 = 153
10 * 15 = 150
12 * 14 = 168 * 12 = 2016
14 * 9 = 126 * 16 = 2016

JOEL
2 * 32 = 64
3 * 21 = 63 * 32 = 2016

AMOS
2 * 16 = 32 * 63 = 2016
3 * 15 = 45
4 * 13 = 52
5 * 27 = 135 * 16 = 2160
6 * 14 = 84 * 24 = 2016
7 * 17 = 117
8 * 14 = 112 * 18 = 2016
9 * 15 = 135 * 16 = 2160

ABDIAS
1* 21 = 21 * 96 = 2016

JONAS
1 * 16 = 16 * 126 = 2016
2 * 10 = 20 * 108 = 2016
3 * 10 = 30 * 72 = 2160
4 * 11 = 44

MIQUIAS
1 * 16 = 16 * 126 = 2016
2 * 13 = 26
3 * 12 = 36 * 56 = 2016
4 * 13 = 52
5 * 15 = 75
6 * 16 = 96 * 21 = 2016
7 * 20 = 140

NAHUM
2 * 13 = 26
3 * 19 = 27 * 80 = 2160

HABACUC
2 * 20 = 40 * 54 = 2160
3 * 19 = 27 * 80 = 2160

SOFONIAS
1 * 18 = 18 * 112 = 2016

2 * 15 = 30 * 72 = 2160
3 * 20 = 60 * 36 = 2160

HAGEO
2 * 23 = 46

ZACARIAS
1 * 21 = 21 * 96 = 2016 6 * 15 = 90 * 24 = 2160 12 * 14 = 168 * 12 = 2016
2 * 13 = 26
3 * 10 = 30 * 2160
4 * 14 = 56 * 36 = 2016
5 * 11 = 55
7 * 14 = 98 14 * 21 = 294
8 * 23 = 184
9 * 17 = 153
10 * 12 = 120 * 18 = 2160

MALAQUIAS
1 * 14 = 14 * 144 = 2016
2 * 17 = 34
3 * 18 = 54 * 40 = 2160
4 * 6 = 24 * 84 = 2016

MATEO
2 * 23 = 46
3 * 17 = 51
4 * 25 = 100
5 * 48 = 240 * 9 = 2160
6 * 34 = 204
7 * 29 = 203
8 * 34 = 272
9 * 38 = 342
10 * 42 = 420
12 * 50 = 600
14 * 36 = 504 *4 = 2016
16 * 28 = 448
18 * 35 = 630
20 * 34 = 680
21 * 46 = 966
24 * 51 = 1224
28 * 20 = 560

MARCOS
2 * 28 = 56 * 36 = 2016
3 * 35 = 105
4 * 41 = 164
5 * 43 = 215
6 * 56 =336 * 6 =2016
7 * 37 = 259
8 * 38 = 304
9 * 50 = 450
10 * 52 = 520
12 * 44 = 528
14 * 72 = 1008 * 2 =2016
16 * 20 = 320

LUCAS
2 * 52 = 104
3 * 38 = 114
4 * 44 = 176
5 * 39 = 195
6 * 49 = 294
7 * 50 = 350
8 * 56 = 448
9 * 62 = 558
10 * 42 = 420
12 * 59 = 708
14 * 35 = 490
16 * 31 = 496
18 * 43 = 774
20 * 47 = 940
21 * 38 = 798
24 * 53 = 1272

JUAN
2 * 25 = 50
3 * 36 = 108 * 20 = 2160
4 * 54 = 216 * 10 = 2160
5 * 47 = 235
6 * 68 = 408
7 * 53 = 371
8 * 59 = 472
9 * 41 = 369
10 * 42 = 420
12 * 50 = 600
14 * 31 = 434
16 * 33 = 528
18 * 40 = 720 * 3 = 2160

20 * 31 = 620
21 * 25 = 525

HECHOS
2 * 47 = 94
3 * 26 = 78
4 * 37 = 148
5 * 42 = 210
6 * 15 = 90 * 24 = 2160
7 * 60 = 420
8 * 40 = 320
9 * 43 = 387
10 * 48 = 480
12 * 25 = 300º ACUARIO
14 * 28 = 392
15 * 41 = 615
16 * 40 = 640
18 * 28 = 504 *4 = 2016
20 * 760
21 * 40 = 840
24 * 27 =648
28 * 31 = 868

ROMANOS
1 * 31 = 32 *63 = 2016
2 * 29 = 53
3 * 31 = 93
4 * 25 = 100
5 * 21 = 105
6 * 23 = 138
7 * 25 = 175
8 * 39 = 312
9 * 33 = 297
10 * 21 = 210
12 * 21 = 252 * 8 = 2016
14 * 23 = 322
15 * 33 = 495
16 * 27 = 432 * 4 = 2160

1ra DE CORINTIOS
2 * 16 = 32 * 63 = 2016
3 * 23 = 69
4 * 21 = 84 *24 = 2016
16 * 24 = 384

5 * 13 = 65
6 * 20 =120 * 18 = 2160
7 * 40 = 280
8 * 13 = 104
9 * 27 = 243
10 * 33 = 330º PISCIS
12 * 31 = 372
14 * 40 = 560
15 * 58 = 870

2da DE CORINTIOS
1 * 24 = 24 * 84 = 2016
2 * 17 = 34
3 * 18 = 54 * 40 = 2160
4 * 18 = 72 * 28 = 2016
5 * 21 = 105
6 * 18 = 108
7 * 16 = 112 * 18 = 2016
8 * 24 = 192
9 * 15 = 135 * 27 = 2160
10 * 18 = 180 * 12 = 2160
12 * 21 = 252 * 8 = 2016

GALATAS
1 * 24 = 24 * 84 = 2016
2 * 21 = 42 * 48 = 2016
3 * 29 = 87
4 * 31 = 124
5 * 26 = 130
6 * 18 = 108

EFESIOS
2 * 30 = 60 * 36 = 2160
3 * 21 = 63 * 32 = 2016
4 * 32 = 128
5 * 33 = 165
6 * 24 = 144 * 14 = 2016

FILIPENSES
2 * 30 = 60 * 36 = 2160
3 * 21 = 63 * 32 =2016
4 * 23 = 92

COLOSENSES
2 * 23 = 46
3 * 25 = 75
4 * 18 = 72 * 28 = 2016

1ra DE TESALONICENSES
2 * 20 = 40 * 54 = 2160
3 * 13 = 39
4 * 18 = 72 * 28 = 2016

2da DE TESALONICENSES
1 * 12 = 12 * 168 = 2016
2 * 17 = 34
3 * 18 = 54 * 40 = 2160

1ra DE TIMOTEO
2 * 15 = 30 * 72 = 2160
3 * 16 = 48 * 42 = 2016
4 * 16 = 64
5 * 25 = 125
6 * 21 = 126 * 16 = 2016

2da DE TIMOTEO
1 * 18 = 18 * 112 = 2016
2 * 26 = 52
3 * 17 = 51
4 * 22 = 88

TITO
1 * 16 = 16 * 126 = 2016
2 * 15 = 30 * 72 = 2160
3 * 15 = 45

FILEMON
1 * 25 = 25

HEBREOS
1 * 14 = 14 * 144 =2016
2 * 18 = 36 * 5 6 = 2016
3 * 19 = 57
4 * 16 = 16
5 * 14 = 70
6 * 20 = 120 * 18 = 2160
7 * 28 = 196
8 * 13 = 104
9 * 28 = 252 * 8 = 2016
10 * 39 = 390
12 * 29 = 348

SANTIAGO
2 * 26 =52
3 * 18 =54 * 40 = 2160
4 * 17 = 68

1ra DE PEDRO
1 * 21 = 21 * 96 = 2016
2 * 25 = 50
3 * 22 = 66
4 * 19 = 76

2da DE PEDRO
1 * 21 = 21 * 96 = 2016
2 * 22 = 44
3 * 18 = 54 * 40 = 2160

1ra DE JUAN
2 * 29 = 58
3 * 24 = 72 * 28 = 2016
4 * 21 = 84 *24 = 2016

2da DE JUAN
1 *13 = 13

3ra DE JUAN
1 *15 = 15 * 144 = 2160

JUDAS
1 * 24 = 24 * 84 = 2016

APOCALIPSIS
2 * 29 = 58
3 * 22 = 66
4 * 11 = 22
5 * 14 = 70
6 * 17 = 102
7 * 17 = 119
8 * 13 = 104
9 * 21 = 189
10 * 11 = 110
12 * 17 = 204
14 * 20 = 208
15 * 8 = 120 * 18 = 2160
16 * 21 = 336 * 7 = 2016
18 * 24 = 432 * 4 = 2160
20 * 15 = 300º ACUARIO
21 * 27 =567
22 * 21 = 462 LA BIBLIA TERMINA EN EL VERSICULO 21 Y 21*96 = 2016

SALMO
1 * 6 = 6 * 336 = 2016
2 * 12 = 24 * 84 = 2016
3 * 8 = 24 * 84 = 2016
4 * 8 = 32 * 63 = 2016
5 * 12 = 60 * 36 = 2160
6 * 10 = 60 * 36 = 2160
7 * 17 = 119
8 * 9 = 72 * 28 = 2016

9 * 20 = 180 * 12 = 2160
10 * 18 = 180 * 12 = 2160
12 * 8 = 96 * 21 =2016
14 * 7 = 98
16 * 11 = 176
18 * 50 = 900 / 3 = 300º ACUARIO
20 * 9 = 180 * 12 = 2160
21 * 13 = 273
24 * 10 = 240 * 9 = 2160
28 * 9 = 252 * 8 = 2016
32 * 11 = 352
36 * 12 = 432 * 4 = 2160
42 * 11 = 462
48 * 14 = 672 * 3 = 2016
56 * 13 = 728
63 * 11 = 693
72 * 20 = 1440
84 * 12 = 1008 * 2 = 2016
96 * 13 = 1248
112 * 10 = 1120
126 * 6 = 756
144 * 15 = 2160

LA VERDA DE LA BIBLIA

Es un libro astrológico en forma de parábolas, por ejemplo, Enoch dios se lo llevo a la edad 365 años, y es uno de los primero patriarca de la biblia, el calendario maya tiene 365 días, y hoy en día el que usamos tiene 365 días, el gregoriano hecho por monjes católicos. Para mi, en mi investigación Adán es el signo de Sagitario, y Caín es el signo de Escorpión, pero en esos tiempo parece ser que ellos no sabían muy bien como llevar el tiempo miren algunos de las edades, Mahalaeel vivió 905 años, Enos vivió 895, y Enoch vivió 365 en la tierra por se fue. 905+895+365=2165, y Enoch era libras. 2160

Después de Enoch el otro personaje famoso es Noe y su famoso diluvio que dura 40 días y 40 noches, Noe es el signo de Virgo, algo curioso es que no hay nadie mas famoso hasta que nació Abraham que es el signo de Leo, aquí empieza el juego de los hijo por milagros, como el de Isaac, pero el primer hijo fue Ismael de una esclava, y muere a la edad de 137 años y su madrastra Sarai muere a los 127 años, que son 10 años de diferencia, y Abraham muere a la edad de 175 años, 10*216=2160, y 175-127=48*45=2160. El otro hijo de Abraham, Isaac 40 años tiene cuando conoce a su mujer y cuando ella le da a luz a 2 gemelos Isaac tiene 60 años, 20, años de diferencia, 20*108=2160, y murió Isaac de 180 años * 12 = 2160, el 12 son los doce hijo de Jacob, el signo de géminis significa gemelos, pero Isaac es el signo de cáncer, y el nombre de los hijos de Isaac son Esau y Jacob que son el signo de Géminis, son dos gemelos pero la Biblia habla mas de Jacob que de Esau, por ejemplo Jacob tuvo 12 hijos, y el primogénito fue Rubén, sin embargo José fue el primero entre los 12 hermanos que fue el signo de Tauro, según la historia de la biblia habían muchos sacrificios de toro o buey en el tiempo de José, y muere a la edad de 110 años, lo curioso es que no sigue la descendencia de José, con sus hijo, sino con Moisés que nace en Egipto, y luego se va a otra tierra, y luego regresa para sacar a su pueblo de Egipto, logra sacarlo, y duran 40 años en el desierto perdido supuestamente, y el mismo cuento de los 40 años, Isaac tenia 40 años también, y luego los 40 días y 40 noches en la montaña hablando con dios, y cuando el baja con los famosos 10 mandamiento el pueblo estaba adorando una estatua de un buey que representaba a José el signo de Tauro, y Moisés que es el signo de Aries, que representa la nueva era del signo de Aries, que es el carnero, por eso hay tanto sacrificio en el tiempo de Moisés de carnero y hoy en día en Israel tocan el cuerno del carnero. Desde Moisés nadie mas fue tan famoso como el hasta el nacimiento de Jesús. El famoso nacimiento de Jesús, que es una copia de José el signo de Aries, es una foto copia los dos nacen de un embarazo milagroso, y otras cosa mas, el nuevo testamento habla del próximo signo en Lucas, c22, v10 dice así, Id preparadnos la pascua para que la comamos, ellos le dijeron; donde quieres que la preparemos? El le dijo: he aquí al entrar a la ciudad os saldrá al encuentro un hombre que lleva un cántaro de agua; seguidle hasta la casa que entrara. Cual es el hombre con el cántaro de agua es ACUARIO. La misma escritura lo dicen con lujo de detalle, esto es para lo que no creen en lo que yo digo, no lo digo yo lo dice el libro de la Biblia, un libro de astrología. Recuerden el 2016.

Noe duro 40 días y 40 noches en el arca.
Isaac duro 40 años para conocer a su mujer.
Moisés y los hebreos duraron 40 años en el desierto.
Moisés duro 40 días y 40 noches en la montaña.
Jesús duro 40 días y 40 noches en el desierto.
Muchas coincidencia entre todos el mismo numero 40*54=2160.

En el 2016 se cumplen 2160 años, que es el famoso regreso de Jesucristo para los cristiano, que no saben la verdad de la realidad de la vida, que siguen creyendo en un hombre que hizo tanto milagros, cuales que solo la Biblia es el único libro que habla de ellos, no se porque ningún escritor de la época no pudo escribir algo de cristo, de todas la cosa maravillosas que el supuestamente hizo nada por que nunca existió, es como los demás el signo de piscis, necesitaban, un nombre de un hombre cualquiera, y el mejor para ellos fue el de Jesús de Nazaret, este es un hombre sin historia.

Esta es la tabla de los números que multiplicado por su denominador ese es el resultado.

5*432=2160
10*216=2160
15*144=2160
20*108=2160
30*72=2160
40*54=2160
45*48=2160
60*36=2160
80*27=2160
90*24=2160
120*18=2160
135*16=2160
180*12=2160
240*9=2160
270*8=2160

360 * 6 = 2160
540 * 4 = 2160
720 * 3 = 2160
1080 * 2 = 2160

72 contradicciones en el antiguo testamento

1. ¿Quién incitó a David contra Israel y Judá y le envió para hacer un Censo?
   · Dios lo hizo (2 Samuel 24:1)
   · Satanás lo hizo (1 de Crónicas 21:1)
2. En dicho censo, ¿Cuántos hombres fueron hallados de Israel?
   · De Israel 800, 000 mil (2 de Samuel 24:9)
   · De Israel 1' 100, 000 mil (1 de Crónicas 21:5)
3. En dicho Censo, ¿Cuántos hombres fueron hallados de Judá?
   · De Judá 500, 000 mil (2 de Samuel 24:9)
   · De Judá 470, 000 mil (1 de Crónicas 21:5)
4. Dios envió a Su Profeta Gad para preguntar a David cuántos años de hambre desearía para su pueblo, ¿Qué respondió David?
   · Siete años (2 de Samuel 24:13)
   · Tres años (1 de Crónicas 21:12) ****
5. ¿Qué edad tenía Ocozías cuando comenzó a reinar en Judá?
   · 22 años de edad (2 de Reyes 8:26)
   · 42 años de edad (2 de Crónicas 22:2) ****

6. ¿Qué edad tenía Joaquín cuando comenzó a reinar en Jerusalén?
   · 18 años de edad (2 de Reyes 24:8)
   · 8 años de edad (2 de Crónicas 36:9) ****
7. ¿Cuánto tiempo reinó Joaquín sobre Jerusalén?
   · 3 Meses (2 de Reyes 24:8)
   · 3 Meses y diez días (2 de Crónicas 36:9)
8. El jefe de los valientes de David, ¿Cuántos hombres mató en una ocasión?
   · 800 hombres (2 Samuel 23:8)
   · 300 hombres (1 de Crónicas 11:11)
   · En ambos casos, los nombres anotados no coinciden. ****
9. ¿Cuándo fue que David devolvió el Arca a Jerusalén, antes o después de derrotar a los filisteos?
   · Después (2 de Samuel capítulos 5 y 6)
   · Antes (1 de Crónicas capítulos 13 y 14)
10. ¿Cuántos pares de animales limpios ordenó Dios a Noé que hiciera abordar a la barca?
    · Dos pares (Génesis 6:19 y 20)
    · Siete pares (Génesis 7:2)
    · Sin embargo, en Génesis 7: 8 y 9 se menciona que ingresaron a la barca animal limpios y que no eran limpios sólo de dos en dos.
11. Cuando David derrotó al rey Soba, ¿Cuántos hombres de a caballo capturó?
    · 1, 700 (2 de Samuel 8:4)
    · 7, 000 (1 de Crónicas 18:4)
12. ¿Cuántas caballerizas para caballos poseía Salomón?
    · 40, 000 (1 de Reyes 4:26)
    · 4, 000 (2 de Crónicas 9:25)
13. ¿En qué año Baasa se proclamó rey sobre todo Israel en Tirsa mientras Asa era rey de Judá?
    · En el tercer año y reinó por veinticuatro años, es decir hasta el 27° año. (1 de Reyes 15:33)
    · Sin embargo, en (1 de Reyes 16:8) se narra que el hijo de Baasa cuyo nombre era Ela comenzó a reinar sobre todo Israel en Tirsa en el año 26 del reinado de Asa.
    · Más adelante en (2 de Crónicas 16:1) se narra que Baasa rey de Israel subió contra Judá en el año 36 del reinado de Asa, es decir 9 años más de lo que se declara en (1 de Reyes 15:33)

14. ¿Cuántos encargados—o supervisores—designó Salomón para que vigilasen para edificar la casa de Dios?
    · 3, 300 (1 de Reyes 5:16)
    · 3, 600 (2 de Crónicas 2:2)
15. ¿Cuántas medidas—batos—cabían en el mar que Salomón mandó fabricar dentro del templo?
    · 2, 000 (1 de Reyes 7:26)
    · 3, 000 (2 de Crónicas 4:5)
16. Cuando los Israelitas volvieron de la cautividad en Babilonia, ¿cuántos eran hijos de Pahat-Moab?
    · 2, 812 (Esdras 2:6)
    · 2, 818 (Nehemías 7:11)
17. Y ¿Cuántos eran los hijos de Zatu?
    · 945 (Esdras 2:8)
    · 845 (Nehemías 7:13)
18. Y ¿Cuántos eran los hijos de Azgad?
    · 1, 222 (Esdras 2:12)
    · 2, 622 (Nehemías 7:17) ****
19. Y ¿Cuántos eran los hijos de Adin?
    · 454 (Esdras 2:15)
    · 655 (Nehemías 7:20)
20. Y ¿Cuántos eran los hijos de Hasún?
    · 223 (Esdras 2:20)
    · 328 (Esdras 7:22)
21. Y ¿Los varones de Bet-el y Hai?
    · 223 (Esdras 2:28)
    · 123 (Esdras 7:32)
22. Los libros de Esdras (2:64) y Nehemías (7:66) ambos coinciden sobre que el número total de la congregación era de 42,360 sin embargo ambos libros a la suma individual y separada declaran:
    · 29, 818 de Esdras
    · 31, 089 de Nehemías
23. ¿Cuántos eran los cantores de la Congregación?
    · 200 (Esdras 2:65)
    · 245 (Esdras 7:67)
24. ¿Cuál era el nombre de la madre del Rey Abías?
    · Micaías hija de Uriel y Gabaa (2 de Crónicas 13:2)
    · Maaca hija de Absalón (2 de Crónicas 11:20)

· Sin embargo, Absalón sólo tuvo una hija de nombre Tamar (2 Samuel 14:27)

25. ¿Tomó Josué por completo todo Jerusalén tras las batallas que sostuvo?
    · Sí (Josué 10: 23-43)
    · No (Josué 15:63)
26. Según el libro de Génesis ¿Adán moriría en el mismo día si comía de la fruta del árbol prohibido?
    · Sí (Génesis 2:17)
    · No, Adán vivió 930 años (Génesis 5:5)
27. ¿Decidió Dios que el límite de vida de los seres humanos se limitaría a 120 años?
    · Sí (Génesis 6:3)
    · No, hubo humanos que vivieron muchos más años que lo previsto en Génesis 6. Ver: (Génesis 11:12-16)
28. ¿A quién vendieron los Madianitas a José?
    · A los Ismaelitas Génesis (37:28)
    · A Potifar, oficial de Faraón Génesis (37:36)
    · Nótese que la versión católica dice que los hermanos venderían a José a los Ismaelitas, sin embargo poco después fue a los madianitas a quienes vendieron a José y estos a Potifar, en Egipto. (Génesis 37:26-36)
29. ¿Sintió Dios pesar, arrepentimiento o cambió de idea o decisión?
    · No, Porque el que es la Gloria de Israel, no mentirá, ni se arrepentirá, porque <u>no es hombre</u> para que se arrepienta (1 de Samuel 15:29)
    · Sí, se arrepintió de haber hecho al hombre (Génesis 6:6)
    · . . . Me pesa haberlos creado . . . (Génesis 6:7)
    · Si se arrepintió (Éxodo 32:14)
    · Se arrepintió de haber puesto por Rey a Saúl (1 de Samuel 15:10-11)
30. Moisés y Aarón se presentaron con Faraón y transformaron el agua en sangre y los magos de Faraón ¿hicieron lo mismo?
    · Todas las aguas se transformaron en sangre, sus ríos, sus canales, sus estanques, sobre todos sus depósitos, había sangre en toda la tierra de Egipto hasta en sus vasijas, tanto de madera como de piedra. (Éxodo 7: 19-21)

· Los magos de Faraón hicieron lo mismo (Éxodo 7:22) Esto es imposible ya que previamente Aarón y Moisés lo habían transformado todo en sangre.

31. ¿Quién mató a Goliat?
    · David (1 de Samuel 17:23-50)
    · Eljanán (2 de Samuel 21:19)
32. ¿Quién mató a Saúl?
    · Saúl mismo, se arrojó sobre su espada (1 de Samuel 31:4-6)
    · Un Amalecita, quién le informó a David sobre la muerte de Saúl y su hijo (2 de Samuel 1:1-16)
33. ¿Todos los hombres cometerán pecados?
    · Sí, no hay hombre que no peque (1 de Reyes 8:46) Ver también (2 de Crónicas 6:36, Proverbios 20:9, Eclesiastés 7:20, 1 de Juan 1:8-10)
    · No, los verdaderos cristianos No pecan (1 de Juan 3:6-9) Porque los cristianos son hijos de Dios (1 de Juan 5:1)

EL NUMERO 2 EN LA BIBLIA

Cuanta veces sale el numero 2 en la Biblia 808
Dos testigos antes del diluvio—Enoch y Noé.
Dos testigos en el desierto—Moisés y Aarón.
Dos testigos que sustentaron el verdadero testimonio entre los espías—Caleb y Josué.
Dos ángeles testificaron la resurrección y ascensión de nuestro Señor (LC.24:4, Hch.1:10-11).
Dos testigos darán testimonio durante el período de la Tribulación (Ap.11:3).

EL NUMERO 3 EN LA BIBLIA

467 veces es usado el numero 3
Los 3 hijos de Noe. GN 6c 10v
Los 3 amigos de Job. JB 2c 11v
Los 3 invitados de Abraham. GN 18c 2v
Los 3 amigos de Daniel. DN 3c 23v

EL NUMERO 4 EN LA BIBLIA

Sale 305 veces el numero 4
Los 4 querubines, y cada uno 4 cara, 4 alas. Capitulo 1 versículo de 1 al 28 Ezequiel.
En el Apocalipsis 4 seres vivientes.

EL NUMERO 5 EN LA BIBLIA

318 veces sale el numero 5 en la Biblia.
Dios creo al hombre con 5 dedos en cada mano, en cada pie, y 5 sentido.
Los primero 5 libro de la Biblia el Pentateuco, Génesis, éxodo, levítico, números, y Deuteronomio.

EL NUMERO 6 EN LA BIBLIA

Sale 199 veces el numero 6 en la Biblia.
El hombre fue creado en 6 días.
Jacob sirvió a su tío Labon por 6 años, por su ganado. GN 31c
Los esclavo hebreo debían servir durante 6 años.

EL NUMERO 7 EN LA BIBLIA

737 veces es mencionado en la Biblia.
<<siete veces>> es mencionado 6 veces, y el séptimo 119 veces.
Noe llevo los animales de 7 en 7 al arca, 7 días después llego el diluvio, y el 7to mes paro el arca en la montaña. Las 7 trompetas, las 7 copas, 7 cartas a las iglesias, 7 sellos, 7 señales, 7 espectáculos, 7 visiones de la consumación, 7 testigo, 7 truenos, 7angeles, 7 espíritus, 7 estrellas, 7 candelabros, 7 cuernos, 7 ojos, 7 lámparas, 7 cabezas, y 7 montes. 18 * 7 = 126 * 16 =

EL NUMERO 8 EN LA BIBLIA

El 8 es usado 80 veces en la Biblia.
Por la gema tría,1 los siguientes nombres de Jesús están marcados con el número ocho como un factor:

Jesús 888 (8x111)
Cristo 1480 (8x185)
Señor 800 (8x100)
Nuestro Señor . . . 1768 (8x221)
Salvador 1408 (8x8x22)
Emmanuel 25600 (8x8x8x50)
Mesías 656 (8x82)
Hijo 880 (8x110)

Gema tría es el cálculo de la equivalencia numérica de letras, palabras, o frases, para, sobre esa base, hacerse una idea de la correlación de conceptos diferentes y explorar la relación mutua entre palabras e ideas.

880 - 656 = 224 * 9 =
1480 + 656 = 2136 + 24 =
25600 + 320 =

De acuerdo a esto, vemos que Aarón y sus hijos fueron consagrados durante siete días y comenzaron su ministerio el octavo (Lv.8:31-36). La fiesta de los Tabernáculos duraba ocho días (Lv.23:36).
«Pasados ocho días» (Jn.20:26) otro discípulo, Tomás, que todavía tenía dudas, fue llevado a ver a Jesús.

EL NUMERO 9 EN LA BIBLIA

Solo sale 49 veces el 9 en la Biblia
En 1 Co. 12:8-10 vemos 9 dones del Espíritu. El Señor dio inicio al sermón del monte con nueve «bienaventuranzas»

EL NUMERO 10 EN LA BIBLIA

Solo 242 veces el 10 en la Biblia.
Los diez hijos de Amán fueron colgados en la horca (Est. 9:14).
Diez Salmos comienzan con la palabra «Aleluya» (Sal. 106, 111, 112, 113, 135, 146, 147, 148, 149, 150). Hablando de manera figurada, los mismos podrían ser cantados por los diez leprosos a quienes el Señor sanó (Lc. 17).

El rescate de los hijos de Israel era equivalente a diez geras, (Ex. 30:12-16; NM. 3:47).
Las diez rebeliones de Israel contra Dios en el desierto (Nm. 14:22)
El tabernáculo es mencionado diez veces como el «tabernáculo del testimonio».
En diez ocasiones la Biblia repite los siguientes nombres: 1. Abraham, Abraham (Gn. 22:11); 2. Jacob, Jacob (Gn. 46:2); 3. Moisés, Moisés (Exodo 3:4); 4. Samuel, Samuel (1 S. 3:10); 5. Marta, Marta (Lc. 10:41); 6. Simón, Simón (Lc. 22:31); 7. Saulo, Saulo (Hechos 9:4); 8. Señor, Señor (Mt.7:21, 22; 25:11; Lucas 6:46; 13:25); 9. Eloi, Eloi (Marcos 15:34; Mt. 27:46; Sal. 22:1); 10. Jerusalén, Jerusalén (Mt. 23:37; Lc. 13:34).
Diez personas en la Biblia hicieron la confesión «He pecado»

EL NUMERO 11 EN LA BIBLIA

Solo sale 24 el numero 11 en la Biblia.
Génesis 32:22 indica su significado. Jacob vuelve de Padán-Aram con 11 hijos; Benjamín nace después y es un tipo de Cristo, porque su madre, al morir, lo llama Benoni: «Hijo de mi dolor», señalando al sufrimiento del Salvador. Jacob lo llama Benjamín: «Hijo de mi diestra», señalando al Cristo triunfante. Benjamín cambia el número de 11 hijos en 12, así como Cristo cambiará el desorden y la desorganización del presente mundo en un reino de perfecta paz. Después que nació Benjamín, José fue vendido, dejando 11 hijos en casa y trayendo desorden de nuevo por un tiempo.
En Génesis 37:9, las 11 estrellas del sueño de José prefiguran el día cuando los judíos aclamen a su Rey, a quien han desechado.
«Once jornadas hay desde Horeb, camino del monte de Seir, hasta Cades-Barnea» (Deut. 1:2).
¿Cuántos príncipes descendieron de Esaú? Once (Gén. 36:40-43).
En Hechos 1 vemos un número incompleto—11 discípulos hasta que fue escogido Matías para tomar el lugar de Judas, el discípulo falso y suicida.
En griego, la palabra pseudoprophetes, que significa falso profeta, aparece once veces en el Nuevo Testamento.

EL NUMERO 12 EN LA BIBLIA

Este numero es usado 187 veces en la Biblia, en el Apocalipsis 22 veces, y son 22 el total de capítulos, y termina en el versículo 21.

Los 12 años de José
Los 12 años de Jesús
Los 12 espías
Los 12 discípulos
Los 12 sellos
Las 12 piedras
Las 12 tribus
Los 12 tronos
Las 12 perlas
Los 12 príncipes
Las 12 puertas
Las 12 estrellas
12 * 12 = 144 * 14 =
144 * 15 =

EL NUMERO 13 EN LA BIBLIA

«Doce años habían servido a Quedorlaomer, y en el decimotercero se rebelaron» (Gn. 14:4
Génesis 17:25 dice que Ismael fue circuncidado a los 13 años de edad,
Veinte reyes gobernaron sobre Judá; siete de ellos buenos y 13 apóstatas.
Había 13 tribus, incluyendo Efraín, Manasés y Leví (tribu sacerdotal). Israel vivía en apostasía, pero aunque había 13 tribus, no hay una lista registrada de más de 12.
Pablo recibió 39 azotes (3x13) (2ª Corintios 11:24).
El discípulo Judas, el decimotercero, no era realmente uno de ellos. hay otra constelación en el zodiaco que serian 13 Serpentarias, y el símbolo es la serpiente, esta es la constelación que no se usa (el demonio o diablo).

EL NUMERO 14 EN LA BIBLIA

Abraham a David hay 42 generaciones, lo que corresponde a 14+14+14 (Mat.1:17). Si estudiamos la historia del pueblo de Israel, veremos que 17 reyes se sentaron sobre el trono de David, sin embargo, el Espíritu Santo solamente reconoció 14 de esos reyes; por eso tenemos 14-14-14. nuestro Señor murió en la cruz un día 14.

EL NUMERO 30 EN LA BIBLIA

Sale 6 veces el numero 30 quizá salga mas veces en la Biblia.
Sala vivió 30 años
Arfaxad vivió 35 años
Herber vivió 34 años
Reu vivió 32 años
Serug vivió 30 años.

EL NUMERO 40 EN AL BIBLIA

Sale mas de 24 veces en la Biblia. nuestro Señor murió en la cruz un día 14. (Ex. 24:18).
Los 12 espías estuvieron en la tierra de Canaán 40 días.
Cristo fue llevado por el Espíritu al desierto por 40 días y fue tentado por el diablo. Estuvo 40 días con sus discípulos en la tierra después de su resurrección. Y 40 años después de su crucifixión sucedió la destrucción de Jerusalén.
Cristo fue llevado por el Espíritu al desierto por 40 días y fue tentado por el diablo. Estuvo 40 días con sus discípulos en la tierra después de su resurrección. Y 40 años después de su crucifixión sucedió la destrucción de Jerusalén.
Ahora llovió 40 días y 40 noches sobre la tierra.
Jonás desobedeció y trató de huir de Jehová. Después de ser castigado, entró en Nínive pregonando: «De aquí a cuarenta días Nínive será destruida».
Que casualidad que solo dos números no se pueden multiplicar, que son el 11, y 13, y todos los demás si, y hay mucho números perdido por la maldad hombre, por el poder del dinero.

Jesús y los peces (Piscis)

La representación de Jesús, pescadores y peces. Que es piscis.

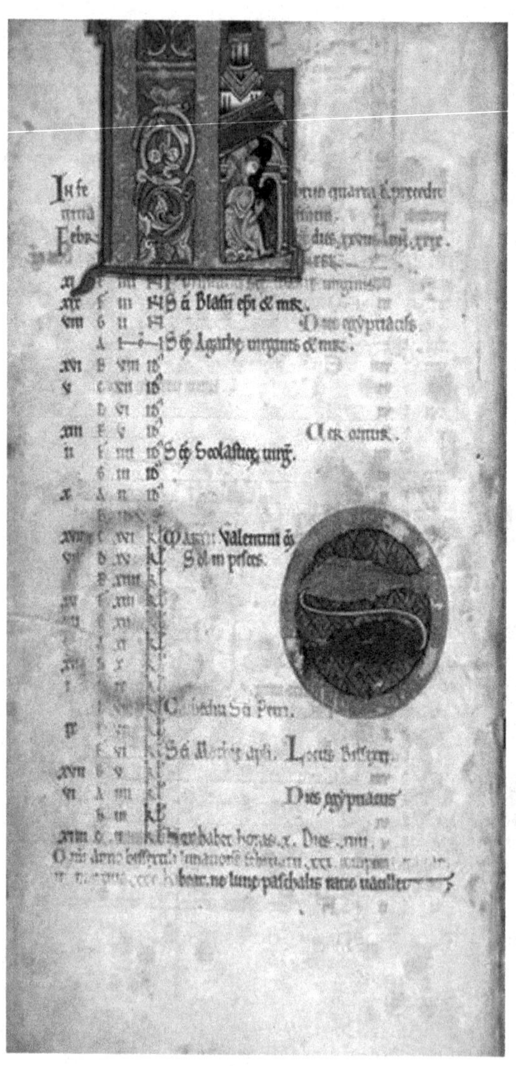

Piscis el 330º - 144 + 25,776 = 25920, Jesús, el ultimo por la Biblia.

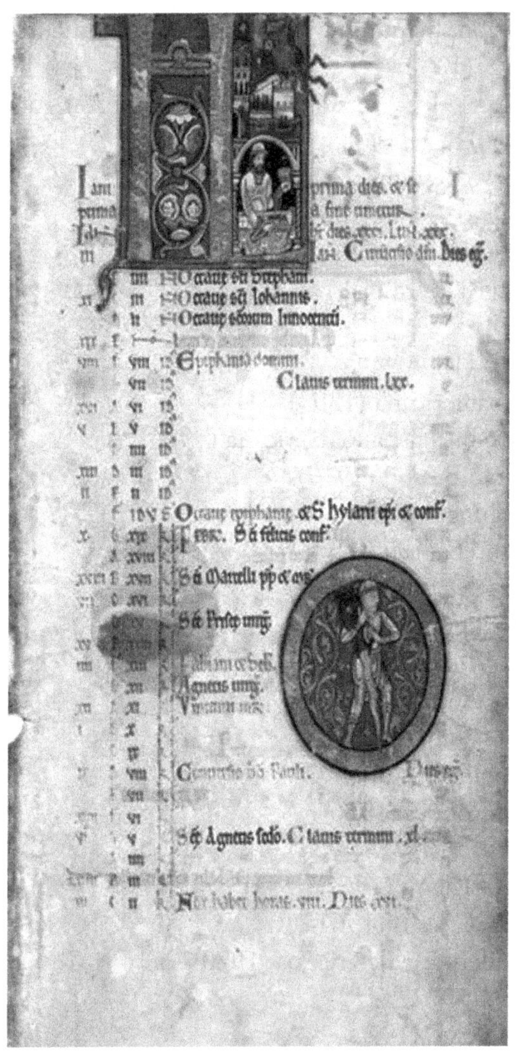

Acuario el 300º-2016. ¿quien será el nuevo dios?

Además de la Reina-Valera 1960, existen más versiones de la Biblia al español:

- Biblia Alfonsina, Versión manuscrita del Antiguo Testamento ordenada por Alfonso X (1280)
- Biblia de los Duques de Alba, Versión manuscrita del Antiguo Testamento (1422-1430)
- Biblia de Encinas, Nuevo Testamento (1543)
- Biblia de Ferrara, Antiguo Testamento (1553)
- Biblia de Felipe Scio de San Miguel (1790-1793)
- Biblia de Torres Amat (1823-1825)
- Biblia de Vencé (1833)
- Biblia Versión Moderna (1893)
- Biblia Versión Hispanoamericana (1893)
- Nuevo Testamento Versión Hispanoamericana (1916)
- Nuevo Testamento Pablo Besson (1919)
- Santa Biblia Nácar-Colunga (1944)
- Santa Biblia Bover-Cantera (1947)
- Santa Biblia Straubinger (1948-1951)
- La Biblia Equipo dirigido por Félix Puzo (1961)
- La Sagrada Biblia (1963)
- Santa Biblia de H.S. de Ausejo (1964)
- Santa Biblia Ediciones Paulinas (1965)
- La Biblia Casa de la Biblia (1966, 1992)
- Sagrada Biblia Bartina-Roquer (1966-71)
- Biblia de Jerusalén (1967, 1998)
- La Santa Biblia Cantera-Pabón (1967)
- La Sagrada Escritura BAC Jesús (1967-70)
- La Sagrada Biblia Traductores Claretianos (1970)
- Biblia Latinoamericana (1972)
- Santa Biblia Cantera-Iglesias (1975)
- Nueva Biblia Española Schöckell y Mateos (1975)
- Dios habla hoy (1976, 1992)
- Sagrada Biblia Agustín Magaña (1978)
- La Biblia al día, paráfrasis (1979)
- El libro del pueblo de Dios Levoratti-Truso (1980)
- La Biblia Antiguo Testamento (1982)
- La Biblia Edición Popular Schöckell y Mateos (1986)

- La Biblia de las Américas (1986)
- Biblia Peshita (1992)
- Biblia del Peregrino (1993)
- Biblia Americana San Jerónimo (1994)
- Nueva Versión Internacional (1999)
- Biblia del Nuevo Milenio Ecuménica (2000)
- Sagrada Biblia Universidad de Navarra (2003)
- Traducción en Lenguaje Actual (2003)

LA BASILICA DE SAN PEDRO

Este es el monumento mas sagrado para los católicos, pero muy poco saben que el símbolo principal del vaticano es el sol, la iglesia católica conoce muy bien la verdad sobre el 2016, o los 2160 años de un signo zodiacal en darle la vuelta al sol, ellos han guardado el secreto muy bien por tanto años, pero le llego la hora de decir la verdad, de que Jesús, fue un invento, en lugar de la constelación de piscis, que fue en el año 144 ante de nuestra era, miren bien del año 1 al 2016 que es la fecha, y si sumamos 2016 + 144 = 2160 que es el tiempo que dura una constelación del signo del zodiaco en dar la vuelta al sol, por eso es que la religión nunca dio una fecha exacta del nacimiento de cristo, pero que casualidad que el 144 esta en la Biblia en el Apocalipsis, si ponemos el nacimiento en el siglo 1ro, hay 144 años perdido, pero este es el mismo numero del calendario maya, porque tanto secreto, por el poder de controlar a la humanidad, y lo hicieron por mas de 1600 años, que si no crees in cristo la muerte, y solos los elegidos podían leer la Biblia. Por eso es que dicen que el papel aguanta lo que le pongan, y en todos esos años pusieron y quitaron como le vino en ganas, si miramos cuantas biblias hay en español, hay un total 25 biblias, y cada una tiene algo diferente a las otras. Hagamos algo con algunas de las medida de la basilica de san pedro, pero antes miremo los arquitecto de la basílica de san pedro, BRAMANTE, RAFAEL, SANGALLO, MIGUEL ANGEL, MADERNO, Y BIRNINI, 6 arquitecto le pusieron la mano a la basilica, y en el 1506 empezó su construcion, y en el 1626 termino, 120 años el total del tiempo que duro su construcción, pero miremos algo curioso de los arquitecto el primero que es Bramante nace en el año 1444 no hay día ni mes, el segundo Rafael que nace el 6 de abril del 1483, y muere el 6 de abril del 1520, el tercero Sangallo que nace en el año 1453, el cuarto Miguel ángel que nace el 6 de marzo del 1475, el quinto Maderno el año 1556 no hay día, el sexto Bernini el 7 de diciembre del 1598, y muere el 28 noviembre de 1680. De los 6 arquitecto uno nace en el año 1444, que casualidad, y el numero 6 que sale por todos lados, todos ello eran masones. Y el total de los años de los 6 es 431 * 5 = 2155, uno de lo que no tiene día de nacimiento tiene un año mas,, que serian 432 * 5 = 2160. Yo soy el autor de este manuscrito, yo nací un sábado que es el día 6 de la semana, y el 26 de febrero del 1972, y mi padre tenia 26 años, cuando yo nací, todo es con el numero 6, por que el 6 es el numero de lo 12 signo, así piscis es el único con 2 fecha 144 y 25776, acuario 2016, capricornios 4176, sagitarios 6336, Escorpio 8496, libras 10656, virgo 12816, leo 14976, cáncer 17136, géminis 19296, Taurus 21456, Aries 23616, esto son los años de los próximos cambios del zodiaco, por eso es que el 6 sale 199 veces en la Biblia. Las medidas.

Total length = 730 feet (220 m)
El total de la distancia de punta a punta es de 730 pies en pulgadas son 8760
Vestibule = 232.9 feet (71.0 m) feet wide, 44.2 feet (13.5 m) deep, and 91.8 feet (28.0 m) high
El pasillo o cuarto pequeño de la entrada principal es de 232.9 pies, en pulgadas son 2784 de ancho
St. Peter's Square = 1,115 feet (340 m) long, 787.3 feet (240.0 m) wide
El cuadrado san Pedro basílica mide 1115 pies, y en pulgadas son 13380, de largo
Obelisk = 83.6 feet (25.5 m). Total height with base and cross, 132 feet (40 m).
La altura de el obelisco sin la base ni, la cruz es de 83.6 pies, que en pulgadas son 996 de alto
Miren que curioso que la suma de los cuatro, el resultado es 25920, y los dos últimos dígitos del total de las pulgadas son 60, 80, 84, y 96, que casualidad que 60 * 36 = 2160, 80 * 27 = 2160, 84 * 24 = 2016, y 96 * 21 = 2016, "como dice la canción casualidad".
The internal columns and pilasters = 92 feet (28 m) tall
La altura de las columnas son de 92 pies, y que en pulgadas son 1104 de altura
The drum of the dome = 630 feet (190 m) in circumference and 65.6 feet (20.0 m) high, rising to 240 feet (73 m) from the ground
La estructura alrededor de la base de la cupula en la circunferencia es de 65.6 pies de alto, y en pulgadas son 780 de alto.
Obelisk = 83.6 feet (25.5 m). Total height with base and cross, 132 feet (40 m).

El total de la suma del obelisco, de la base, y la cruz el total es de 132 pies
Ahora si sumamos las tres cantidades, el total de las dos pulgadas y el de pies es así 2016
1104 + 780 + 132 = 2016
Y lo mismo los dos últimos dígitos se pueden multiplicar por así 4 * 504 = 2016, 80 * 27 = 2160, y 32 * 63 = 2016, otra casualidad.

A succession of popes and architects followed in the next 120 years, their combined efforts resulting in the present building. The scheme begun by Julius II continued through the reigns of Leo X (1513–1521), Hadrian VI (1522–1523). Clement VII (1523–1534), Paul III (1534–1549), Julius III (1550–1555), Marcellus II (1555), Paul IV (1555–1559), Pius IV (1559–1565), Pius V (saint) (1565–1572), Gregory XIII (1572–1585), Sixtus V (1585–1590), Urban VII (1590), Gregory XIV (1590–1591), Innocent IX (1591), Clement VIII (1592–1605), Leo XI (1605), Paul V (1605–1621), Gregory XV (1621–1623), Urban VIII (1623–1644) y Innocent X (1644–1655).

Otra casualidad que durante la construcción de la basílica, desde Julio II hasta Inocente X, el total de papas fueron 21 * 96 = 2016

Ahora miremos la edad que tienen cuando mueren los 21 papas, otras casualidades de los números.

JULIO II muere el 21 de febrero 1513 a la edad de 80 * 27 = 2160
LEO X muere el 1 de diciembre 1521 a la edad de 45 *48 = 2160
ADRIAN VI muere a la edad de 64 * 34 = 2176 - 16 = 2160
CLEMENTE VIII muere a la edad de 56 * 36 = 2016
PAUL III muere a la edad de 81 * 26 = 2106 + 54 = 2160
JULIO III muere a la edad de 67 * 32 = 2144 + 16 = 2160
MARCELO II muere a la edad de 53 * 41 = 2173 - 13 = 2160
PAUL IV muere a la edad de 83 * 26 = 2158 + 2 = 2160
PIUS IV muere a la edad de 66 * 33 = 2178 - 18 = 2160
PIUS V muere a la edad de 68 * 32 = 2176 - 16 = 2160
GREGORIO XIII muere a la edad de 83 * 26 = 2158 + 2 = 2160
SIXTOS V muere a la edad de 69 * 29 = 2001 (+ 159 = 2160)? (15 * 9 = 135 * 16 = 2160)

URBANO VII muere a la edad de 69 * 29 = 2001 + 15 = 2016
GREGORIO XIV muere a la edad de 56 * 36 = 2016
INOCENTE IX muere a la edad de 72 * 28 = 2016 y 72 * 30 = 2160
CLEMENTE VIII muere a la edad de 69 * 29 = 2001
LEO XI muere a la edad de 69 * 29 = 2001
PAUL V muere a la edad de 68 * 32 = 2176 - 16 = 2160
GREGORIO XV muere a la edad de 69 * 29 = 2001
URBANO VIII muere a la edad de 76 * 28 = 2128 + 32 = 2160
INOCENTE X muere a la edad de 80 * 27 = 2160

Los dos primero mueren con el numero 21, y las dos edades son multiplicada por el numero X, y su resultado es el mismo, y el ultimo papa muere a la misma edad del primero, que casualidad, cuatro papas mueren en edades diferente dos mueren a la misma, dos en diferente edades, 80, y 80, y 45, y 72, 2160, y tres papas mueren, dos con la misma edad, y uno diferente, 56, y 56, y 72, 2016, y un papa da los dos resultado 72 * 28 y 72 * 30. Hay 5 numero entre la recta y la suma de los papas que multiplicado por el X el resultado es el mismo, el 16 es usado 4 veces, 3 en la recta, y una en la suma, y el 2 es usado 2 veces en la suma, y solo dos numero el 13 que es considerado el numero de la mala suerte, y el 159, pero si decimos 15 * 9 = 135 * 16 = 2160 y sun (sol) = 135 en letras. Hay 5 papas con la misma fecha 2001 no voy hablar mucho de este tema por que me da asco. Juzguen por ustedes mismo es fecha. El numero 15 del 2001, si lo multiplicamos por 144 * 15 = 2160, y 144 * 16 = 2304 - 144 = ????. El 29, y el 13 su resultado no es ni 2016 o 2160. Esto es un regalo de la basílica de san pedro para el mundo, para que vean que ellos saben la verdad, cuidado si Jesus fue un extraterrestre, un ser de otro planeta?. Cual es secreto del vaticano, que no quieren que el mundo lo conozca, quizás la humanidad no esta preparada para saber la verdad, por que somos muy violentos, e agresivos, que de todo es un pánico sin razón, y la otra el poder del dinero, que si lo que no conocen la verdad, la conocen el mundo religioso se hunde. Por eso es el secreto. Miren algo extraño Simon bar-jona el pescador, ahora es san pedro según la historia nació en el año 4 de nuestra era, y muere en roma en el año 67 a la edad de 63 * 32 = 2016, y el papa Benedicto XVI, nació el 16 de abril 1927, pero el es el papa 111 según la profecía de Malaquías, quien será el papa 112, y en que fecha, según Malaquías el papa 112 se llamara Pedro el romana, yo digo que el numero que usara es XVIII. Por que es el ultimo, por el fin de la iglesia católica la verdad se va a conocer en el 2016 de la mentira del juego de dios y el diablo (el bien y el mal). Como será la humanidad sin religión. Ese día me voy a reír, de muchos cristianaos, que pensaran que es el fin del mundo, es solo el fin de la era del signo de Piscis.

San pedro en arameo Simon bar-jona nació en el año 4 de nuestra era y muere en el año 67, a la edad de 63 años, que curioso que de los 12 discípulos el mas fiel fuera Simón el pescador, cual el símbolo de Piscis los peces, es bien fácil Jesús es el sol, y el viaja con su 12 discípulos, o sus 12 constelaciones del zodiaco, otra casualidad eh. 63 * 32 = 2016.
Juan XIX fue el papa numero 144, miren al curioso del papa 145 Benedicto IX, fue nombrado papa a la edad de 14 años, el mas joven en la historia papal, y su mandato duro 15 años de papado, y termino a los 30 años. 144 * 14 = 2016, y 144 * 15 = 2160, y es el único papa que a reinado por 3 veces, en diferentes años.
Julio II es el papa numero 216, su mandato duro 10 años del 1503 al 1513, este fue el papa que inicio la construcción de la nueva basílica, que duro 120 años. 216 * 10 = 2160.
Anastacio IV fue el papa numero 168 su reinado fue de 1 año y 5 meses, y del 12 de julio 1153 al 3 de diciembre 1154, recuerden que diciembre es el mes 12, y 168 * 12 = 2016.
Esto son alguno de las casualidades del vaticano, que los números son los mismo que los demás.

LA BASILICA VIEJA DE SAN PEDRO

La construcción empezó por orden del emperador Constantino I entre el año 326 y 333, y tomo 30 años para completar.
Consistía en 5 pasillo, y la parte central de la iglesia, y dos pasillo pequeños, que estaban dividido por 21 columna de mármol, cuales fueron tomada de edificios paganos, y eran de 360 pie (110metro) de largo, y el edificio era en forma de cruz latina, y tenia un techo en forma de triangulo, y estaba parado sobre el centro a 98 pies (30metros) de alto. Ahora miremos los números en pulgadas.

360 * 12 = 4320 - 144 = 4176, este numero es de capricornio tiene que pasar 2160 años, para el próximo.
98 * 12 = 1176

El 21, el 5, el 2, y el 30 todos esto numero dan el resultado de 2016 o 2160.

De esta basílica hay poca información, quizás hay mas en el vaticano, pero no se sabe por fue demolida, quizás en la biblioteca del vaticano estén los plano originales, con sus medidas.

Las medidas de la basílica de san pedro

- Total construction cost = 46,800,052
- El costo total de la construcción = 46,800,52
- Geographic orientation = chancel west, nave east
- Orientación geográfica = el altar al oeste, y la parte central mas larga en forma de cruz al este
- Capacity = 60,000 +
- Capacidad = 60,00 y mas
- Total length = 730 feet (220 m)
- Total del edificio de punta a punta = 730 pies (220 metro) (8760 pulgadas)
- Total width = 500 feet (150 m)
- Total del ancho = 500 pies (150metro) en (pulgadas 6000)
- Interior length incl. vestibule = 693.8 feet (211.5 m), more than 1/8 mile.
- El total de la inclinación del interior, del cuarto pequeño = 693.8 pies (211.5m), y mas de 1/8 milla
- Length of the transepts in interior = 451 feet (137 m)
- El largo de una parte de la forma de cruz de la iglesia = 451 pies (137m), el interior
- Width of nave = 90.2 feet (27.5 m)
- El ancho de la cruz de la parte larga es de = 90.2 pie (27.5)
- Width at the tribune = 78.7 feet (24.0 m)
- El ancho del trono = 78.7 pie (24.0m)
- Internal width at transepts = 451 feet (137 m)
- El ancho de la forma de la cruz = 451 pie (137m)
- Internal height of nave = 151.5 feet (46.2 m) high
- La altura de la cruz = 151.5 pie (46.2m)
- Total area = 227,070 square feet (21,095 m^2), more than 5 acres (20,000 m^2).

- Total del area = 227,070 pie cuadrado (21,095mª, mas de 5 acres (20,000 mª)
- Internal area = 163,182.2 square feet (3.75 acres; 15,160.12 m^2)
- Area internal = 163,182.2 pie cuadrado (3.75 acres; 15,160.12 mª)
- Height from pavement to top of cross = 452 feet (138 m)
- La altura del padimento a la punta de la cruz = 452 pies (138m)
- Façade = 167 feet (51 m) high by 375 feet (114 m) wide
- La cara principal del edificio = 167 pie (51m) de altura, por 375 pies (114m) de ancho
- Vestibule = 232.9 feet (71.0 m) feet wide, 44.2 feet (13.5 m) deep, and 91.8 feet (28.0 m) high
- De la puerta al pasillo del edificio = 232.9 pie (71.0m) de ancho, 44.2 pie (13.5m) de profundidad, y 91.8 pies (28.0m) de alto. (2784 pulgadas), (528 pulgadas)
- The internal columns and pilasters = 92 feet (28 m) tall
- Las columnas internas = 92 pies (28m) de altura. (1104 pulgadas)
- The circumference of the central piers = 240 feet (73 m)
- La circunferencia de el arco central = 240 pies (73m)
- Outer diameter of dome = 137.7 feet (42.0 m)
- El diámetro de la cúpula de a fuera = 137.7 pies (42.0m) en (pulgadas 1644)
- The drum of the dome = 630 feet (190 m) in circumference and 65.6 feet (20.0 m) high, rising to 240 feet (73 m) from the ground. (780 inches)
- Las bases de la columnas alrededor de la cúpula = 630 pies (190m) en circunferencia, y 65.6 pies (20.0m) de alto, y levantándose 240 pies (73m) del piso. (780 pulgadas)
- The lantern = 63 feet (19 m) high
- Las ventana = 63pies (19m), (756 pulgadas)
- The ball and cross = 8 and 16 feet (2.4 and 4.9 m), respectively
- La bola y la cruz en el tope de la cúpula = 8 pies y 16 pies (2.4 y 4.9m). (96 pulgadas)
- St. Peter's Square = 1,115 feet (340 m) long, 787.3 feet (240.0 m) wide
- La plaza de san pedro = 1,115 pies (340m) de largo, 787.3 pies (240m) de ancho. (13380 pulgada)

- Each arm of the colonnade = 306 feet (93 m) long, and 64 feet (20 m) high
- El total del techo en forma de arco = 306 pie (93m) de largo, y 64 pies (20m) de altura, en
- (pulgadas768)
- The colonnades have 248 columns, 88 pilasters, and 140 statues
- El arco tiene 248 colimnas, 88 pilares, y 140 estatuas
- Obelisk = 83.6 feet (25.5 m). Total height with base and cross, 132 feet (40 m).
- El obelisco = 83.6 pies (25.5m). La altura total con la base y la cruz, 132 pies (40m) (996 pulgada)
- Weight of obelisk = 360.2 short tons (326,800 kg; 720,400 lb)
- El peso del obelisco = 360.2 toneladas (326,800 kilogramo; 720,400 libras).

Esta son las medidas del vaticano por pulgadas, que coincidencia que las 3 números que del zodiaco están en el vaticano 25920 es el tiempo que duran las 12 en darle la vuelta al sol, 2160 es el tiempo que dura una en darle la vuelta al sol, y el 2016 es el próximo cambio del signo del zodiaco, o la constelación de Piscis, a Acuario.

+13380	+1104	+ 780
+8760	+ 780	+ 756
+2784	+ 132	+ 528
+996	———	+ 96
———	= 2016	———
= 25920		= 2160

El próximo cambio del signo del zodiaco después de Acuario, es Capricornio, y es en el año 4176, pero miremos haber si ese numero esta entre las medidas del vaticano, miremos. El próximo es Sagitarios en el año 6336. Estará este otro numero entre las medidas del la basílica de san Pedro. El próximo es Escorpio en el año 8496. El próximo es Libras en el año 10656. El próximo es Virgo en el año 12816. El próximo es Leo en el año 14976. El próximo es Cáncer en el año 17136. El próximo es Géminis en el año 19296. El próximo es Taurus en el año 21456. El próximo es Aries en el año 23616. El próximo es Piscis en el año 25776 + 144 =

25920 este es el famoso nacimiento de Jesús el cristo, por eso que dicen el año I primero, o el comienzo del gran año, o la gran era.

9444	7560	8760	6000	8316
-4500	-1092	-360	+ 2880	+ 4500
-768	-132	———	+ 1644	———
———	———	= 8400	+ 132	=12816
= 4176	= 6336	+ 96	———	
		———	= 10656	
		= 8496		

7560	9444	13380	9444	13380
+ 6000	+ 7560	+ 4500	+ 8760	+ 8316
+ 1080	+ 132	+ 1584	+ 2880	+ 1584
+ 248	———	———	+ 240	+ 248
+ 88	= 17136	= 19464	+ 132	+ 88
———		- 192	———	———
= 14976		———	= 21456	= 23616
		= 19272		
		+16		
		+ 8		
		———		
		= 19296		

13380	25776
+ 9444	+ 144
+ 2880	———
+ 96	= 25920
- 16	
- 8	
———	
= 25776	

Solo utilice las medidas de la basílica, de las estatus, pilare, columnas, y el peso del obelisco, solo utilice las medidas de pies, y la convertí en pulgadas, y este es el resultado final.

LA PROFECIA DE LOS HOPI

Ellos encontraron tabletas de 10,000 años de antigüedad o quizá 50,000 años. Cuando yo digo miles de años atrás. Eran personas nativas que hablaban de esas cosas, es exactamente lo que yo digo.

Ellos le dijeron a sus hijos, y miles de años atrás, sus hijos crecieron, y se lo dijeron a sus hijos, y sus hijos también crecieron, y se lo dijeron a sus hijos. Y ellos hablaban de las personas que vivieron en esos días. Y ahora somos nosotros. Nosotros somos lo que ellos hablaban en tiempo pasado. Ellos decían que estar vivo, y ser una creación y vivir en la tierra en ese tiempo, que es un gran honor. En el ciclo del tiempo, desde el principio hasta el fin, este es el tiempo ahora, un cambio de purificación de todas las cosas. Ellos decían que estos eran los tiempo mas duro de vivir, pero que era el honor mas grandioso de estar vivo, y vivir para ver esto. En el estado de Washington en el 1855 ellos firmaron un tratado y 22 reservaciones indígenas se formaron. Ellos lo querían hacer antes de que hubieran problemas. Ellos pensaron que ellos eran avanzado, ellos aprendieron de lo que paso en otros lugares. Ellos hicieron 22 reservaciones y los ancianos hablaron en el 1855, y ellos dijeron, nosotros creceremos débil y ustedes crecerán fuerte, y si desean romper este tratado pueden hacerlo. "ellos dijeron", pero llegara el tiempo en que la tierra se levantara y se purificara ella misma, y eso será anunciado. Esto será anunciado por el hablar de los 16 grandes de la costa del oeste de esta tierra. Y cuando uno de los 16 grande hable, la purificación empezara.

Hubo noticia? 5 años atrás cuando el volcán de la montaña santa Elena uno de los 16 grande de la tierra del oeste hablo. El Seattle time hizo una interesante historia. Ellos fueron a ver a Watson totus y Woodrow bill. Y fue Woodrow bill hijo que hizo esos aros, que yo traigo aquí hoy, mi buen hermano Randolf bill. Ellos le preguntaron a Watson totus y Woodrow Bill, que eran personas espirituales de la gente de la nación "YAKUMA", "que significa esto", lo que ellos dijeron eran fuerte o gran dioso, que no lo pusieron en la pagina 16, lo pusieron en la primera plana del Seattle time. Ellos dijeron que la carrera y las naciones de esta tierra tiene que ir despacio, y juntarse, y hablar una con la otra. Eso fue exactamente lo que dijeron. Y nosotros tenemos 4 años, y 4 días para hacer eso. Cuatro años y cuatro días mas tarde el volcán hizo erupción por segunda vez. Eso fue la primavera pasada, casi en este tiempo. Ese fue el tiempo de tolerancia. Nosotros todavía podemos hacer algo bueno. Pero ahora es que la cosas se van a poner rápidos. Ahora es que las cosa van a pasar rapidísimo. El tiempo pasara mas rápidos. Mientra mas compartimos el mensaje mas amortiguaremos la tercera sacudida de la tierra, y será mas fácil para nosotros, y los demás. Nosotros estamos en tiempo de purificación de todas las cosa. Persona no nativa lo llamara "APOCALIPSIS", y los nativo anciano lo llamaban "purificación". pero no perder la esperanza. Suena terrible, pero vamos a sobrevivir esto. Nosotros los viviremos. Yo creo que nadie fue elegido para vivir esto, pero algunas personas lo pensaran. Y cerrando yo le hago un llamado a todos, no importa quien tu eres joven, viejo, nativo, o no nativo, que se despierten, y tomemos conciencia, y que abrasemos este tiempo, y aprendamos todo sobre esta escrituras, pararse y despertar, y por toda la gente del la tierra. Personas de todo el mundo están preparada para tomar el mensaje. Este año es el año cuando todo empezara, yo mismo lo creo. Habla y despiértate. Hay personas en el mundo esperando para escuchar, esperando escuchar . . . esperando para escuchar . . .

La raza indígena llamada hopi nativa de America del norte son lo que llevan los record. Los hopi llamaban a esto las cuatro etapas del hombre, de acuerdo a ellos la tierra ha tenido 3 cambio el primero fuego, el segundo hielo, y el mas reciente agua aproximadamente 19584 años yo digo. Y el famoso diluvio fue en el año 8496 ante de cristo según mis números. De acuerdo a los hopi vamos a entrar en la "quinta edad", cual ellos llamaban "el mundo de iluminación, cual coincide con la edad de acuario que a de venir. Los hopi dijeron que dos mundo mas a devenir después de este, la sexta edad y la séptima edad.

3 días de oscuridad según la profecía de los hopi. Yo digo en el 2016.

Las 4 piedra del clan de los hopi fueron entregada a las 4 raza humana hacen muchos años atrás. Están guardada por la raza en estos lugares.

BLANCO-SWITZERLAND
NEGRO-KILOMAJARA EN AFRICA
AMARILLO-TIBET (CHINA)
ROJO-TIERRA DE LOS HOPI (USA ARIZONA).

Esta profecía es de una tribu de indios es una de las mas antigua en el continente americano, esto nos quiere decir que los antepasados de ellos vivieron este fenómeno astrológico, que de una manera o otra tiene un efecto sobre la tierra, por ejemplo a la supuestamente muerte de cristo el sol se oscureció, pero por cuanto tiempo la Biblia no lo dice por que alguien lo quito, pero los hopi dicen que son 3 días de oscuridad, esto es posible solo con un eclipse de luna, pero lo curioso del caso es que el eclipse va hacer con otro planeta, quizás Júpiter. Todas las civilizaciones de la antigüedad de una manera u otra lo han dejado escrito en libro, en pintura, en monumentos, medidas numéricas, y en cuentos de generación en generación, pero nosotros somos tan estupidos que no queremos ver la verdad al frente de nuestros ojos, solo creen en lo que dice la biblia, pero si la misma biblia nos habla de eso tiempo, por ejemplo la Biblia hace referencia de 5 cambio en la tierra, pero si miramos bien menciona todos los cambio de Adán a Jesús, ahora Isaac tiene 2 gemelos Esau y Jacob, y cual es la representación de Gemini, los gemelos, Jacob tuvo 12 hijo, y el preferido fue José en el tiempo de José el sacrificio era al toro, y cual es la representación Tauro?, nace Moisés con su historia del éxodos, por que cuando Moisés subió a la montaña, y luego bajo, y vio que estaban adorando un toro, y Moisés se puso furioso, por que el representa la nueva edad de Aries, por eso es el sacrificio de cordero, y carnero, Jesús es la representación de piscis, por eso es que toda pintura de Jesús son con peces, y pescadores, el ultimo se hace referencia en Lucas 22-10v, el hombre con el cántaro de agua. Yo no se como la personas que dicen leer la Biblia no pueden entender las cosa que dicen, y solo creen lo que el pastor le lee. Esta profecía de los hopi es una de la mas completa, pero todo el mundo cree que es el fin del mundo, no es el fin de la era de piscis, al igual que Jesús que dice yo estaré con ustedes hasta el fin de la era, que son 2160 años, pero alguien cambio la palabra del fin de la era, al fin del mundo, por eso es que los cristiano dicen que cristo viene otra ves, pero no es cristo es el signo de Acuario que empieza en el 2016, el 25 de diciembre, yo se que mucho cristiano perderán la fe cuando vean la verdad de que cristo no viene, la venda de los ojos se van a caer y la mentira de la iglesia llegar a su fin, o quizás querrán seguir, con el mismo juego, pero quien seria el nuevo Mesías (Jesús), otra ves no lo creo, porque la iglesia perderá mucha fuerza, porque el que este vivo y vea esto conocerá la verdad, al igual que los sabios de los tiempo de la inquisición, que si hablaban lo mataban, pero hoy en día el mundo esta súper moderno, y la religión, ya no tiene el poder que tenia 1800 años atrás. Bueno ustedes creen lo que quieran pero lo que yo les digo es la verdad, no por que yo lo diga, si no por que la historia nos lo viene diciendo desde hace miles de años, lo que pasa es que somos incrédulos. Solo piensen esto para amar a una persona, no tenemos que ser cristiano, porque?, porque los cristianos viven un mundo de fantasía, que el que no es cristiano esta con el diablo, es un impío, y todos somos iguales tenemos la mis sangre roja no azul, ni nadie es mejor que nadie, porque todos moriremos algún día. Porque de la mentira por la iglesia, el poder y el dinero.

LAS PROFECIAS DEL MAGO MERLIN

Según la historia el personaje Merlín es una figura mística, pero no importa quien fuese que allá escrito esto manuscrito, por que lo hizo en forma de el Apocalipsis, por la inquisición, pero en realidad que eran lo querían decir en esta forma de escribir, hablando de los planetas, y de los signos del zodiacos, según esta escritura, que el que la escribió presencio algo fenomenal en el espacio y la tierra, porque esta prediciendo, lo que va suceder en el futuro con lujos de detalles, esta hablando del cambio de signo del zodiaco de Pissis a Acuario, el único numero que sale es el 12 en esta preedición, y el numero 12 es un numero clave en la numerología, esta profecía de el mago Merlín son astrológica, igual que la Biblia, los maya, y otros mas, lo único que pasa es que las personas no usan el sentido común, o no leen, lo controversial, creen en lo primero que dicen como que el fin del mundo es en el 2012 del 21 de diciembre, solo por que alguien dijo que el calendario maya terminaba en el 2012, toda esta información esta corriendo por el Internet como pan caliente, y miles de personas creen que la biblia dice que el mundo se acaba en esa fecha, otros dicen que Michel de Nostradamus también predijo que en el 2012 cabun. Hace unos días compre una revista mexicana de nombre muy interesante, y en la portada dice profecías del fin del mundo según los mayas, la biblia, Nostradamus, el mago merlín, y profeta contemporáneo Benjamin Solari parravicini, pero lo interesante de estos artículos es que no habla nada en concreto del 2012, son 5 personaje, y nada fue escrito que diga en el 2012 o en 2016 hay un cambio astrológico del signo de Pissis a acuario, y esta profecía que yo escribí del mago merlín no esta en la revista, yo digo que si un periodista escribe un articulo como el de esta revista no hizo su trabajo como periodista, por que; porque todo lo que escribió sobre profetas y profecía no tiene nada que pruebe que lo que se esta hablando del 2012 se verdad, es solo una carnada de publicidad para hacer dinero, pero cual es el miedo de decir la verdad que faltan 6 años para la fecha clave, y creo que hay un grupo de personas que saben la verdad, y no dicen nada, porque el secreto. Por el poder y dinero.

Antes que el ámbar de mercurio brille, la luz del sol crecerá opaca, y esto causara horror en aquellos que presencien ese hecho. El planeta mercurio, nació en Arcadi, y cambiara su escudo, y el casco de Marte proyectara una sombra, y en rabia mercurio sobre correrá su orbita. La espada de hierro de Orión. El sol aguado atormentara las nubes. Júpiter abandona su camino y el desierto de Venus termina su camino. La maldad de Saturno se derramará como lluvia, matando hombres mortales, con la curva en forma de la luna (instrumento afilado en forma de luna para cortar grama).

Las 12 mansiones de la estrellas (los 12 signo del zodiaco), lloraran al ver su compañera pasar los limites. El Gemini no parara su destrucción, y abrazara, y manda a Acuario para la fuente del agua. La balanza de libra colgara una vuelta hasta que, Aries lo propulsiones hacia arriba con sus cuernos doblados. La cola de Escorpio generara relámpago, y Cáncer peleara con el sol, Virgo subirá a la espalda de sagitario, y dejo caer su flor virgen. El carruaje de la luna correrá sin control en el zodiaco; más de 300 estrella en la constelación de Tauro lloraran. Nada de esto regresara a su labor esperada. Ariadne cerraras su puertas y se esconderá entres los banco de nubes. En un abrir y cerrar de ojo el mar subirá, y las arenas del viento se abrirán otra vez. El viento peleara junto con una explosión de desastre haciendo de ellos un número con un efecto de continuación de una constelación a otra.

EL TAJ MAHAL INDIA

Fue creado igual que el castillo de coral en la memoria de su esposa favorita Mumtaz Mahal, por el emperador Sha Jahan en el 1632, los dos números multiplicado por el numero X da el mismo resultado que los demás, por ejemplo el castillo de coral en 1920 ahora decimos 1920-1632=288 años de diferencia que coincidencia que el 288*7=? Esto es solo la fecha de construcciones Sha nació en 1592 y murió 1666, Ed nació en 1887 y murió en 1951, en Miami florida, que curiosos son los mismo números miremos algunos la recta del año que nacieron y que murieron.

Sha 1592 y Ed 1887 = 285 años de diferencia
Sha 1666 y Ed 1951 = 285 años
Sha muere a los 74 años y Ed muere a los 64 años= 10 años de diferencia lo mismo que su dulce 16 (sweet sixteen). 16*135=2160 10*216=2160
Medidas del exterior;
55m en pie 180 y en pulgada 2160
35m en pie 115 y en pulgada 1380
7m en pie 23 y en pulgada 276
40m en pie 130 y en pulgada 1560 40m*54=2160
Medidas del interior;
25m en pie 82 y en pulgada 984*2=1968+48=2016
1.5m en pie 4 y en pulgada 48*42=2160
2.5m en pie 8 y en pulgada 96*21=2016
Alguno dicen 50m (160pie) que es = en pulgada1920. alguno dicen 60m (180pie) que es = en pulgada 2160.

El Taj Mahal se ubica rodeado de un gran (chahar bagh) jardín que mide 320*300m e incluye cantero de flores, senderos elevado, avenidas de árboles, fuentes, cursos de agua y piletas que reflejan la imagen de los edificios en el agua.

Cada sección del jardín esta dividida por senderos en 16 canteros de flores, los mismo dulce 16 (sweet sixteen) de Edward.

Algunos pasajes del Corán, que incluyen la siguiente azoras.

91 (el sol)
112 (pureza de fe) * 18 = 2016
89 (descanso diario)
93 (luz de la mañana)
95 (las higueras)
94 (la abertura)
36 (ya sin) * 56 = 2016
81 (el oscurecimiento)
82 (la hendidura)
84 (el desgarro) * 24 = 2016
98 (la evidencia)
67 (el dominio)
48 (la victoria) * 42 = 2016
77 (los enviados)
39 (los grupos) 60*36=2160 Y 60*3=180

Una flor de apenas 7 centímetros cuadrado tiene 60 incrustaciones, que en pulgada son 3 cuadrada que son 12 en total. 3*12=36

La construcción tiene una altura de 60m y la cúpula principal 20m y una altura de 25m.

197pie y en pulgada 2364 altura
66pie y en pulgada 792 la cúpula
82pie y en pulgada 984*2=1968+48=2016
2364 + 792 + 984 + 36 = 4176

1) MONA LISA

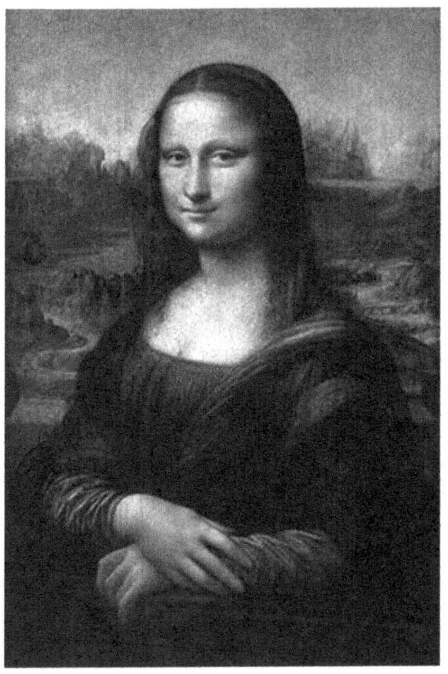

Leonardo da Vinci 1503-1506, duro 3 años creando su obra maestra igual que Edward duro 3 años construyendo el castillo, y 3 años moviendo el castillo, pero miremos los números la pintura que son 77cm por 53cm, en pulgadas son (30" por 21"), algo extraño, el numero 30 de la pintura, y los 30 bloques de la torre, y la piedra mas pesada de 30 toneladas de Edward, el 21 de la pintura, y el 21 de la puerta, mas el 21 de grosor de la puerta de 9 toneladas, que es la obra maestra de Edward, todos estos números son lo mismo, y dan el mismo resultadas, el 30 *72=2160, y el 21*96=2016, en todo el castillo el numero 21 es visible en la puerta de la entrada, y el otro es en la medida de la puerta de 9 toneladas. El 21 de diciembre 2016, es la hora cero.

2) LA ULTIMA CENA

Leonardo da Vinci 1495-1498, y vuelven lo mismo 3 años, veamos las medida de esta obra maestra 460cm*880cm, en pulgadas son (181"*346"), y en pie son (15'*28'), okay, esto es algo fenomenal, esta son las 3 medidas en diferente forma centímetros, pulgadas, y pies, ahora si usamos la suma, la recta, la multiplicación de la 3 medidas así.

460 + 880 = 1340 + 181 = 1521 + 346 = 1867 + 15 = 1882 + 28 = 1910, que sucedió en el 1910, el paso del cometa Halley, esto quiere decir que Leonardo conocía el cometa Halley, el tenia 4 años en 1456, creo que el cometa tenia otro nombre en el tiempo de Leonardo, y cuando Edmond Halley, hizo la preedición de que el cometa vuelve a pasar cada 76 años, ya Leonardo sabia el tiempo que duraba el cometa en pasar por la tierra.

Ahora si rectamos 460 - 880 = 420, y si multiplicamos 15 * 28 = 420, Leonardo fue un genio, la misma operación 460 + 880 = 1340, y mas los 420 de la multiplicación = 1760, este fue otro año que el comota Halley paso, y Leonardo en la pintura de la ultima cena en las medida dejo sus preediciones que el no podía hablar de ese tema sino era la muerte. Ahora las otras medidas 15 * 144 = 2160, y 28 * 72 = 2016, 2 pinturas diferente y con el mismo resultado, hay 3 ventanas, y en la pare de los lados hay unos rectángulo en forma de puerta o cortinas, 4 de lado y lado, 8 en total, 3 * 8 = 24 3 * 12 = 48 8 * 12 = 96. 3 + 8 = 11 4 + 4 = 8 13 + 11 = 24 (1—3—4—8—12—) el 1 Jesús, 3 las ventana, 4 los cuadrado de los lado, 8 el total, 12 discípulos.

880+460+346+8+28=1682, en ese año paso también, 880+460+181+12+1533-3=1530, recuerden que el cometa no tiene una fecha fija, 1530+48=1594+12=1606, otro año que paso, 880+460=1340 +420=1760+48=1808+24=1832+3=1835, todos estos números son de la famosa pintura, la ultima cena, Leonardo predijo el cometa Halley hasta el 1986, miren los números 1910+48+24+4=1986. Recuerden que Jesús es el numero (1)

1452 nació Leonardo
1456 el solo tenia 4 años
1519 muere 12 años ante de que pase el cometa
1-1530+1=1531
2-1606
3-1682
4-1759+1=1760 1+1+1+=3 el mismo 3
5-1835
6-1910
7-1986 Leonardo predijo (7) avistamiento del cometa Vinci

1) LE HOMBRE VITRUVIO

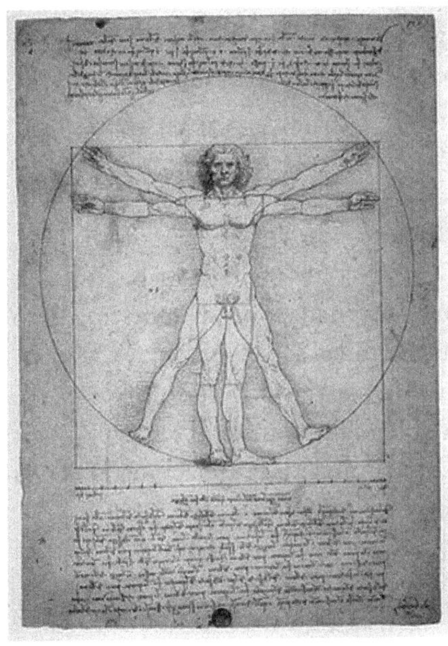

Es la ilustración del cuerpo humano entre un circulo y un cuadrado, derivado de un pasaje de la geometría y la proporción humana, en escritura Vitruvio.

Leonardo 1487, y sus medidas son 34.4cm * 25.5cm, en pulgadas son (13.5" * 10.0"). cual es el motivo de este hombre. Miremos el uso de la multiplicación y la recta entre ellos.

34.4cm - 25.5cm = 8.9
8 * 9 = 72
13.5" * 10" = 135
El numero al revés de 72 es 27 y 27 * 135 = 2160

3) LA ADORACION A LOS MAGOS

Leonardo 1481 esta pintura nuca fue terminada por su maestro, pero como serán los números, miremos, sus medidas son 246cm * 243cm, en pulgadas son (97" * 96"), y en la tabla de conversión es así (96" * 95"), que cualquiera de las dos medidas esta bien, ahora miren bien, 96 * 95 = 9.120, y 9 * 120 = 1080 * 2 = 2160, el toda pintura era relacionada con la religión, por eso era un tema prohibido ósea un tabú.

4) JUAN EL BAUTISTA

Leonardo 1513-1516 que nos quiere decir el con esta pintura que miremos para el cielo en la fecha clave que es el 2016, pero cual es el fenómeno astrológico tan importante que todo fue un secreto. Miremos los números de esta pintura, sus medidas son 69cm * 57 cm, en pulgadas son (27.2" * 22.4"). ahora miremos como el uso la multiplicación, la suma, y la recta, pero que casualidad que el resultado de los números son los mismo que los del castillo de coral, y los demás. 67 + 57 = 126, y 126 * 16 = 2016 67 - 57 = 12, y 12 * 168 = 2016 27.2 - 22.4 = 4.8, y 4 * 8 = 32 * 72 = 2016

Esto quiere decir que Leonardo si sabia el secreto, era gran maestro de la orden templaría.

5) LA ANUNCIACION

Leonardo 1473-1475, otra vez lo 3 año en hacer una pintura el numero 3 juega un papel muy importante en sus pinturas, ahora miremos los números de esta pintura, 98cm * 217cm, en pulgadas son (39" * 85"), o (38" *85") en pie son 3'.16" * 7', el mismo sistema de la matemática, 98 + 217 = 315º, es la mitad que hay entre un signo por ejemplo piscis es el signo 330º, y acuarios es el 300º, esto quiere decir que era la mitad del tiempo. Ahora los otros números, 39 + 85 = 124 38 + 85 = 123, miren algo lindo en la matemática como los números solo salen el orden de los factores no altera el producto.

39 * 85 = 3315, 33 es la edad de cuando cristo murió, y el 15 se multiplica por 144, y también el numero 3, y también el 315º, 38 * 85 = 3230 esto dos números se multiplican por el mismo numero que es el 72 * 32 = 2304 - 144 = 2160, y 30 * 72 = 2160. En pie 3 * 16 = 48 * 7 = 336 * 6 = 2106, y 3 * 7 = 21 * 96 = 2016

6) LA VIRGEN DE LA ROCA (7

El museo Louvre de Paris1483-1486(3) El museo galería nacional de Londre1495-1508(13)

Algo extraño entre esta dos pinturas la pintura mas pequeña dos mujeres y dos niños, y lo curioso es que una de la mujeres no tiene el circulo en la cabeza y la mano abajo, y el otro niño no tiene nada, y en la otra pintura si un cruz, a donde es que el niño, y la mujer están a puntando es hacia al firmamento o el espacio.

Ahora la medidas, 199cm por 122cm, en pulgadas son 78" por 48", y en pie son 6' por 4', ahora la suma y la recta 199 + 122 = 321 78 + 48 = 126 * 16 = 2016 78 - 48 = 30 * 72 = 2160, ahora las medida del de Londres que son así 189.5cm por 120cm en pulgadas (74.6 * 47.25), y en pie son (6'*3').

189 + 120 = 309 * 7 = 2163 - 3 = 2160
189 - 120 = 69 + 3 = 72 * 28 = 2016

74 + 47 = 121
74 - 47 = 27 * 80 = 2160
6*3 = 18 * 112 = 2016

Estas pintura son llamada las virgen de la roca, fue en el segundo cuadro, por que el primero no tienen nada de virgen, solo por que alguien altero la pintura original con la cruz y el circulo de ángel, y si miran bien la pintura hay 3 pilares iguales, de piedra, y 4 en la otra, y ellos son 4, y 4 * 4 = 16 y 4 * 3 = 12.

8) LA VIRGEN, EL NIÑO, Y SANTA ANA

Este cuadro fue pintado en el año 1508, y lo curioso del caso es que las medidas son exacta, con los números, 168cm por 112cm, en pulgadas son (66" por 44"), solo con los dos primero números, yo no tengo que dar mucha explicación, por que ellos solo hablan por, si pero que casualidad que los números que yo busco son lo mismo que Leonardo utilizo en sus pinturas, por que el no uso otras medidas, sino las misma medidas que multiplicada por da el famoso (2012), eh, equivocados ese numero no sale ni en lo centro espiritista, que casualidad que el 168 * 16 = 2016 y el 112

* 18 = 2016, sigamos viendo una pequeña recta del 168 - 112 = 56 * 36 = 2016

2) AUTO RETRATO DE LEONARDO DA VINCI

Este es el auto retrato de Leonardo da Vinci en el 1512, 7 años antes de morir, este personaje nació en Italia el 15 del abril 1452, y murió el 2 de mayo del 1519, este personaje fue un poco controversial, hasta nuestro días todavía lo es, sean escrito libros, películas, y documentales, pero nadie a hablado sobre el misterio de las medidas de todas sus pinturas, por ejemplo este cuadro mide 33.3cm por 21.6cm en pulgadas son (13.1" por 8.5"), miren como el uso la medidas para esconder el secreto mejor guardado por la iglesia, y la única manera era hacerlo en forma secreta o en claves en sus pinturas. Miren esto si sumamos las medidas de las pulgadas. 13.1 + 8.5 = 21.6 es el mismo que 21.6centimetro, ahora el total de todas.

216 * 10 = 2160
21.6 * 10 = 126 * 16 = 2016
8 * 5 = 40 * 54 = 2160
13 * 8 = 104 / 33 = 3.15
33.3 es el grado mas alto en la Masonería, gran maestro.

3) LA VIERGEN, EL NIÑO, SANTA ANA Y JUAN EL BAUTISTA

Este cuadro es el mismo que el de la virgen de la roca, el mismo significado la mano hacia arriba, pero que es lo que esta diciendo Leonardo con la mano de la mujer hacia arriba, cual es el misterio de esta fecha 2016. Este cuadro fue hecho en el 1499-1500, las medidas son 141.5cm por 104.6 en pulgadas son (55.7" por 41.2") en pie (4' por 3') este cuadro es para ustedes.

9) MEDUSSA

No hay mucha información de este cuadro de Leonardo.

10) GINEVRA DE' BENCI

Este cuadro fue hecho en 1476, miren la figura humana caminando en el fondo de la pintura. sus medidas son 38.8cm por 36.7cm en pulgadas (15.3" por 14.4"), miremos los números.

38 * 8 = 304
36 * 7 = 252 * 8 = 2016
15 * 3 = 45 * 48 = 2106
14 * 4 = 56 * 36 = 2016

EL OTRO LADO DEL CUADRO

11) LA MADONNA DE LA CARNECION

Este cuadro fue pintado en el 1478-1480, es la misma expresión, y las manos hacia arriba. Pueden pensar lo que quieran, cada cabeza es un mundo. Las medidas que son las que me interesan a mi. 62cm por 47.5cm, en pulgadas son (24" por 18.7"), por que todas las pinturas de una mujer y un niño, tiene que ser la virgen María y el niño Jesús, por que no una mujer común y corriente.

24 * 84 = 2016
18 * 7 = 126 * 16 = 2016

12) BENOIS MADONNA

Fue hecha en le 1478 sus medidas son 49.5cm por 33cm, en pulgadas son 19.5' por 13)

49 - 33 = 16 * 135 = 2160
19 + 13 = 32 * 63 = 2016

Como pueden ver no es una mujer, es una niña, con un niño.

13) san jerónimo en el desierto

En este cuadro es donde único se vez un león, y el león representa a leo en el zodiaco, y fue hecha en el 1480, sus medidas son 103cm por 75cm, en pulgadas son (41" por 30")

103 + 41 = 144 * 14 = 2016 el 14 es el revé 41
103 - 75 = 28 * 72 = 2016
75 - 30 = 45 * 48 =2160
30 * 72 = 2160

14) LA DAMA CON EL ERMINE

Esta pintura yo la llamo la virgen y el animal, entonce esta es una dama, y porque no una virgen, siempre sacan conclusión a favor de unos cuanto, para que nadie pregunte el porque de estas pinturas. 1489-1490 fue pintada esta virgen del animal. Las medidas son 54cm por 39cm, y en pulgadas son (21.1" por 15")

54 * 40 = 2160
39 +1 = 40
21 * 96 = 2016
15 * 144 = 2160
21 + 15 = 36
54 - 39 = 15

15) EL RETRATO DEL MUSICO

Este cuadro tiene un poco de controversia, fue hecho en el año 1490, y sus medidas son así 45cm por 32cm, y en pulgadas son (18" por 13")

45 * 18 = 360 * 6 = 2160
32 + 18 + 13 = 63
63 * 32 = 2016

Y otras mas, todos los números so lo mismo de un pintura a otra.

16) MADONNA LITTA

1490 fue pintado, y el niño siempre desnudo, y el mismo niño en todos las pinturas, cual es el misterio del niño, y la mujer, miremos sus medidas, 42cm por 33cm, en pulgadas son (17" por 13")

33 + 17 + 13 = 63 * 32 =
17 * 13 = 221
17 + 13 = 33
33 - 17 = 16 * 126 =

17) LA BELLA FERRONNERIE

1490-1496 fue pintado sus medidas son 62cm por 36.4cm, en pulgadas son (24" por 17"), usen los números como quieran. Solo uno voy a usar.
36 * 4 = 144

18) MADONNA DE YARNWINDER

1501 el original se perdió este es una copia, miremos sus medidas 50.2cm por 36.4cm, y en pulgadas son (19.8" por 14.3"), hay les dejo espacio, si el resultado es otro, lo pueden escribir.

19) LA BATALLA DE ANGHIARI

20) BACCHUS

Ahora es el niño, pero ya es un hombre en este cuadro, con la misma mano, apuntando hacia arriba, este cuadro fue hecho en el año 1510-1515, y sus medidas son 177cm por 115cm, en pulgada son (70" por 45"), usen el sentido común todas las medidas de todos las pinturas son la misma en la recta, la suma, y la multiplicación, por que razón el uso los mismo números y no otros números que su resultado fueran otros números, y yo dijera lo contrario, pero no son los mismo, 2016-2160

21) LEDA Y EL CISNERO

Pintura perdida de Leonardo da Vinci.

22) EL BAUTIZO DE CRISTO

Esta pintura fue hecha en 1472-1475 sus medidas so 177cm * 151cm, en pulgada son (70" * 59"), cual será el resultado de estas medidas?

MICHEL DE NOSTRADAMUS (1503 AL 1566)

Fue unos de los mejores que predijo el futuro, pero estaba limitado a como decía sus profecía, por que si no la iglesia lo podía acusarlo de que era brujería y matarlo, por eso el uso la astrología y los números para sus predicciones, cada fecha tienen un significado, son fechas en el futuro, como su edad. Secaza la primera vez en el 1534, con una mujer que nadie sabe su nombre y dos hijos que extrañó ah, y vuelve y secaza con una viuda que tiene 6 hijos 3 varones y 3 hembras. Y fue a la cárcel por publicar un almanaque sin el permiso de la iglesia en 1561. Miremos los números o las edades de Nostradamus. Si el murió en el 1566, el tenia 63 años de edad ahora si multiplicamos o sumamos.

63*32=2016
Nace en el 1503
03*670=2010
03*671=2013
03*672=2016
15 es el numero que tome de sus 15 años miremos su resultado.
15*134=2010
15*144=2160

En el 1518 entra a la universidad de Avignon donde estudio aritmética, astrología y geometría. Y solo tenía 15 años de edad.
18*112=2016
15*144=2160

En el 1521 se fue de Avignon y duro 8 años caminando el país en busca de remedio en las yerbas. Y en ese año tenia 18 años.
21*96=2016

18*112=2016

En el 1522 nace JeanII y 1523 Antoine hermano y hermana de Nostradamus. Y el tiene 19 años 1522 y 20 en 1523.
22*91=2002
22*92=2024
23*87=2001
19*106=2014
20*100=2000
20*108=2160

En el 1529 regresa a la universidad de Montpellier para estudiar medicina, y en un poco tiempo fue expulsado de la universidad, y los record están en la librería de la universidad de Montpellier. Y tiene 26 años de edad.
29*69=2001
26*77=2002

En el 1531 fue invitado a una ciudad de Francia de nombre agen, por Jules-cesar
Scaliger.
31*64=1984
31*65=2015
31*66=2046

En el 1534 su esposa y dos hijos murieron por la plaga de esa época.
34*58=1972
34*59=2006
34*60=2040

En el 1545 asistió a un medico famoso de nombre Louis serre en la plaga. Y el tiene 42 años.
45*48=2160
42*48=2016

En el 1547 se queda viviendo en salón-de-provence y luego secaza con una rica viuda que tiene 6 hijos 3 varones y 3 hembras. Y el tiene 44 años.
47*43=2021
44*46=2024

En el 1550 escribió su primer almanaque. Y el tiene 47 años.
50*40=2000
50*41=2050
47*43=2021

En el 1554 secaza con Anne ponsart gemelle. Y el tiene 51 años de edad.
54*40=2160
51*39=1989
51*40=2040

En el 1555 comienza su carrera de profeta, y escribe los primero centuria de 100 quatrains. Y el tiene 52 años de edad.
55*37=1980
55*38=2035
52*38=2028

En el 1556 el y su esposa consiguieron 1/13 de acciones en un proyecto para un canal de agua. Y el tiene 53 años de edad.
56*36=2016
53*38=2014

En el 1561 fue en carcelado por publicar su almanaque de el año 1562 y la iglesia lo en carcelo. Y el tiene 58 años de edad. Y 59 en el 1562.
61*33=2013
58*34=1972
58*35=2030
62*32=1984
62*33=2046
59*34=2006

En el 1564 fue asignado medico real del rey CharlesIX. Y el tiene 61 años de edad.
64*31=1984
64*32=2048
61*33=2013

En el 1566 muere a la edad de 63 años.
66*31=2046

63*32=2016

Estos son los números de Michel de Nostradamus que son muy similares a todos los de mas en este libro de predicciones por mi Miguel oscar Montalvo a la edad de 39 años en Miami florida en los estado unidos, comencé a escribir en el 2009 y estamos en el 2010. Mi pregunta es porque todos los números de toda esta persona son iguales de una manera u otra y todas dan las mismas fechas. Los otros números de Michel de Nostradamus.

24 bíblicos quotecion.
24*90=2160
24*90=2160
24*90=2160
24*84=2016
41 de sus carta en latín publicadas por Jean dupebe.
41*49=2009

Por razones técnicas los últimos 58 quatrion de 7 Century o libro de 100 versos que nunca fueron publicados, se dice que hay 6338 profecías.

58*33=1914 I guerra mundial
58*34=1972 yo nací
58*35=2030?
7 Century son 7 siglos y un siglo son 100 años.
7*274=1918 fin de la I guerra mundial
7*277=1939 II guerra mundial
7*280=1960 John f Kennedy
7*286=2009 Barack j obama
7*288=2016 cambio del signo de Pissis a acuario
700*3=2100?
100*16=1600
100*17=1700
100*18=1800
100*19=1900
100*20=2000 el nuevo milenio
100*21=2100?
100*22=2200

Los 7 Century que son 100 años multiplicado.
Ahora miremos el número de las 6338 profecía.

63*32=2016
33*61=2013
38*53=2014
68*29=1972
68*30=2040
86*23=1978
86*24=2064
83*24=2075
36*56=2016

Son las combinaciones del número 6338 que son 9 en total.
6338/2018=3.1407333994053518334985133795837
Recuerden que el estudio geometría y matemática.
9*224=2016

Por lo menos 11 calendario anuales y todos comenzaban en enero 1 y no en marzo.

11*182=2002
11*183=2013
11*184=2024
11*185=2035
11*186=2046
11*187=2057
11*188=2068
11*189=2079
11*190=2090

Que curioso los mismo que de los papas de san Malaquías. Escribió 1000 quatrions por el cual sus profecías lo hicieron famosos hoy en día. 1000*2=2000 El mas famosos de sus libros les profecías cual con tiene un rimo de consistencia en el quatrions 4 líneas del poemas en grupo de 100 llamados century que es siglo.

4*100=400

400*4=1600
400*5=2000

Nostradamus es sus profecías escribió que el mundo se iba acabar en el 1800, 1887 o en el 2242, pero lo curioso del caso es que el no siguió la religión mas y se concentro mas en la astrología, y el sabia que el mundo no se iba acabar en esas fechas solo lo hizo para que la religión católica no lo molestara o lo mataran, y recuerden que Edward leedskalnin nace en el 1887 y pioVII remplaza a pioVI en el 1800, y 2242 es.

18*112=2016
87*23=2001
22*91=2002
42*48=2016
24*84=2016
222*9=1998
224*9=2016
242*8=1936
422*4=1688
422*5=2110

Les profecías el libro en su segunda edición con 289 profecías en versos fueron printiadas en el 1557.

28*72=2016
29*61=2001
82*25=2050
89*23=2047
289*6=1734
289*7=2023

Yo no se en donde es que Nostradamus escribió algo del 2012 por que en ninguno sale el numero 2012, solo por que un profesor o arqueólogo mexicano dijo que el calendario maya se acaba en el 2012 todo el mundo esta especulado en esa fecha y los cristiano como oportunista que son le crean mas miedo a sus seguidores con la famosa palabra del hombre para hacerse mas rico.

Fotos del libro perdido de Michell de Nostradamus

Este libro en las figuras es un poco extraño, pero entres todas las figuras el mezclo los signos zodiacales como cáncer, piscis, capricornio, sagitario, Aries, leo, Tauro, escorpión, acuario, géminis y el sol como figura central que nos quería decir Michell de Nostradamus con todas estas figuras que el sabia el secreto de los masones de que el 25 de diciembre de el 2016, el fenómeno astrológico sucede, y cada 2160 años es el tiempo que dura un signo en darle la vuelta al sol y este secreto viene pasando de mano en mano siempre y cuando tengas el conocimiento y la mente abierta para poder recibir el secreto de las grandes culturas de la Antigüedad, pero que es lo que sucede es que la raza humana nunca miramos mas halla de lo que esta al frente de nuestros ojos y solos no conformamos con lo que dicen otras personas que quizás sepan menos que nosotros por ejemplo las religiones que es un tema que esta de modas hay algunas iglesias que tienen por lo menos de 30,000 a 50,000 seguidores ciegamente solo piensen por un momento si cada miembro da un diezmo de 10 dólares solo multipliquen 50,000 * 10 = 500,000 es medio millón de dólares en unas cuantas horas por solo escuchar ha un hombre hablarle algo que no tiene sentido que solo un libro habla de ese personaje ningún otro libro de la historia habla de el famoso mecía solo el de la Biblia pero quien la escribió nadie sabe solo dicen que fue una inspiración de dios, pero mi pregunta es quien diablo creo a dios?. Y si pregunta la respuesta es de la nada y si el se creo de la nada el mundo también se pudo haber creado de la nada como la teoría de la evolución, y creo que hay muchas personas que tienen algo de inteligencia para creer en el cuento de la serpiente que habla todo esos es cuento creado por la mano del hombre, y alguno avivados supieron ha provechar el momento Y la circunstancia y se dieron cuenta de el poder que tiene la religión sobre la mente humana, y es tanto el poder que hasta matan en nombre del famoso dios de amor, eso es lo que en mi cabeza no puede con prender, que como hay personas que siguen creyendo en algo que el hombre mismo nos obligo a creer a la fuerza pero ellos si sabían la verdad sobre el famoso mecía, porque el único dios era el sol el que adoraban los judío y todo el juego empezó cuando los romanos querían que los judíos adoraran los diose de ellos. Porque tanto secreto y misterio en el circulo de la religión porque el día que la verdad sarga a la luz se acaba el juego de controlar la mente. Miren el interne toda la información de el mundo que un puede buscar en ella, por que hay tantas personas que como yo hablan de este tema de la verdad, y hay muchos famosos que han hechos películas y documentales sobre este tema que es un tabú entre la sociedad, y es un tabú por que nosotros mismo permitimos que sea un tabú, si todos abrimos los ojos y nos preguntamos coño yo tengo casi toda mi vida en una iglesia y mi vida sigue igual que antes y el pastor se hace mas rico y el mundo sigue igual de odio de muerte con guerras, hambre, y si dios es un dios de amor y el todo lo sabe y el tiene el poder de cambiar al mundo para que todos nos amemos unos al otro y si miran bien en el famoso antiguo testamento como ellos se mataban entre si como si fuera un deporte como jugar baseball, y todas esas matanza eran a nombre de dios y el es un dios de amor, que dios es ese que mira su perfecta creación, y fuimos creados a su imagen ese dios es imperfecto y cruel con su propios hijos que si no llevamos los diez mandamiento el tiene un lugar perfecto, pero el tiene el poder para acabar con el mal, pero no el juego sigue y seguirá hasta que la raza humana diga ya esta bueno de tantas mentiras, yo solo estoy tratando de que se busquen mas información, leer otros libros no solo creer en lo que diga un solo hombre o lo que diga un solo libro, hay otros libro que hablan de muchas cosas de historia de arqueología sobre muchos temas que son considerados un tabú, y esos libro están hay solo hay que buscarlo como carruajes de los dioses y otros. Como la capadocia en Turquía que es una ciudad de bajo de la tierra. Porque tanto misterio con el fenómeno ovni, y no se preguntan que hoy en día con la tecnología que tenemos no podemos imitar las pirámides ó algo tan sencillo como el castillo de coral que lo hizo un solo hombre en el 1923 la pregunta es como lo hizo? Y nadie se hace una sola pregunta la Biblia quien la hizo el hombre y si el hombre la hizo no es perfecta, pero las pirámides y el castillo de coral si lo son, y la hicieron hombres pero con la ayuda de quien es la pregunta nadie se pregunta, y cual es la respuesta de quien hizo la pirámides es los esclavos judíos. Y quien hizo las de México ó las de china o que sabían que en china hay pirámides también los esclavos judíos fueron a china y a México a hacer pirámides, si crees en ese cuento que poco cerebros tienen, como la ciudad de Machu Pichu en el Perú que fue construida en la cordillera de los andes, solo piensen de donde salieron las piedras y como la subieron a esa altura, y cortada a la perfección, que también creerán que fueron los esclavos judíos. Cada quien cree en lo que quiera pero si vas a creer en algo porque no estudia algo en lo que vas a creer, por ejemplo cuando tienes un novio o una novia primero lo estudia y investiga sobre el si vale la pena salir con el, y de acuerdo a la investigación tomas una decisión, porque no hacen lo mismo con el famoso Jesús y veras la otra cara de la moneda (la verdad). No me crean a mi yo solo soy un instrumento de la verdad. Solo recuerden esto lo que el ojo ve es lo que cree, no se dejen manipular por nadie que sea igual que ustedes con una lengua venenosa, pregunten sin miedo preguntas y verán la respuesta sin explicación. Y sino escudriñan seguirán con el cerebro vacío o lleno de alas de cucarachas.

LAS PROFECIA DE SAN MALAQUIAS

Desde la muerte de el papa Juan Pablo I con solo 33 días de su coronación muere 1978 y el es el 109 en la profecía ahora miren los números.

78+33=111 y son 112 en total 112*18=2016
99-Pío-VIII-1761-1830-69años-2001
98-León-XII1760-1829-69años-2001
95-Clemente-XIV-1705-1774-69años-2001
90-Inocencio-XIII-1655-1724-69años-2001
84-Clemente-IX-1600-1669-69años-2001
80-Gregorio-XV-1554-1623-69años-2001
77-Clemente-VIII-1536-1605-69años-2001
74-Urbano-VII-1521-1590-69años-2001
73-Sixto-V-1521-1590-69años-2001
21-Urbano-IV-1195-1264-69años-2001
19-Inocencio-IV-1185-1254-69años-2001
12-Gregorio-VIII-1100-1187-69años-2001

Un total de 12 papas con el 2001, pero todo es matemática es solo la multiplicación de los números por la edad de ellos como en la de Edward, Agnes y Edgar.

69*29=2001
29-Honorio-IV-1210-1287-77años-2002
77*26=2002
56-Pío-II-1405-1464-59años-2006
5-Adriano-IV-1100-1159-59años-2006
59*34=2006
11-Urbano-III-1120-1187-67años-2010

67*30=2010
60-Alejandro-VI-1431-1503-61años-2013
37-Benedicto-XII-1280-1342-61años-2013
61*33=2013
30-Nicolás-IV-1227-1292-65años-2015
28-Martín-IV-1210-1585-75años-2015
65*31=2015
75*27=2015
111-Benedicto-XVI-1927-?-2011-84años-2016
89-Clemente-XI-1649-1721-72años-2016
76-Inocencio-IX-1519-1591-72años-2016
75-Gregorio-XIV-1535-1591-56años-2016
65-Clemente-VII-1478-1534-56años-2016
51-Martín-V-1368-1431-63años-2016
50-Juan-XXIII-1370-1419-63años-2016
46-Bonifacio-IX-1356-1404-48años-2016
42-Clemente-VII-1342-1394-36años-2016
41-Gregorio-XI-1330-1378-48años-2016
84*24=2016
72*28=2016
56*36=2016
63*32=2016
48*42=2016
36*56=2016

Un total de 10 papas con la misma fecha 2016 y si miran el 2001 algo grande paso en esa fecha y es la cantidad de papas con la misma fecha no creen que es mucha coincidencia, pero Malaquías si sabia lo que iba a pasar en el futuro.

92-Clemente-XII-1652-1740-88años-2024
63-León-X-1475-1521-46años-2024
14-Celestino-III-1106-1198-92años-2024
10-Lucio-III-1097-1185-88años-2024
88*23=2024
46*44=2024
92*22=2024
108-Pablo-VI-1897-1978-81años-2025

100-Gregorio-XVI-1765-1846-81años-2025
97-Pío-VII-1742-1823-81años-2025
91-Benedicto-XIII-1649-1730-81años-2025
82-Inocencio-X-1574-1665-81años-2025
66-Pablo-III-1468-1549-81años-2025
27-Nicolás-III-1215-1280-65años-2025
81*25=2025
65*31=2025
86-Inocencio-XI-1611-1689-78años-2028
78*26=2028
78-León-XI-1535-1605-70años-2030
62-Julio-II-1443-1513-70años-2030
59-Inocencio-VIII-1434-1492-58años-2030
58-Sixto-IV-1414-1484-70años-2030
54-Nicolás-V-1397-1455-58años-2030
47-Inocencio-VII-1336-1406-70años-2030
36-Nicolás-V-1397-1455-58años-2030
70*29=2030
58*35=2030
15-Inocencio-III-1161-1216-55años-2035
55*37=2035
110-Juan Pablo-II-1920-2005-85años-2040
104-Benedicto-XV-1854-1922-68años-2040
88-Inocencio-XII-1615-1700-85años-2040
83-Alejandro-VII-1599-1667-68años-2040
71-Pío-V-1504-1572-68años-2040
653-Félix-V-1383-1449-68años-2040
40-Urbano-V-1310-1370-60años-2160
32-Bonifacio-VIII-1235-1303-68años-2040
24-Inocencio-V-1225-1276-51años-2040
85*24=20407-Julio-III-1487-1555-68años-2040
68*30=2040
60*36=2160
51*40=2040

Otra vez 10 papas con el mismo números 2040, mientras las cantidades son mas alta hay mas probabilidad de que al suceda.

109-Juan Pablo-I-1912-1978-66años-2046
102-León-XIII-1810-1903-93años-2046
70-Pío-IV-1499-1565-66años-2046
37-Benedicto-XII-1280-1342-62años-2046
26-Juan-XXI-1215-1277-62años-2046
23-Gregorio-X-1210-1276-66años-2046
22-Cemente-IV-1202-1268-66años-2046
20-Alejandro-IV-1199-1261-62años-2046
66*31=2046
93*22=2046
62*33=2046
48-Gregorio-XII-1326-1415-89años-2047
35-Juan-XXII-1245-1334-89años-2047
89*23=2047
64-AdrianoVI-1459-1523-64años-2048
61-Pío-III-1439-1503-64años-2048
52-Eugenio-IV-1383-1447-64años-2048
33-Benedicto-XI-1240-1304-64años-2048
64*32=2048
107-JuanXXIII-1881-1963-82años-2050
106-Pío-XII-1876-1958-82años-2050
105-Pío-XI-1857-1939-82años-2050
96-Pío-VI-1717-1799-82años-2050
82*25=2050
94-Clemente-XIII-1693-1769-76años-2052
81-Urbano-VIII-1568-1644-76años-2052
68-Marcelo-II-1501-1555-54años-2160
57-Pablo-II-1417-1471-54años-2160
76*27=2052
54*40=2160
103-Pío-X-1835-1914-79años-2054
87-Alejandro-VIII-1610-1689-79años-2054

31-Celestino-V-1215-1294-79años-2054
16-Honorio-III-1148-1227-79años-2054
79*26=2054
79-Paulo-V-1550-1621-71años-2059
45-Urbano-VI-1318-1389-71años-2059

25-Adriano-V-1205-1276-71años-2059
71*29=2059
101-Pío-IX-1792-1878-86años-2064
85-Clemente-X-1590-1676-86años-2064
86*24=2064
93-Benedicto-XIV-1675-1758-83años-2075
72-Gregorio-XIII-1502-1585-83años-2075
83*25=2075
43-Benedicto-XIII-1328-1423-95años-2090
95*22=2090

Y hay 12 papas sin fecha de nacimiento, porque el 112 todavía no ácido coronado, voy a utilizar la fecha de su muerte los dos últimos dígitos.

1-Celestino-II-?-1144-?años-2024
44*46=2024
2-Lucio-II-?-1145-?años-2025
45*45=2025
3-Eugenio-III-?-1153-?años-2014
53*38=2014
4-Anastasio-IV-?-1154-?años-2052
54*38=2052
6-Víctor-IV-?-1164-?años-2048
64*32=2048
7-Pascual-III-?-1168-?años-2040
68*30=2040
9-Alexandro-III-?-1181-?años-2025
81*25=2025
13-Clemente-III-?-1191-?años-2002
91*22=2002
18-Celestino-IV-?-1241-?años-2009 y 2050
41*49=2009
41*50=2050
44-Clemente-VIII-?-1429-?años-2001 y 2030
29*69=2001
29*70=2030
49-Alejandro-V-?-1410-?años-2052
52*38=2052

LA INDEPENDENCIA AMERICA Y SU MISTERIO

Declaración de independencia 4 de Julio, 1776, 56 firmaron el documento de la 13 colonia, y 7 nacieron fuera de la 13 colonia, se dice que 54 de los 56 eran masones, que en la forma que Washington la capital esta diseñada con formula secreta masónica y para muchos que hay una conspiración, yo no se si hay una conspiración o no, pero yo si se que ellos han dejados rompecabezas a través de la historia masónica, como cuando es la segunda venida de cristo que no es cristo es acuario en el 2016, por eso es que el templo Mason tiene estatua de el hombre con el cántaro de agua por todo el rededor del templo que significa esto que ellos saben la fecha, observen bien como los fundadores usaron las fechas y las edades de los 56 que firmaron. Solo 2 de la edad de 20 1(26) 1(26) 16 de 30 1(30) 1(31) 1(32) 2(33) 2(34) 3(35) 1(36) 1(37) 1(38) 3(39), 19 de 40 1(40) 2(41) 4(42) 1(43) 1(44) 3(45) 4(46) 1(47) 1(48) 1(49), 12 de 50 5(50) 1(51) 2(52) 1(53) 1(54) 1(55) 1(57), 6 de 60 2(60) 1(62) 1(63) 1(65) 1(69) y solo uno de 70 Años 1(70). Toda esa edad es de cuando firmaron. Uno de los dos es mas joven que el otro y el mas joven es Edwards Rutledge en noviembre 23 1749 y Thomas Lynch en 5 de agosto 1749, 4 de julio 1776.

1-GEORGE READ-1733-1776-43años
2-CAESAR RODNEY-1728-1776-48
3-THOMAS CLYMER-1734-1776-42

1) DELWERA-3

1-GEORGE CLYMER-1739-1776-37
2-ROBERT MORRYS-1734-1776-42
3-BENJAMIN RUSH-1745-1776-31
4-JAMES SMITH-1719-1776-57 Ireland
5-GEORGE TEYLOR-1716-1776-60 Ireland
6-BENJAMIN FRANKLIN-1706-1776-70

7-JHON MORTON-1724-1776-52
8-GEORGE ROSS-1730-1776-46
9-JEMES WILSON-1742-1776-34 Scotland

2) PENNSYLVANYA-9
1-JOHN ADAMS-1735-1776-41
2-JOHN HANCOCK-1737-1776-39
3-ELBRIDGE GERRY-1744-1776-32
4-SAMUEL ADAMS-1722-1776-54
5-ROBERT T. PAINE-1731-1776-45

3) MASSACHUSETTS-5
1-JOSIAH BARTLEETT-1729-1776-47
2-MATHEW THORNTON-1714-1776-62 Ireland
3-WILLIAM WHIPPEL-1730-1776-46

4) NEW HAMPSHIRE-3
1-STEPHEN HOPKIN-1707-1776-69
2-WILLIAM ELLERY-1727-1776-49

5) RHODE ISLAND-2
1-LEWIS MORRIS-1726-1776-50
2-FRANCIS LEWIS-1713-1776-63 wales
3-PHILIP LIVINGTON-1716-1776-60
4-WILLIAM FLOYD-1734-1776-42

6) NEW YORK-4
1-BUTTON GWINNETT-1735-1776-41 England
2-GEORGE WALTON-1741-1776-35
3-LYMAN HALL-1724-1776-52

7) GEORGIA-3
1-RICHARD HENRY LEE-1732-1776-44
2-CARTER BRAXTON-1736-1776-40
3-THOMAS JEFFERSON-1743-1776-33
4-THOMAS NELSON JR-1738-1776-38
5-FRANCIS LIGHTFOOT LEE-1734-1776-42
6-BENJAMIN HARRISON-1726-1776-50
7-GEORGE WYTTHE-1726-1776-50

8) VIRGINIA-7
1-WILLIAM HOPPER-1742-1776-34
2-JOSEHP HEWES-1730-1776-46
3-JOHN PENN-1741-1776-35

9) NORTH CAROLINA-3

1-EDWARDS RUTLEDGE-1749-1776-26
2-THOMAS LYNCH JR-1749-1776-26
3-ARTHUR MIDDLETON-1742-34
4-THOMAS HEYWARD JR-1746-1776-30
10) SOUTH CAROLINA-4
1-ABRAHAM CLARK-1725-1776-51
2-FRANCIS HOPKINSON-1737-1776-39
3-JOHN WITHERSPOON-1723-1776-53 Scotland
4-JOHN HART-1711-1776-65
5-THOMAS HEYWARD JR-1730-1776-46
11) NEW JERSEY-5
1-SAMUEL HUNTINGTON-1731-1776-45
2-WILLIAN WILLIAMS-1731-1776-45
3-ROGER SHERMAN-1721-1776-55
4-OLIVER WOLCOTT-1726-1776-50
12) CONNECTICUT-4
1-CHARLES CARROLL-1737-1776-39
2-THOMAS STONE-1743-1776-33
3-SAMUEL CHASE-1741-1776-35
4-WILLIAN PACA-1740-1776-36
13) MARYLAND-4

Cual será el resultado de los números OH que querían decir miremos el resultado de ellos.

Solo 1 nace en el 1714 y 2 mueren en 1814
Solo 2 nacen en el 1716 y 4 nacen en 1726
Solo 2 nacen en el 1774 y 1 muere en 1784
Solo 1 firmo a la edad de 63 años y 1 nace en 1732 y 1 muere en 1832
Solo 1 nace 1721 y solo 1 muere 1796

Nace Benjamin franklin y a la declaración de independencia se le hicieron 86 alteraciones 500 fueron removida y 1,337 se que darán y el numero que se multiplica por 6 es 336, y 3 mueren en el 1806. Solo una letra de diferencia.

6*336=2016
1714-1744

14*144=2016
1716-1726
16*126=2016
1721-1796
21*96=2016
1724-1784
24*84=2016
1732-edad 63
32*63=2016
Solo 1 de 36 años firmo y 56 firmaron
36*56=2016

Nadie nace o muere en el 1702 o 1802, 1704 o 1804, 1708 o 1808, 1712 o 1812, 1718 o 1818 y tampoco en el 1728 o 1828, el único numero 18 que sale es el 1800 el siglo, pero miren lo curioso del caso 21 de los que firmaron mueren en los 1800, pero el numero que se multiplica el 18 es * 112, y 28 es * 72, lo curioso de estos números es que si usamos la multiplicación del denominador 2, 3, 4, 5, 6, 7, 8, 9 o la suma por la mismo denominador o la recta entre ellos miremos los resultado. Los números que no salen en las edades de lo que firmaron que son. El 02, 04, 08, 12, 18 y 28, recuerden que el orden de los factores no altera el producto si multiplicamos el 28*72 o 72*28 el resultado es el mismo 2016, por eso es que ellos sabían lo que hacían con los números en forma de crucigrama o rompecabezas. De los 56 que firmaron solo 4 son de renombre y solo 2 fueron presidente y 2 no lo fueron John Hancock que nace 1737-1793 y muere a la edad de 56 años y 56 fueron lo que firmaron 56*36=? Y el otro es Benjamin franklin nace 1706-1790 y muere a la edad de 84 años otro numero que multiplicado es así 84*24=?Solo 2 nacen en el 1742 y 4 con la misma edad 42 y 1 con la edad de 48 años 1706.

Los números entre ellos de las edades

16-14=2
36-32=4
14-6=8
6*3=18
7*4=28
18*4=72

28*4=112
21*8=168
28*9=252
72*2=144*2=288*2=576*4=2304-144=2160-144=2016
2*1008=2016
4*504=2016
8*252=2016
12*168=2016
18*112=2016
28*72=2016

Se preguntaran de donde salio el numero 7 uno de lo que firmo nació en el 1707 Stephen Hopkins. Son 3 números de un solo digito y 3 números de dos dígitos. De las 13 colonias Boston fue la primera en comenzar los movimiento revolucionario, pero ya los masones tenían sus ideas bien concreta sobre lo que querían hacer en la nueva nación que ya sus antepasados ya conocían muy bien y quería liberarse de la opresión de la iglesia católica y trajeron parte del secreto Masónico que son los caballeros templarios que le dieron la espalda a la iglesia porque?, porque ellos encontraron algo en el templo de Salomón y no siguieron mas con la creencia de la iglesia de creer en Jesús cristo y por lo que sabían y el poder que tenían la iglesia sabia que podían hacerle daño a su imperio de mentira, y por eso fue que el rey de Francia Felipe IV (el hermoso) y el papa clemente V que los acuso de herejía, sodomía y blasfemia, "Jacobo de Molay" que era el gran maestro Frances duro 8 años en prisión ante de quemarlos vivo en la hoguera, como le hicieron al INDIO HATUEY, y que crimen hizo el. Pero el rey Felipe IV y clemente V murió el mismo año que ellos murieron. Pero recuerden que los templario estaban por todo Europa Portugal, España, Alemania, Finlandia y Inglaterra, y luego de la caída de los templario, comenzó la Guerra de los 100 años entre Francia y Inglaterra. Y Desde entonce los templarios que sobrevivieron crearon logias secretas como los masones, y el secreto a pasado de mano en mano del gran maestro en todo este tiempo.

LOS PRESIDENTE DE LOS USA

1-GEORGE WASHINGTON-1732-1799-67años
1789-1797-8años
2-JOHN ADAMS-1735-Julio4-1826-91años
1797-1801-4años
3-THOMAS JEFFERSON-1743-Julio4 1826-83años
1801-1809-8años
4-JAMES MADISON-1751-1836-85años
1809-1817-8años
5-JAMES MONROE-1758-1831-80años
1817-1825-8años
6-JOHN QUINCY ADAMS-1767-1848-81años
1825-1829-4años hijo del Segundo presidente.
7-ANDREW JACKSON-1767-1845-78años
1829-1837-8años
8-MARTIN VAN BUREN-1782-1862-80años
1837-1841-4años
9-WILLIAM H. HARRISON-1773-1841-68años
1841 con solo 32 día en la casa presidencial y el ultimo en haber nacido antes de la declaración de independencia, y el presidente mas viejo electo.
10-JOHN TYLER-1790-1862-72años
1841-1845-4años, fue el presidente mas joven con 51 años cuando juramento, y murió en el misma ciudad que William h. Harrison nació en charles city county, Virginia, muchas coincidencia?;
11-JAMES K. POLK-1795-1849-54años
1845-1849-4años
12-ZACHARY TAYLOR-1784-1850-66años
1849-1850-1año muere con solo 16 meses en la presidencia, rumores que fue el primer presidente asesinado en la casa presidencial, y el ultimo presidente electo del sur? Miren algo curioso de los 3 fundadores de esta gran nación hagamos unos problemas de aritmética rápidos de los años que tenían cuando murieron. Ya si creo qui si que todo lo hicieron en forma secreta, miren como la suma de la recta da el numero 48 que es el mismo numero 4 de Julio del 1776, y como dos de lo que firmaron mueren el mismo día y el mismo año y Washington nació el 22 de febrero

1732 que quiere decir que nació bajo el signo de Pissis y muere el 11 de febrero 1799, muere el mismo mes que nace pero en acuario. Ahora los 11 que faltan. Washington duro en el gobierno 8 años y Adam solo duro 4 años y Jefferson 8 años, si juntamos los 8 de Washington y lo 4 de Adam es 84 y si juntamos a Adam 4 y los 8 de Jefferson es 48. 84*24=? Y 48*42=? Y 48/2=? Y 84/2=?, la unión de los 3 da esos números y la división de los mismos numero por 2 nos da el multiplicador, y de los 3 solo 2 firmaron. Esto es demasiado coincidencia, yo no se lo que ustedes pensaran sobre esto, yo solo se que lo números no mienten.

1) 67-91=24*84=2016
2) 91-83=8*252=2016
3) 83-67=16*126=2016
   24+8+16=48*45=2160
4) 85-67=18
5) 80-67=13 colonias
6) 81-67=14
7) 78-74=4
8) 80-78=2
9) 68-80=12*180=2160
10) 72-80=8
11) 54-63=32
12) 66-80=14
   13+8=21
   32+4=36
   36+6=42
   32+16=48

Como quiera que usemos los números da el mismo resultado por ejemplo si usamos la recta de dos de las edades 78-63=15 91-72=19 esto son los números impares que para encontrar los pares que no salen en la recta de las edad como el 21, 28, 36, 42, 48 y 56, pero cuando usamos la suma del resultado de la recta si tenemos el resultado, y esto solo son los primero 12 presidente, los primero 9 nacieron ante de la independencia, y 3 después. Otra cosa mas curiosa es la muerte de el noveno presidente que con solo 32 días en la presidencia muere y el numero 12 de los presidente con solo

1 año y 4 meses fue asesinado en la presidencia, pero lo extraño es que 1 año son 12 meses mas 4 meses y se dice así 16 meses y todos estos números se multiplican por el denominador X y el resultado es (2016), que es lo que vengo diciendo con la formula de las edades, no estoy loco, porque los números no mienten y si no me creen hagan la prueba por si mismo, sientan libre de hacerlo, y conocerán la verdad por si solo. Otro problema extraño recuerden que el presidente Zachary Taylor fue el ultimo presidente del sur 1850 y Woodrow Wilson fue electo presidente 1913, de Virginia pasaron 63 años, que es uno de los numero que si lo multiplicamos su resultado es 63*32=2016, muchas coincidencia en todos los números. William McKinley espera 2 años para casase con Ida Saxton que ella tuviera 23 años y el 28 años, pero estos son los mismo números de la tabla de las edad, 23*87=2001 y 28*72=2016. El presidente Abraham Lincoln muere a los 56 años de edad que es la cantidad de los que firmaron la declaración de independencia y es el único con coordenadas en el lugar de sepultura 39g 49' 24" N 89g 39' 21" W los dos números del final de las coordenada son 21 y 24, que son números que se multiplican por el denominador X. otra cosa con Lincoln que fue electo en 1860 y Kennedy en el 1960 100 años y los dos fueron asesinado, Lincoln muere a la edad de 56 años y Kennedy en el año 1963.???/. Si los misterio siguen, el pasillo de independencia construida en 1732 a el 1753 y el punto mas alto es de 135 pie (41metro) y sus coordenadas 39g 56' 56" N y 75g 9' 0" W, el edificio forma parte del parque nacional histórico de la independencia autorizado el 28 de junio 1948 y establecido el 4 de Julio de 1956, 8 años de espera todos estos números se multiplican por el denominador X y su resultado es 20??. en enero la temperatura de un average de 33 grados Fahrenheit y en Julio un average de 75 grados Fahrenheit, un average anual de 41 pulgadas de lluvia y un temporada normal de nieve es de 21 pulgada.

13-MILLARD FILLMORE-1800-1874-74años

1850-1853-3años el Segundo vise-presidente que toma la oficina por la muerte del presidente. Se caso el 26 de febrero del año 1826 ya es demasiado coincidencia con los números.

14-FRANKLIN PIERCE-1804-1869-64años

1853-1857-4años

15-JAMES BUCHANAN-1791-1868-79años

1857-1861-4años nunca se caso

16-ABRAHAM LINCOLN-1809-1865-56años

1861-1865-4años muere a la misma edad de la cantidad que firmaron la declaración de independencia, y primer presidente del partido republicano.

17-ANDREW JOHNSON-1808-1875-66años

1865-1869-4años tercer vicepresidente en ser presidente.

18-ULYSSES S. GRANT-1822-1885-63años

1869-1877-8años 1863 Abraham Lincoln lo nombro general en jefe del ejercito de la unión, fue un cerebro en estrategias militares y fue el primero, pero esto no es nada miren esto en el 1863 es nombrado general y en el 1885 muere de 63 años, y pasaron 22 años para su muerte y nace en el 1822. Y es el general numero 7.

19-RUTHERFORD B. HAYES-1822-1893-70años

1877-1881-4años El era muy cercano a su hermana Fanny A. Hayes, (1820-1856) 36 años, y fue el general numero 8. Que extraño que su hermana muera en el año 1856 y a la edad de 36 años. 56*36= . . . .

20-JAMES GARFIEL-1831-1881-49años

1881-1881—6 meses y 15 días, fue el segundo presidente asesinado y su presidencia la segunda más corta. Tiene 7 hijos 5 niños y 2 niñas, se caso 1858.

ELIZA A. GARFIEL (1860-1863) 3 años
HARRY A. GARFIEL (1863-1942) 79 años
JAMES R. GARFIEL (1865-1950) 85 años
MARIA GARFIEL (1867-1947) 80 años
IRVIN M. GARFIEL (1870-1951) 81 años
ABRAM GARFIEL (1872-1958) 86 años
EDWARD GARFIEL (1874-1976) 102 años, muere de 102 años y es el últimos a los 16 años de todos los hermanos y (as).
(1) 02 + 16 = 18

Desde 1858 hasta 1860 son 2 años
Desde 1860 hasta 1863 son 3 años
Desde 1863 hasta 1865 son 2 años
Desde 1865 hasta 1867 son 2 años

Desde 1867 hasta 1870 son 3 años
Desde 1870 hasta 1872 son 2 años
Desde 1872 hasta 1874 son 2 años
Total 16 años. 16*7 =112*18=2016

21-CHESTER A. ARTHUR-1830-1836-57años
1881-1885-4años
22-GROVER CLEVELAND-1837-1908-71años
1885-1889-4años
23-BENJAMIN HARRISON-1833-1901-67años
1889-1893-4años fue el ultimo general presidente desde George Washington y pasaron 100 años, 1789-1793 y el 1889-1893. Nieto del noveno presidente y general.
24-GROVER CLEVELAND-1837-1908-71años
1893-1897-4años el único presidente en tener dos mandato no consecutivos.
25-WILLIAN MCKINLEY-1843-1901-58años
1897-1901-4años el último veterano de la guerra civil elegido presidente y el tercer presidente asesinado. Fue el ultimo en servir en el siglo 19 y el primero en el siglo 20.
26-THEODORO ROOSEVELT-1858-1919-60años
1901-1909-8años fue el presidente mas joven con solo 42 años, y es uno de los cuatros presidente esculpido en monte Rushmore.
27-WILLIAM H. TAFT-1857-1930-72años
1909-1913-4años
28-WOODROW WILSON-1856-1924-67años
1913-1921-8años primer presidente electo del sur, desde ZACHARY TAYLOR en 64 años.
29-WARREN G. HARDING-1865-1923-57años
1921-1923-2años el sexto que muere en la oficina.
30-CALVIN COOLIDGE-1872-1933-60años
1923-1929-6 años nace el 4 de julio.
31-HERBERT HOOVER-1874-1964-90años
1929-1933-4años
32-FRANKLIN D. ROOSEVELT-1882-1945-63años
1933-1945-12años el único presidente en ganar 4 elecciones. Miren lo curioso del presidente numero 32 muere a los 63 años, y 63*32=2016. Y el único en servir 12 años.

33-HARRY S. TRUMAN-1884-1972-88años

1945-1953-8años en el 1940 fue elegido gran master de los masones de Missouri, y el fue del grado 33, y fue el presidente numero 33. Son los únicos presidente con traje masónico, y pasaron 156 años para que el fuera presidente y 56 firmaron .

56*36=2016. 1+8+8+4= 21 y 8+8= 16

34-DWIGHT D. EIENHOWER-1890-1969-78años

1953-1961-8años y el ultimo general en ser presidente después de 64 años, desde BENJAMIN HARRISON en 1889. Y el es el numero 12 de los generales.

35-JOHN F. KENNEDY-1917-1963-46años

1961-1963-2años fue el ultimo presidente asesinado estando en oficina, el y ABRHAM LINCOLN tienen muchas cosas en común, que es lo extraño.

36-LYNDON B. JOHNSON-1908-1973-64años

1963-1969-6años fue el único que sirvió todas sus 4 posiciones federales, como representante 12 años, como senador 12 años, como vicepresidente 4 años y como presidente 4 años. 12+12=24+4=28+4=32 y en el año 1963 fue presidente por la muerte de Kennedy 63*32=2016, y es el numero 36*56=2016.

37-RICHARD NIXON-1913-81años

1969-1974-5años en el 1913 WOODROW WILSON fue elegido presidente y ese mismo año nace RICHARD NIXON y tuvieron que pasar 56 años para que el fuera presidente, y el único en renunciar.

38-GERALD FORD-1913-2006-93años
1974-1977-3años y el ex presidente mas viejo en morir.

39-JAMES E. CARTER JR-1924-20??-85años
1977-1981-4años

40-RONALD W. REAGAN-1911-2004-93años
1981-1989-8años

41-GEORGE H.W. BUSH-1924-20??-85años
1989-1993-4años

42-WILLIAM J. CLINTON-1946-20??-63años
1993-2001-8años

43-GEORGE W. BUSH-1946-20??-63años
2001-2009-8años

44-BARACK H. OBAMA-1961-20??-48años
2009-20??-?años BARACK H. OBAMA nace el mismo año que, JOHN F. KENNEDY empieza su mandato, y pasaron 48 años para que el fuera elegido presidente, que coincidencia que 48 * 42=2016 y 1961 +48=2009 el año que empezó su mandato. Un breve comentario como es posible que halla tantas coincidencia en los números que los presidente son nombrado del 1ro al ultimo y cada vez que el numero se multiplica por el denominador X algo en especial sucede con ese presidente y sus números, todo lo que hicieron y lo que falta por hacer todo esta escrito en un plan masónico desde los tiempo de la Biblia, el signo acuario 2016 será el rey, junto con el sol en su despertar por 2160 años. 12 generales fueron jefes del ejército y luego presidente y 12 es el número de la biblia, digo de la biblia por que es el Miremos los 12 generales en orden.

1-GEORGE WASHINGTON-1789-1797-8años
2-ANDREW JACKSON-1829-1837-8años
3-WILLIAM HARRISON-1841-1841-1 mes y 2 días, que son 32 días.
4-ZACHARY TAYLOR-1849-1850-1año y 4 meses
5-FRANKLIN PIERCE-1853-1857-4años
6-ANDREW JOHNSON-1865-1869-4años
7-ULISSES GRANT-1869-1877-8años
8-RUTHERFORD HAYES-1877-1881-4años

9-JAMES GARFIELD-1881-1881-6 meses y 19 días, que son 199 días.
10-CHESTER ARTHUR-1881-1885-4años
11-BENJAMIN HARRISON-1889-1893-4años
12-DWIGHT EISENHOWRE-1953-1961-8añosmás usado por ejemplo 12 tribus, 12 reyes, y 12 discípulos etcétera. Desde GEORGE WASHINGTON en 1789 y BENJAMIN HARRISON que es el penúltimo 1889 que son 100 años o un siglo del primer general presidente. 1789-1889=100, y el solo hizo 4 años como los primeros 4 años de Washington. Ahora miremos a Benjamin Harrison que termina su mandato 1893 y Dwight Eisenhower termina el de el en 1961, 68 años mas tarde y si sumamos 100+68=168 Y 168*12=2016, doce es el total de los generales, recuerden que solo 4 tuvieron un termino de 8 años, 5 de 4 años, 1 de 1 año, y 2 de meses.8*4=32, y solo uno muere a la edad de 63 Ulysses Grant, 63*32=2016. Los primeros 4 son del sur, Washington, Jackson, Harrison, Taylor, los próximos 2 uno del norte y uno del sur, los próximos 4 fueron del norte, y los 2 últimos uno del norte y el otro del sur. Han pasado 56 años desde Dwight Eisenhower hasta Obama en el 2009 cuando fue electo presidente.

Washington1789-Eisenhower1953-164años Johnson1865-Eisenhower1953-88años
Jackson1829-Eisenhower1953-124años Grant1869-Eisenhower1953-84años
Harrison1841-Eisenhower1953-112años Taylor1849-Eisenhower1953-104años
Hayes1877-Eisenhower1953-76años Pierce1853-Eisenhower1953-100años
Garfield1881-Eisenhower1953-72años Arthur1881-Eisenhower1953-72años
Harrison1889-Eisenhower1953-64años
9 de los 12 nacen ante de la independencia y 3 nacen después, y si juntamos 9*3 es igual 27 por ese numero buscaremos el 27*80=2160.

Declaración de independencia 4 de julio 1776. 1+7+7+6= 21
Convención constitucional de delegados
Delegados que firmaron

- GouverAbraham Baldwin
- Richard Bassett

- Gunning Bedford, Jr.
- John Blair
- William Blount
- David Brearly
- Jacob Broom
- Pierce Butler
- Daniel Carroll
- George Clymer
- Jonathan Dayton
- John Dickinson
- William Few
- Thomas Fitzsimons
- Benjamin Franklin
- Nicholas Gilman
- Nathaniel Gorham
- Alexander Hamilton
- Jared Ingersoll
- William Jackson (Secretario)
- Daniel of St. Thomas Jenifer
- William Samuel Johnson
- Rufus King
- John Langdon
- William Livingston
- James Madison
- James McHenry
- Thomas Mifflinneur Morris
- Robert Morris
- William Paterson
- Charles Cotesworth Pinckney
- Charles Pinckney
- George Read
- John Rutledge
- Roger Sherman
- Richard Dobbs Spaight
- George Washington (presidente de la convención)
- Hugh Williamson
- James Wilson

Delegados que se fueron sin firmar la convención

- William Richardson Davie
- Oliver Ellsworth
- William Houston
- William Houstoun
- John Lansing, Jr.
- Alexander Martin
- Luther Martin
- James McClurg
- John Francis Mercer
- William Pierce
- Caleb Strong
- George Wythe
- Robert Yates

Delegados que rehusaron firmar

- Elbridge Gerry
- George Mason
- Edmund Randolph
- Richard Bland
- George Clinton
- Patrick Henry
- Michael Hillegas, primer tesorero de los estados unidos.
- John Jay, primer jefe de la justicia de los estados unidos.
- Henry Knox
- Henry Lee III
- Thomas Sim Lee
- Robert R. Livingston
- John Marshall, el cuarto jefe de la justicia de los estados unidos.
- Philip Mazzei
- James Monroe, quinto presidente de los estados unidos.
- Gilbert du Motier, marquis de La Fayette,
- James Otis, Jr.
- Thomas Paine,
- Peyton Randolph, primer presidente del congreso continental.
- Dr. William Rickman,
- Friedrich Wilhelm von Steuben

56 fueron a firmar la constitución pero lo curioso es que 56 firmaron la declaración de independencia y de los 56 que fueron a firmar solo 40 firmaron, 3 rehusaron firmar el documento, y 13 se fueron sin firmar y de los 40 que fueron a firmar la constitución solo 5 firmaron los dos documentos, de los 3 que rehusaron solo 1 firmo la declaración de la independencia, y de los 13 que se fueron 1 solo firmo la declaración de independencia

1-BENJAMIN FRANKLIN
2-GEORGE READ
3-GEORGE CLYMER-todos firmaron los 2 documentos.
4-ROBERT MORRIS
5-ROGER SHERMAN
6-ELBRIDGE GERRY-rehúso-solo firmo la declaración de independencia.
7-GEORGE WYTHE-se fue-solo firmo la declaración de independencia.

Y hay otros 6 de los 40 que firmaron la constitución y no la declaración de independencia.

1-GEORGE WISHINGTON 6-NATHANIEL GORHAM
2-ALEXANDER HAMILTON
3-JAMES MADISON
4-THOMAS MIFFLIN
5 de los 6 solo 3 son considerado padres fundadores, y 6 +7=13 que es un numero misterioso, y es el mismo numero de las 13 colonias, el 56 que es otro numero que multiplicado por 36 da el mismo valor, ahora 56+56=112 que el numero mágico es el 18, y hay otros que son considerado padres fundadores que son 16, otro numero que su numero es el 126, por que no fueron otros números como 23, 17, 35, 45, etcétera, por donde quiera que busco son los mismo números con el mismo resultado, y si miramos la pintura de la declaración de independencia hay una bandera con una cruz roja, y es la misma cruz de los templario o con la que vino colon a América. THOMAS PAINE-1737-1809-72años, otro considerado padre fundador de nacionalidad inglesa, muere a los 72 años y como sabemos 72*28=2016. Hay un total de 4 documentos que se crearon en diferentes años como la asociación continental que solo 53 delegados firmaron, y el articulo de la confederación que solo 48 delegados firmaron, y un total

de 433 delegados fueron elegidos, y solo 343 fueron a una sesión, y 90 fueron electo y nunca fueron a una sesión. Todos los números me llevan al mismo resultado ahora miren la suma del total de todos los delegados que firmaron los 4 documentos, 56+56=112+53=165+48=213, las personas que crearon todos estos números sabían lo que estaban creando para nuestra generación, por ejemplo el 213 porque no fueron 215, 217, si no 213 que 13 es el total de las 13 colonias y un numero misterioso, que nos querían decir los padres fundadores de esta nación con todos estos números lo mismo que yo les vengo diciendo en este libro 2016, que creo que ya saben lo que es. Otro ejemplo muy curioso que no puedo dejar pasar, BENJAMIN FRANKLIN fue el primer jefe del departamento de correo, y el es así MAESTRO GENERAL DEL CORREO, (POSTMASTER GENERAL), y un total de 73 master los primeros 3 bajo el congreso continental, SAMUEL OSGOOD fuel el primero bajo la constitución en total fueron 6, WILLIAM T. BARRY fue el primero bajo gabinete , y en total fueron 53, y WINTON M. BLOUNT fue el primero bajo u. s. postal Services—WILLIAM LIVINGSTON que hasta la fecha solo 11 han tenido el puesto.

Algo curioso con los años de cuando se fundo el correo en los estados unidos, por ejemplo 1775-1789—son 14 años

1789-1829—son 40 años
1829-1971—son 142 años
1971-2001—son 30 años total 226
Años entre ellos
Franklin-1775-Hazard-1782—son 7 años
Osgood-1789-McLean-1823—son 34 años
Barry-1829-Blount-1969—son 140 años
Bluont-1971-Potter-2001—son 30 años total 211.

Curioso que el mismo años del ataque de las torres en 2001, se cumplen entre ellos 211 años.

1) Maestro general del correo bajo el congreso continental

Nombre	**Día nombrado**
Benjamin Franklin	Julio 26, 1775
Richard Bache	Noviembre 7, 1776
Ebenezer Hazard	enero 28, 1782

2) Maestro general del correo bajo u. s. constitución 1789-1971

Samuel Osgood New York Septiembre 26, 1789 Washington
Timothy Pickering Massachusetts Agosto 12, 1791 Washington
Timothy Pickering Massachusetts Agosto 12, 1791 Washington
Joseph Habersham Georgia Febrero 25, 1795 Washington, Adams, Jefferson
Gideon Granger Ohio Marzo 17, 1814 Madison, Jefferson
Return J. Meigs, Jr. Ohio June 26, 1823 Madison, Monreo
John McLean Connecticut Noviembre 28, 1801 Monreo, Q. J. Adams

3) Nivel de gabinete del correo maestro general

William T. Barry Kentucky Marzo 9, 1829 Jackson
Winton M. Bluont Alabama enero 22, 1969 Nixon

4) Maestro general bajo u. s. correo postal, 1971-presente
Winton M. bluont Julio 1, 1971
John E. Potter Junio 1, 2001
Son 73 en total.

EL MONUMENTO DE LINCOLN

Es en forma de templo griego, pero los egipcio también tenían templo con la misma forma de los griego, su construcción fue autorizada en febrero 9 del 1911, y su construcción empezó hasta el cumpleaños de el que fue 3 años después el 12 de febrero del 1914, por que no el 12 de febrero del 1911 ó el 12 de febrero del 1912 ó el 12 de febrero del 1913, todos son fecha del nacimiento de Lincoln, pero si multiplicamos el día y el año, miremos los números 12 * 11 = 132 12 * 12 = 144 12 * 13 = 156 12 * 14 = 168 que curioso que de los 4 solo 2 dan 2016 que son el 144 y el 168, y si miran la película el planeta rojo (red planet) los mismo numero salen 144 y 168, por que no otros números. El tiene 189.7 * 118.5 pie en pulgada son 2268 * 1416 esta es la medida del edificio, y tiene 30m en pie que son 99 de altura. También tiene 36 columnas, de un tamaño de 10f que son en pulgada 120 de altura, y 120 * 18 = 2160, que coincidencia, que los números son los mismo que los demás. Muchos decían que la 36 columnas eran los estados a la muerte de Lincoln. Los nombre de los 48 estado cuando el monumento se acabo están grabado en la pare del exterior del ático. Las 36 columnas están parada 44pie (13m) de alto en pulgada son 528, con una base de un diámetro de 2.3m (7.5p) y en pulgada 84 * 24 = 2016, cada columna es echa por 12 (drum) es una forma de cilindro de piedra, usado para ser columnas arquitectónica ó soporte de estructura alrededor de la base, y techo circular. La fundación de concreto es de 44 a 66pie (13 a 20m) de profundidad en pulgada son 528 a 792, y encompassesd que es en circular algo por 57 * 78m y en pie 187*257 y en pulgada 2244*3084 rectangular de granito que retiene la pare de 4.3m, y 14 pie de alto, y en pulgada son 168*12=????. Por el lado de los escalones, cuando alguien se aproxima a la entrada tiene 2 muro con corona de 3.4m, y 11 pie de alto, y en pulgada son 132, y el mármol es rosado de Tennessee. 30m*72=2160

El interior esta dividido en 3 cámaras por 2 líneas de columnas, y las columnas son 4 en cada línea de 15m (50pie) de alto, y 5.5 pie (1.7m) en el diámetro de la base.
50pie son en pulgada 600
5.5pie son en pulgada 60*36=2160 15m*144=2160

En la parte de arriba de la inscripciones hay un mural pintado de 60*12pie (18*3.7m), y en pulgada 720 * 144.
720 * 3 = 2160
Columnas = 2016 Y 144*15=2160
Y el techo del monumento son 60pie (18m) sobre el piso.
720 * 3 = 2160 60pie*36=2160 18m*120=2160

Las medida originales de la estatua fueron cambiada las originales eran 3.0m (10pie) de alto y luego fueron añadido 2.8m (9pie), que hoy en día son 5.8m (19pie) de altura. En pulgada son 228. Si la estatua de Lincoln estuviera parada fuera de 28pie (8.5m) de altura,

El ancho de la estatua es el mismo que la altura, esto quiere decir que en pulgada son 336
Dos veces multiplicado por 6, dice así.
336 * 6 = 2016
336 * 6 = 2016

El mármol blanco usado en la escultura pesa 159 toneladas, y tuvo que ser enviado en 28 partes separadas, el numero 28 se multiplica también por 72 y es = a 2016

La estatua descansa en un pedestal de mármol de Tennessee de 10pie (3.0m) de alto y
16pie (4.9m) de ancho, y 17pie (5.2m) de profundidad, miremos en pulgada.
10pie son 120 * 18 = 2160
16pie son 192
17pie son 204
Directamente de abajo hay una plataforma de mármol de 34.5pie (10.5m) de largo, y 28 pie (8.5m) de ancho, y 6.5pulgada (0.17m) de alto.
34.5pie son 408"
28pie son 336 * 6 = 2016

Piensen con la mente abierta sean realista, que no hay mas ciego que aquel que no quiere ver, la verdad siempre a estado en frente de nuestros ojos, lo que pasa es que somos muy vagos para poder pensar un poco mas, si no que otro estupidos piense por nosotros. OH recuerden el famoso discurso de Martín L King el 28 de agosto del 1963, que esos números por siempre los mismo números, que es lo que querían decir ya lo saben.

LA TUMBA DE LINCOLN

La tumba esta en el centro de 12.5 acre (51000m2). Construida en granito de Massachusetts y tiene una base rectangular y un obelisco de

118pie (36m) de altura, y en semicircular entrada. La pare de la rotonda están decorada con 16 pilares de mármol y los pilares simbolizan a Lincoln y a los 15 presidente ante que el, y el cuarto tiene 36 placas de bronce por cada estado a la muerte de Lincoln, también hay 12 estrella en la 4 esquina, por cada estado de la unión, cuando fue remodelado. Hay una piedra de mármol de 7 toneladas, que en libras son 14,000, y el nombre de Lincoln esta incrustado, y los años también que vivió que fueron 56. También marca la aprocimida de la bóveda donde esta enterado, el cual es de 30 pulgada detrás y 10 pie hacia abajo. 9 banderas supuestamente de donde es la familia de Lincoln 7 de ellas por cada estado, y 2 son bandera presidenciales. Todos estos monumento tienen su orígenes en Egipto, y en otras culturas, y todas las medida son iguales, con el mismo resultado en todos los números, si estamos vivo vamos a saber que pasa en ese día que para las antiguas civilizaciones era algo tan grandioso que en todo monumentos dejaron la clave de cómo descifrar la fecha mas cercana, pero porque no lo dejaron escrito en forma sencilla, sino en las medidas de todo los monumento del mundo, esta es la segunda venida del famoso hombre de la Biblia de nombre Jesús que es la constelación de piscis, y la próxima es la constelación de Acuario que es el hombre con el cántaro de agua, y unos de los pasaje de la Biblia hace referencia capitulo 22 versículo 10.

He aquí al entrar a la ciudad os saldrá un hombre que lleva un cántaro de agua; seguidle hasta la casa donde entrara, esto es una referencia de la constelación de acuario.

36*60=2160 LA ALTURA DE EL OBELISCO (36m)
30*72=2160 LAS 30 PULGADA DE DETRAS
15*144=2160 LOS 15 PRESIDENTE ANTE QUE EL
16*135=2160 EL NUMERO 16
12*180=2160 LA 12 ESTRELLA Y EL 56*36=2016 LA EDAD DE EL.
10*216=2160 EL DIEZ, 10PIE HACIA ABAJO
9*240=2160 EL 9 LA BANDERAS
2*1080=2160 EL 2 LAS PRESIDENCIALES BANDERAS

JEFFERSON MONUMENTO

Este monumento tiene muy poca información en las medidas, su construcción empezó en el 1939 al comienzo de la segunda guerra mundial. Tiene una estatua de 19 pie de altura, que son 228 en pulgada, y pesa 10,000 libras (4,336kg). La cúpula tiene 39m (129 pie), y su espesor es de 1.2m (3pie), que en pulgada son 36 * 56 = 2016. No hay mucho que decir sobre este monumento, es igual que otros monumento de la antigüedad que dicen

Muy poco.

WASHINGTON MONUMENTO

Es un obelisco, para la conmemoración del presidente Washington, que fue el primer presidente de los estado unidos que el monumento de Washington, y las medida son para nuevos edificios no mas de 20pie de altura, que son 240 pulgada, y 240 * 9 = 2160. La primera fase fue de 152pie que son en pulgada 1824, que solo le faltaron (336 pulgada), para 2160. El ancho de la base es de 55pie que son 660 pulgada, el ancho del tope es de 33pie que son 396 pulgada, el grosor de la pare en la base es de 15pie y son 180 pulgada, 180 * 18 = 2160, el grosor de la pare del observatorio es de 18 pulgada, 18 * 112 = 2016, y el total de bloque es de 36,491.

La capa del bajo la constitución. Es el obelisco mas grande del mundo con 555pie y 5 1/8 pulgada de altura. Una ley del 1910 prohíbe la altura de nuevos edificio, y esto quiere decir que ningún edificio puede ser mas grande tope mide a su base 5.16pie, en pulgada 60 * 36 = 2160

Y cada lado de la base mide 3pie que son (12pie) en total son 144 pulgada * 14 = 2016
Y la profundidad es de 36pie * 56 = 2016

LA CASA BLANCA

Algunas de las medidas son 168pie * 12 = 2016" 60pie son 720 pulgada * 3=2160

Monumento de Washington

FORTALEZAS DE GUERRAS

Porque todas la construcciones tienen el mismo diseño, española, francesa, y inglesa, en forma de estrella o triangulo, que querían decirnos ellos en esa forma de construir esas fortalezas, mi adjetivo es buscar las coincidencia entres los números de cada una de ellas, por ejemplo.

1) Fortaleza Washington construida en el 1808-1809—solo 1 año, en el 1857 el faro fue establecido, y fue construido en el 1882, a una altura de 28 pies, y en el año 1814 fue destruido, y construido otra vez 1815 hasta 1824 cuando fue terminado a un costo de $ 426,000 dólares, los mismo números que he estado escribiendo, 1809 fue terminado, y 1857 el faro, 1809-1857=48 años, y un costo de $ 426 mil 42-26, los números, y en el 1840 fue remodelado fuertemente-1824-1840=16 años y del 1814 que fue destruida, hasta el primer cañón fue instalado en el 1846-1814=32, y del 1808 al 1871 son 63 años, que fueron removidos los cañones, y del 1815 hasta el 1871 pasaron 56 años, esto es como si tuviera escrito, y hay que llevarlo al pie de la letra. Maryland.
2) Fortaleza Zachary construida en el 1845-1866-21 años, y en el 1889 un lado fue destruido para nuevas armas, y pasaron 23 años, y 1898 la guerra entre España y los estados unidos,

y del 1866 hasta 1898 pasaron 32 años. Cayo hueso (key west).

3) Fortaleza pulaski construida en el 1829-1847-18 años después, y los troncos de madera fueron enterados a 70 pies de profundidad (21m), y en el 1833 fue nombrado fort Pulaski en memoria de Kazimierz Pulaski que fue un comandante bajo el general Washington, la guerra de independencia, 1847 hasta 1860 solo 13 años, y 1861 empezó la guerra 14 años pasaron y de 1827-1861=32 años. Georgia.
4) Fortaleza Sumter construida en el 1827-1860-34 años, en el 1834 se paro la construcion, y en el 1841 empezó otra vez, del 1827 hasta el 1841 pasaron 14 años que extraño los números. Carolina del sur.
5) fortaleza Stanwix construida en el 1758-1762-4 años y 4 años mas tarde fue abandonado la fortaleza, y en el 1776 fue reocupado 18 años mas tardes, y 1781 se quemo 23 años después. New york.
6) Fortaleza Ticonderoga construida en el 1754-1757-3 años, durante 1758 4,000 soldados franceses defendieron la fortaleza de 16,000 soldados ingleses, y en el 1775 volvió a tener acción, 18 años o 21 años después, y 23 años pasaron para que un ataque directo en el 1777, por fuerza revolucionaria, en el 1781 fue abandonado 24 años después. New york.
7) Fortaleza Frederica construida en el 1736-1748-12 años, y en el 1936 fue declarado monumento nacional, 188 años después de ser terminada, y 200 años de cuando empezó. Georgia.
8) Fortaleza Frederick construida en el 1756-1578-2 años, y 7 años mas tarde en 1763 fue utilizada en la PONTIAC'S REBELION, pero la fortaleza nunca fue atacada directamente, y 21 años después en 1777 hasta 1783 fue una prisión, y 33 años después de ser terminada 1758 hasta 1791, fue vendida en una subasta, y fue abandonada, y 84 años después de cuando fue una prisión hasta que en el 1861 fue tomada por 1ra infantería de Maryland. Maryland.
9) Fortaleza James Jackson construida en el 1808-1812-4 años, y 56 años mas tarde en la guerra civil el mayor general

William T. Sherman, familia lejana de Roger Sherman padre fundador de los estados unidos, y años de servicio en el ejercito 1840-53-1861-84, y 72 años después de que fue terminada en el 1884 su nombre fue cambiado a fortaleza Oglethorpe hasta 21 años después 1905, y 21 años mas tarde fue comprada por la ciudad de Savannah Georgia 1924. Georgia.

El pentágono que es una copia de la fortaleza Sumter Es la ultima fortaleza construida, y es una copia de la fortaleza Sumter en carolina del sur en 1829, pasaron 112 años para la construcción del pentágono en el 1941.

PIEDRAS CARNAC FRANCIA

11 líneas de piedras paradas en una área de 1,665 por 100 metros (3822 por 330 pies), (CROMLECH), circulo de piedra con 71 bloques de piedra. La piedra mas grande es de 4 metros (13pies), de alto, en la parte final del oeste; las piedras comienzan hacer mas pequeñas como de 0.6 metros (2 pies) de alto, al lado de lo largo del alineamiento ante de crecer en altura otra vez, hacia el extremo final del oeste.

1,665m—3822' pies—45.864" pulgadas
100m—330' pies—3960" pulgadas
4m—13' pies—156" pulgadas
0.6m—2' pies—24" pulgadas
71 piedras en el círculo
11 líneas de piedras
25920 + 25920 = 51,840, esta suma es 2 ciclos de los signo del zodiaco, o las constelaciones de, cunado le dan la vuelta al sol.

45,864 + 3960 = 49,824 + 1165 = 50,989 + 330 = 51,319 + 156 = 51,475 + 100 = 51,575 + 24 = 51,599 + 71 = 51,670, la diferencia es de 170, y 156 + 24 = 170, pero ya yo use el 156 y el 24
3822 + 330 = 4152 + 24 = 4176
3822 - 1165 = 2657 - 330 = 2227 - 71 = 2156 + 4 = 2160

* KERMARIO, llamada casa de los muertos, el alineamiento consiste de 1029 piedras en 10 columnas, sobre 1300 metros (4300 pies) en largo.

4300 pies * 12 = 51,600, la diferencia es de 240, esto quiere decir que los que hicieron esto llevaban el conteo de 2 ciclos de 25920 años, según las piedras.

* KERLESCAN, es un alineamiento de un grupo de piedras pequeñas de 555, hacia el este de los otros 2 lugares, esta compuesto de 13 líneas con un total de largo de 800 metros (2600 pies), con unas alturas de 80cm (2 pies), a 4 metros (13pies). Y el círculo tiene un total de 39 piedras.

2600 * 12 = 31,200 pies
2 * 12 = 24 pies
13 * 12 = 156 pies
555 piedras
39 piedras
13 líneas
2600 - 555 = 2045 + 156 = 2201 - 39 = 2162 - 2 = 2160
2600 + 555 + = 3155 + 800 = 3995 + 156 = 4111 + 80 = 4191 - 39 = 4152 + 24 = 4176

* TUMULI—san Michel, tiene una base de 125 por 60 metros (410 por 200 pies), y 12 m (39 pies) de altura.

Y contiene varios objetos funerarios, como 15 estatuas de piedras.

410 * 12 = 4920
200 * 12 = 2400
39 * 12 = 468
2400 - 200 = 2200 - 125 = 2075 + 60 = 2135 + 39 = 2174 - 15 = 2159 (2160)
4920 - 468 = 4452 - 200 = 4252 - 125 = 4127 + 39 = 4166 + 12 = 4178 (4176)
2075 - 60 = 2015 (2016)

* MOUSTOIR, el cuarto de tumba.

85m—279 pies—3349 pulgadas
35m—115 pies—1380 pulgadas
16m—192 pies—2304 pulgadas
3m—10 pies—120 pulgadas
3349 - 1380 = 1969 + 192 = 2161
120 * 16 = 1920 + 192 = 2112 + 85 = 2197 - 35 = 2162
1380 - 192 = 1188 - 3349 = 2161

2304 - 115 = 2189 - 16 = 2173 - 10 =2163 - 3 = 2160
3349 + 1380 = 4479 - 279 = 4450 - 192 = 4258 - 120 = 4138 + 35 =4173 + 3 = 4176

* LA MADELAINE, una tumba que mide 12 por 5 m (39 por 16 pies), y con 5 metros (16pies) de largo, con una piedra en el tope rota.

12m - 39 pies* 12 = 468 pulgadas
5m - 16 pies * 12 = 192 pulgadas
5m - 16 pies * 12 = 192 pulgadas
16 + 16 = 32
192 +192 = 384
5 + 5 = 10
12 + 5 + 5 = 24
39 + 32 = 71
468 + 192 = 660 + 192 = 852
468 - 32 = 436 - 5 = 431 * 5 = 2155 + 5 =2160
192 * 12 = 2304 - 192 =2112 - 32 = 2144 + 16 = 2160
192 * 12 = 2304 - 192 =
192 - 24 = 168 * 12 = 2160
192 - 32 = 160 - 16 = 144 * 15 = 2160 - 144 = 2016
39 - 24 = 15
192 - 32 = 160 - 16 = 144

* KERCADA, es un tipo de tumba rara, cubierta por sus piedras originales. Sur del alineamiento de kermario, y tiene 25 a 30 metros (82 a 98 pies), de ancho, y 5 metros (16 pies) de alto, y tiene una piedra parada en el tope. Hay un circulo de piedras paradas de 4 metros (13 pies) hacia afuera. El camino principal es de 6.5 metros (21 pies), de largo.

25m—82 pies—984 pulgadas
30m—98 pies—1176 pulgadas
5m—16 pies—192 pulgadas
4m—13 pies—156 pulgadas
6.5m—21 pies—252 pulgadas
1176 + 984 = 2160

* MANÉ—KERIONED (pixies maend or grotte de grionnec)

La piedra mas grande de las 3 esta en la parte este y mide 11 metros (36 pies).

36 * 12 = 432 * 5 =

* CRUCUNO, tiene una piedra en tipo de mesa descansando en los pilares rústicamente de 7.6 metros (24 pies 11 pulgadas), y 1.8 metros (5pies), de alto. Y estaban conectada un pasaje de 24 metros (79 pies) de largo.

7.6m - 24 pies - 288 pulgadas * 7 = 2016
1.8m - 5 pies - 60 pulgadas * 36 =
24m - 79 pies - 948 pulgadas 948 + 60 = 1008 * 8 =

MANIO QUADRILATERAL, es un arreglo de piedras que forman un perímetro de un rectángulo largo, originalmente (TETRE TUMULUS), una loma central, de 1537 metros (121 pies), de largo, y alineada hacia el este del noroeste. El cuadrilateral es de 10 m (33pies), de ancho, hacia el este, pero solo 7 metros (23pies), de ancho hacia el oeste.

1537m - 121 pies - * 12 = 1452 pulgadas
10m - 33 pies - * 12 = 396 pulgadas
7m - 23 pies - * 12 = 276 pulgadas

36 + 2124 = 2160
396 + 276 = 672 * 3 =

* MANIO (GIANT), el gigante esta cerca del cuadrilateral, y hay una piedra gigante parada conocida como el gigante de 6.5 metro (21pies) de alto.
21 * 12 = 252 pulgadas * 8 =

Esto son los monumentos de piedra de Francia, y algunas de sus medidas, que no están todas, solo alguna.

EL CALENDARIO AZTECA

Es una piedra de forma circular, que mide 3.6 metros (12 pies en diámetros), también tiene 1.22 metros (4 pies de grosor), y pesa 24 toneladas (48000 libras).

12 * 12 = 144 pulgadas
4 * 12 = 48 pulgadas
24 toneladas = 48000 libras

Otra coincidencia del 144, por que tiene que ser ese numero, porque es el numero clave, de llevar el conteo de los años de las constelaciones, es por donde se empieza a contar los años de los signo del zodiaco, en el signo de Piscis, por eso es el 144, por eso es el 144 en la Biblia, que muchos cristiano creen que son los elegido, y lo que no saben es que es que la Biblia es un libro astrológico.

EL CHINCHEN ITZA CANCHA DE JUEGO MEXICO

De aquí fue que se origino el mito 2012 del famoso calendario maya que dice que el mundo se va acabar pero lo que pasa es que el que o los que interpretaron o tradujeron el calendario maya lo hicieron mal, por que la fecha no es 2012 si no 2016, veamos algunas de las medida de la cancha de pelota.

150m en pie 490 y pulgada 5880@
166m en pie 545 y pulgada 6540@
68m en pie 223 y pulgada 2676@ 270m*8=2160
12m en pie 39 y pulgada 468 12m*180=2160
270m en pie 890 y pulgada 10,680+5,880+6,540+2,676=25,776+144=25,920
9m en pie 30 y pulgada 360*6=2160 9m*240=2160

60m en pie 200 y pulgada 2400 60m*36=2160
27m en pie 89 y pulgada 1068 27m*80=2160

Muchos se preguntaran que de donde salio el numero 144,000, lo curioso que es el numero de la Biblia, y si la Biblia es tan sagrada, por que los maya utilizan el 144,000 para llevar el tiempo en su calendario mas perfecto del mundo, porque llevan el conteo de las 12 constelaciones de 2160, con un total de 25,920 años, miremos la tabla de la cuenta larga de los maya.

Día/cuenta larga/ y aproximado años solares
1 = 1 k'in = 144*15=2160
20 = 20 k'in = 0.55 20*108=2160
360 = 18 winal = 1 18*120=2160
7,200 = 20 Tun = 19.7
144,000 = 20 Katun = 394.3
20*1=20
20*18=360*6=2160
360*20=7,200*3=21,600-25,920=4320/2=2160
7,200*20=144,000

EL CASTILLO DE CHICHEN ITZA

Tiene 24m a la meseta y 6m mas por el templo en un total de 30m, y también tiene 4 lados la pirámide de escalera que tiene 91 escalones contando la meseta, que es un total de 365 escalones, que son los día del año, pero lo curioso del caso es que 365*71=25,915, entonce hay 5 años de diferencia, este es el que mas se acerca a 25,920, por que ellos usaron el de 364*71=25,844 entonce hay 76 años menos, y 366*71=25,986, mas 66 años de diferencia, de los 3 solo uno es el mas cerca de 25,920, por eso es que se usa el año bisiesto cada 4 año febrero es de 29 día, pero los maya también utilizaron el calendario de 366, si miramos la pirámide kukulkan, hay 9 plataforma, y cada cara tiene 2 que en total son 8, y 8*9=72, y algo curioso que el mes de febrero es de 28 días, y 72*28=2016, y 72*30=2160, no se quien fue el de la idea de que febrero tenga 28 y no 30 días, creo que en el calendario maya, que el mes mas largo era de 32 días que era el año bisiesto. La pirámide de kukulkan mide 24m en pie 79 y en pulgada 948, mas 6m del templo, que son 20 pie y en pulgada 240 de altura, y 240 * 9 = 2160, que curioso que la altura es 240 pulgada y hay 9 plataforma. Y el templo mide 13.42m de ancho, y en pie 44, y en pulgada son 528 de largo, pero 528 * 4 = 2112, quizás este sea el numero que han confundido por el 2012 que no sale por ningún lado se lo trago la tierra 55m en pie 180 y pulgada 2160.

La pirámide de kukulkan un calendario perdido en el tiempo.

Calendario maya son un conjunto de 3 calendario uno de 260, otro de 365, y el de 144,000 días, bien si miramos el ultimo numero es el mismo 144,000 de la biblia lo que sucede es que la traducción de el calendario maya esta mal el calendario no acaba en el año 2012, el calendario sigue dando fecha pero la fecha que es el 2016 cambio del zodiaco o fenómeno astrológico que sucede cada 2160 y las grande civilizaciones quisieron predecir en que año iba a volver a suceder ese fenómeno. Pero las religiones Y los oportunistas usan esta fecha de el calendario maya, para decir que la profecía de La Biblia

EL CHINCHEN ITZA CANCHA DE JUEGO MEXICO

De aquí fue que se origino el mito 2012 del famoso calendario maya que dice que el mundo se va acabar pero lo que pasa es que el que o los que interpretaron o tradujeron el calendario maya lo hicieron mal, por que la fecha no es 2012 si no 2016, veamos algunas de las medida de la cancha de pelota.

150m en pie 490 y pulgada 5880@
166m en pie 545 y pulgada 6540@
68m en pie 223 y pulgada 2676@ 270m*8=2160
12m en pie 39 y pulgada 468 12m*180=2160
270m en pie 890 y pulgada 10,680+5,880+6,540+2,676=25,776+144=25,920
9m en pie 30 y pulgada 360*6=2160 9m*240=2160
60m en pie 200 y pulgada 2400 60m*36=2160
27m en pie 89 y pulgada 1068 27m*80=2160

Muchos se preguntaran que de donde salio el numero 144,000, lo curioso que es el numero de la Biblia, y si la biblia es tan sagrada, por que los maya utilizan el 144,000 para llevar el tiempo en su calendario mas perfecto del mundo, porque llevan el conteo de las 12 constelaciones de 2160, con un total de 25,920 años, miremos la tabla de la cuenta larga de los maya.

Día/cuenta larga/ y aproximado años solares

1 = 1 k'in = 144*15=2160
20 = 20 k'in = 0.55 20*108=2160
360 = 18 winal = 1 18*120=2160
7,200 = 20 Tun = 19.7
144,000 = 20 Katun = 394.3
20*1=20
20*18=360*6=2160
360*20=7,200*3=21,600-25,920=4320/2=2160
7,200*20=144,000

EL CASTILLO DE CHICHEN ITZA

Tiene 24m a la meseta y 6m mas por el templo en un total de 30m, y también tiene 4 lados la pirámide de escalera que tiene 91 escalones contando la meseta, que es un total de 365 escalones, que son los día del año, pero lo curioso del caso es que 365*71=25,915, entonce hay 5 años de diferencia, este es el que mas se acerca a 25,920, por que ellos usaron el de 364*71=25,844 entonce hay 76 años menos, y 366*71=25,986, mas 66 años de diferencia, de los 3 solo uno es el mas cerca de 25,920, por eso es que se usa el año bisiesto cada 4 año febrero es de 29 día, pero los maya también utilizaron el calendario de 366, si miramos la pirámide kukulkan, hay 9 plataforma, y cada cara tiene 2 que en total son 8, y 8*9=72, y algo curioso que el mes de febrero es de 28 días, y 72*28=2016, y 72*30=2160, no se quien fue el de la idea de que febrero tenga 28 y no 30 días, creo que en el calendario maya, que el mes mas largo era de 32 días que era el año bisiesto. La pirámide de kukulkan mide 24m en pie 79 y en pulgada 948, mas 6m del templo, que son 20 pie y en pulgada 240 de altura, y 240 * 9 = 2160, que curioso que la altura es 240 pulgada y hay 9 plataforma. Y el templo mide 13.42m de ancho, y en pie 44, y en pulgada son 528 de largo, pero 528 * 4 = 2112, quizás este sea el numero que han confundido por el 2012 que no sale por ningún lado se lo trago la tierra 55m en pie 180 y pulgada 2160.

TEMPLO V EL TIKAL

La pirámide esta sentada en un plataforma de 5 metros (16pies) de alto, que el nivel de la plaza central. La base de la pirámide cubre una base de aproximado 2050metros cuadrados (22,100 pies cuadrados). La base de la pirámide 36 metros (118pies) norte-sur, y 36 metros (118pies) este-oeste. El templo mide 4 metros (13 pies) de alto, las curvas tiene un radio de 3 metro (9.8 pies). La escalera principal mide 20 metros (66pies) de ancho, y se levanta por el norte. La escalera de la pirámide proyecta sobre 12 metros (39pies), desde la base de la pirámide, y tiene 90 escalones; los rieles decorativos de la escalera están a 2.6 metros (8.5pies) de ancho. La parte sagrada del tope de la pirámide tiene una pequeña habitación que mide 90 centímetros (35 pulgadas) de profundo, y la pared detrás de este cuarto pequeño mide 4.57 metros (15.0pies) de grosor. La habitación es de 3.95 metros (13.0pies) de ancho y 4. 4 metros de (14pies) de alto. El templo tiene una piedra grande en el techo que mide 12.5 metros (41pies), de alto.

5m—16' pies—192" pulgadas
36m—118' pies—1416" pulgadas
36m—118' pies—1416" pulgadas
4m—13' pies—156" pulgadas
3m—9.8' pies—117.6" pulgadas
20—66' pies—792" pulgadas
12m—39' pies—468" pulgadas
2.6m—8.5' pies—102" pulgadas
90cm—2'9" pies—35" pulgadas
4.57m—15'.0 pies—180" pulgadas por * 12 = 2160
3.95m—13' pies—156" pulgadas
4.4m—14' pies—168" pulgadas por * 12 = 2016
12.5m—41' pies—492" pulgadas
90 escalones por * 24 = 2160
36 + 36 = 72 *
36 * 118 = 4248 - 72 = 4176
12 + 12 = 24
12 * 12 = 144 * 14 o 15 = 2016-2160

LA GRAN MURALLA CHINA

Fue construida y reconstruida entre el siglo V A.c. y el siglo XVI D.c. según la historia.

7/7/2007 fue elegida como unas de la 7 maravillas del el mundo moderno, pero la muralla china es tan vieja como las pirámides. Originalmente tenia 20,000 Km. entre corea del norte, el río yalu, el desierto de gobi, y al sur de Mongolia, solo el 30% de la muralla que da 8,851.8 Km., miremos algunas de las medidas de la muralla.

7.8m en pie 25 y en pulgada 300g ACUARIO
5m en pie 16 y en pulgada 192*3=576*4=2304-144=2160
5m en pie 16 y en pulgada 192*3=576*4=2304-144=2160
8m en pie 26 y en pulgada 312
6m en pie 19 y en pulgada 228
5m en pie 16 y en pulgada 192*3=576*4=2304-144=2160
980m en pie 3,215 y en pulgada 38,580 sobre el nivel del mar.
9m en pie 30 y en pulgada 360*6=2160 de ancho 360.
2160*6=12960
12960-300=12660
38580-12660=25920
67*30=2010 el 67 es el total de torres en la muralla.
360*6=2160

La gran muralla Ming recorre 11 Km. de largo, 5 a 8 de altura y 6m a la parte inferior y hasta 5 en la parte superior.
11km en metros 11,000 en pie 36,089 y en pulgada 433,068.
A lo largo de la pared superior de la muralla existen (almenas) a 30cm de altura y 23cm de ancho en la mayor parte.
30cm en metro 0.3 en pie 0.984 en pulgada 11 y en milímetro 300g ACUARIO.
23cm en metro 0.23 en pie 0.755 en pulgada 9 y en milímetro 230.
La puerta, conocido como el paso del norte o el paso juyong, es parte de la gran muralla, y mide 7.8m de alto y 5m de ancho.
Muchas de la medida del la gran muralla china se han perdido con el tiempo.

Por poco se me olvida que no se si muchos de ustedes saben que china tiene pirámides como Egipto y México, pero el gobierno no permite ningún tipo de estudio, hay una pirámide tan grande cómo la de Egipto, y del primer emperador Qin Shi Huang un mausoleo con poca información.

LA TORRE DE PISA

Fue construida en un periodo de 199 años, comenzó en el 1173 y termino en el 1372, quien fue el arquitecto de la torre de pisa, hoy en día no se sabe quien fue, pero el que la hizo si sabia lo que estaba haciendo por que los números son los mismo que los demás.

La altura de la torre de pisa es 55.8 metros en pie son 183' 3" y en pulgadas son 2199.6, que casualidad que el 21, el 9, y el 96 son multiplicado el 21 y el 96 y el resultado es 2016, y 9 * 224 = ?, que coincidencia que tomo 199 años, y el 199 sale entre los números .

La inclinación es de 4º y 3.9 metros de la vertical, que son 12 pies, y en pulgadas son 144, tiene 8 piso, 6 niveles con 15 columna por 6 = 90, tiene 294 escalones, tiene 7 campanas.

El diámetro del exterior de la base es de 15,484 metros, que en pie son 50 pies, y en pulgadas son 600, y el diámetro del interior de la base es de 14,736 metros, que en pie son 48 pies, y en pulgadas son 576, el grosor de la pared de la base es de 6 metros, que son 24 pies, y en pulgadas son 288 * 7 = 2016, que casualidad eh.

Dirección de inclinación 1272-1997 norte, y 1173-1250 sur.

La inclinación del sur es la misma 1173, que el año que empezó su construcción en el año 1173, y la inclinación del norte es casi la misma 1272, que el año que fue terminada en el 1372, la diferencia es de un numero, que casualidad?.

Este es un monumento relativamente pequeño, en comparación con los demás, pero en su pequeñez sus números son lo mismo que los demás, por ejemplo el famoso 144, y que casualidad que los dos números de la base del interior y exterior son 15 y 14, y esos dos numero multiplicado por

144 =. Ya esto es demasiado coincidencia, señores hay que estar ciego, para no entender esto, esta mas claro que el agua, pero se que hay personas que no van a creer en lo que yo estoy escribiendo, por ejemplo los cristiano, muchos dirán que yo soy el anticristo, que es el diablo que escribe esto, pero cuando llegue el día de la verdad la lengua se la van a meter donde no da el sol (locu), la cara se le va a caer de la vergüenza de que toda la mierda que le hablaron toda sus vida fue la mentira mas grande, que todo fue para tener el control de la humanidad, el poder del dinero, cuantos casos de padres y pastores de iglesias de niños y niñas violados, otros con prostituta, ellos se dan la buena vida con mansiones, carros de lujos, aviones privado, buenos trajes, y buenas prendas, pero pregúntense de donde sale todo ese dinero de ustedes estupidos que no abren los ojos, no ven que ustedes siguen siendo mas pobre, y ellos mas rico, con solo hablarle mierda de un libro que es copia de copia, ello por un hombre, igual que nosotros, pero como dice el dicho de que Jesús dijo que el mas sabio viva del mas pendejo, los pastores son los sabio, y ustedes los pendejos. Tómenlo como ustedes quieran yo solo le digo la verdad de la realidad en que hoy vivimos. Dios, Jesús, nunca existieron esto fue un juego de la religión católica del poder del dinero, si dios es perfecto, y por que nosotros somos imperfecto, si el tiene el poder de acabar con el diablo, por que seguir con el juego del bien y el mal, usen el cerebro, abran los ojos, y miren la verdad de la mentira que por tanto años lo han mantenido engañado.

FAMOSOS DE LA HISTORIA Y SUS MITOS
LEONARDO DA VINCI 1452-1519-67años
NICOLAUS COPERNICUS 1473-1543-70años
MICHEL ANGELO 1475-1564-88años
RAFFAELLO S. DAURBINO-6 de abril 1483-6 de abril 1520-37años
MICHEL DE NOSTREDAME 1503-1566-62años
ALOYSIUS LILIUS 1510-1576-66años
CRISTOBAL CLAVIUS 1538-1612-74años
TICHO BRAHE 1546-1601-55años
GALILEO GALILEI 1564-1642-78años
JOHONNES KEPLER 1571-1630-59años
BLAISE PASCAL 1623-1662-39años
ALEXANDER POPE 1688-1744-56años
ISSAC NEWTON 1642-1727-85años
WILLIAM HERSCHEL 1738-1822-84años

LOUIS PASTEUR 1822-1895-73años
ALBERT EINSTEIN 1879-1955-76años
EDWIN HOBBLE 1889-1953-64años

Esto es alguno de ellos y sus coincidencias

Galileo Galilei muere en el año 1642 y Isaac newton nace en el mismo año que el muere 1642
William Herschel muere en el año 1822 y ese mismo año nace Louis Pasteur en el 1822.

Da Vinci muere a la edad de 67 años.
67*30=2010

Copernicus muere a la edad de 70 años.
70*28=1960-29=2030

Michel Ángelo a la edad de 88 años
88*23=2024

.Raffaello S. da Urbino muere a la edad de 37 años y muere el mismo día que nació.
37*55=2035

Nostredame muere a la edad de 62 años.
62*32=1984-33=2046

Lilius muere a la edad de 66 años.
66*30=1980-31=2046

Alexander muere a la edad de 56 años.
56*36=2016=60*36=2160

Clavius muere a la edad de 74 años.
74*27=1998-28=2072

Brahe muere a la edad de 55 años.
55*36=1980-37=2035

Galilei muere a la edad de 78 años.
78*25=1950-26=2028

Kepler muere a la edad de 59 años.
59*33=1947-34=2006

Pascal muere a la edad de 39 años.
39*51=1989-52=2028

Newton muere a la edad de 85 años.
85*23=1955-24=2040

Herschel muere a la edad de 84 años.
84*23=1932-24=2016

Pasteur muere a la edad de 73 años.
73*27=1971-28=2044

Einstein muere a la edad de 76 años.
76*26=1976-27=2052

Hobble muere a la edad de 64 años.
64*30=1920-31=1984-32=2048

Que coincidencia que las edades de ellos dan el mismo resultado que el de la Biblia, Ed. Y Agnes, 2010 creo que se lo que puede pasar en esa fecha, un volcán hace erupción en el mundo o un terremoto destruye un país, y 2016 ya saben lo que es.

LOS NUMEROS SON LO MISMO

Todos los números de todas las civilizaciones dicen lo mismo en diferentes formas y tiempo. Toda civilización cuenta una historia en diferente forma, y con el mismo significado, por ejemplo las barajas de Lenormand de 36 cartas en total dicen que son un calendario lunar de 360 días, pero el que invento las cartas de 36 conocía el otra y utilizarían los números para predecir el futuro, no como Michael Nostradamus que todo lo que predijo fue en letra y no con fechas numéricas, como los hebreo, egipcio, chino, hindú, babilonia, maya, azteca, inca y el ultimo es un personaje un poco extraño, y difícil de creer lo que logro hacer en tampoco tiempo, y casi nadie lo conoce y que fue lo que hizo personas que viven en la misma ciudad no saben ni lo que es, y yo le he preguntado a muchas personas que si saben lo que es el castillo de coral y me dicen que es eso, esa manera de expresarse, me deja saber que los historiadores no han hecho su trabajo, no le dan importancia como a las pirámides, pero es importante como las pirámides lo hizo un solo hombre, y lo que sucede es que la historia no tiene respuesta paras las preguntan. La primera pregunta seria como es posible que un hombre solo pudo hacer esos monumentos, con solo herramientas del 1900 rudimentarias, pero hay miles de teoría de como lo hizo, y ninguna tiene sentido de como el pudo hacer todo lo que hizo. Yo digo que el tenia contacto con seres con un grado de inteligencia superior al nuestro, por eso su castillo es un libro de preediciones hacia el futuro de la raza humana, por ejemplo voy a usar dos fechas que salen en los números de la matemática, que son el 2010, 2012 y 2016. 2010 Este numero sale en la matemática que quiere predecir no lo se y el 2012 que es la fecha de los maya y que todo el mundo esta hablando y muchos están prediciendo que va suceder en esa fecha en especial los cristiano, pero en esa fecha nada va a suceder y ese numero no sale en los números de la matemática, solo en el Genesio en las edades de los primero patriarca. Ahora el 2016 es el numero que todas civilización, con sus números de una manera o otra nos lo dejaron escrito en forma de claves o adivinanzas, y toda fecha que esta en este libro desde 1900 hasta el 2000, algo paso en la historia de esas fechas que salen en este libro de preediciones matemáticas, como el 2001, las torres y otras mas que hay. que todo lo que predijo fue en letra y no con fechas numéricas, como los hebreo, egipcio, chino, hindú, babilonia, maya, azteca, inca y el ultimo es un personaje un poco extraño, y difícil de creer lo que logro hacer en tampoco tiempo, y casi nadie lo conoce y que fue lo que hizo personas que viven en la misma ciudad no saben ni lo que es, y yo le he preguntado a muchas personas que si saben lo que es el castillo de coral y me dicen que es eso, esa manera de expresarse, me deja saber que los historiadores no han hecho su trabajo, no le dan importancia como a las pirámides, pero es importante como las pirámides lo hizo un solo hombre, y lo que sucede es que la historia no tiene respuesta paras las preguntan. La primera pregunta seria como es posible que un hombre solo pudo hacer esos monumentos, con solo herramientas del 1900 rudimentarias, pero hay miles de teoría de como lo hizo, y ninguna tiene sentido de como el pudo hacer todo lo que hizo. Yo digo que el tenia contacto con seres con un grado de inteligencia superior al nuestro, por eso su castillo es un libro de preediciones hacia el futuro de la raza humana, por ejemplo voy a usar dos fechas que salen en los números de la matemática, que son el 2010, 2012 y 2016. 2010 Este numero sale en la matemática que quiere predecir no lo se y el 2012 que es la fecha de los maya y que todo el mundo esta hablando y muchos están prediciendo que va suceder en esa fecha en especial los cristiano, pero en esa fecha nada va a suceder y ese numero no sale en los números de la matemática, solo en el Genesio en las edades de los primero patriarca. Ahora el 2016 es el numero que todas civilización, con sus números de una manera o otra nos lo dejaron escrito en forma de claves o adivinanzas, y toda fecha que esta en este libro desde 1900 hasta el 2000, algo paso en la historia de esas fechas que salen en este libro de preediciones matemáticas, como el 2001, las torres y otras mas que hay.

MAES HOWE (TUMBA) SCOTLAND

Aparenta ser una loma de grama desde el suelo plano, sur—este del lago llamado (Loch). Y Maes Howe es unas de la tumba mas grande, mide 35 metros (115 pies), en diámetros, y se levanta a una altura de 7.3 metros (24 pies). Alrededor de la loma a una distancia de 15 metros (50 pies), a 21 metros (70 pies), hay una zanja de mas de 14 metros (45 pies), de ancho. La loma de grama esconde un grupo de pasajes, y cuartos, y fueron construido muy cuidadosamente, en piedra plana, que pesa 30 toneladas (60000 libras), y esta a lineada con la pared del fondo, del cuarto central, y esta soportado por un (bracketed), que es una estructura en forma de L, para soportar algo, y es iluminado en el solsticio de invierno. Esta entrada del pasaje es de 11 metros (36 pies), de largo, y lleva a la recamara principal que mide 1.4 metros cuadrados (15 pies cuadrado), la actual altura es de 3.8 metros (12 pies). La entrada de pasaje es de 0.91 metros (3 pies), y es la misma altura de la pared que es 0.91 metros (3pies).

35m - 115 pies - * 12 = 1380 pulgadas
7.3m - 24 pies - * 12 = 288 pulgadas * 7 = 2016
21m - 70 pies - * 12 = 840 pulgadas
14m - 45 pies - * 12 = 540 pulgadas * 4 = 2160
11m - 36 pies - * 12 = 432 pulgadas * 5 = 2160
3.8m - 12 pies - * 12 = 144 pulgadas * 14 o 15 = 2016 - 2160
0.91m - 3 pies - * 12 = 36 pulgadas * 60 = 2160
0.91m - 3 pies - * 12 = 36 pulgadas * 56 = 2160
1.4mª - 15 piesª - * 12 = 2160 pulgadasª
1380 - 840 = 540
1380 + 432 + 144 + 72 + 36 + 24 + 45 + 15 + 12 = 2160
1380 + 432 + 72 + 36 + 24 + 45 + 15 + 12 = 2016

Que casualidad que estas gentes de la época del neolítico, tengan tanto conocimientos sobre las constelaciones, y llevarle el tiempo, tan perfecto, solo miren algunos de los números de metros, y pies, en las medidas.

3 * 720 = 2160
7 * 288 = 2016
12 * 168 o 180 = 2016 - 2160
14 * 144 = 2016
15 * 21 * 96 = 2016
24 * 40 o 84 = 2016 - 2160
45 * 48 = 2160
Si décimo 115 + 35 = 150º el signo de Virgo
70 - 14 = 56
36 + 12 = 48
115 + 24 + 15 + 3 + 3 + 7 + 1 = 168

168 + 12 =180º es el signo de Libras
15 45 + 15 = 60
60+ + 36 = 96
14 + 70 = 84
115 + 24 + 70 + 45 + 36 + 12 + 3 + 3 + 3 + 1 = 300º Acuarios + 15 = 315 + 14 = 329 + 1 = 330º piscis.
2016 + 2160 = 4176 el signo de Capricornio.
Solo use los mismo números de las medidas, en la suma y recta, de todos los números que multiplicado dan los años de cada constelación de nuestra galaxia, o vía Láctea, esto es mucha coincidencia.144 = 2160

MITOLOGIA GRECIA

Era una civilización con mitos y leyendas pero todo mitos y leyendas tienen su verdad de una manera o otra, los historiadores o la historia nos dicen lo que ellos creen a su manera no como es la realidad de las cosas, muchos vivieron y vivirán creyendo en la mitología griega, pero no miran mas halla de la realidad de los hechos, que si buscamos las comparaciones de otras culturas, algo tienen en común una con la otra, por ejemplo Dionisio un dios griego que tiene las misma característica que otros dios en la antigüedad, como Horus, mitra y Jesús y otros mas. Los griegos tenían 12 dioses y 12 templos, porque las mismas secuencia de el numero 12, los mismos que la cantidad del número de los signos del zodiaco.

1-ZEUS
2-HERA
3-HEFESTO
4-ARTEMISA
5-APOLO
6-ATENEA
7-AFRODITA
8-HADES
9-POSEIDON
10-ARES
11-HERMES
12-DIONISIO

Estos son los más famosos pero hay 5 más.
1-Persefone
2-Rea
3-Eros
4-Cronos
5-Gea

OK miren los dioses romano, que son 18 y 7 de 9 son los planetas del sistema solar y Urano padre de crono en la mitología griega.

1-JUPITER
2-JUNO
3-VENUS
4-DIANA
5-CERES
6-PROSERPINA
7-FEBO
8-MINERVA
9-NEPTUNO
10-PLUTO
11-VULCANO
12-MARTE
13-MERCURIO
14-CIBELES
15-BACO
16-CUPIDO
17-SATURNO
18-TELLUS

Yo mirando en el Internet las distancia de los planeta del sol y la coincidencia que los mismo nombre de la mitología romana son los mismo que usamos hoy en tiempo moderno, los romano y los griego, conocían los planeta en la antigüedad y como sabían ellos que eran planeta solo a simple vista no alguien con tecnología le dio la información.

Mercurio-57,910 del sol
Venus-108,200 del sol
La tierra-149,600 del sol
Marte-227,940 del sol
Júpiter-778,330 del sol
Saturno-1,429.400 del sol
Urano-2,870.990 del sol
Neptuno-4,504.300 del sol
Pluto-5,913.520 del sol

Miremos los números bien del sistema solar y me acuerdo de los números de la Biblia de las 12 tribus de Israel según su censo.

Zebulon-57,400
Efraín-Manase y Benjamin-108,100
Judá-74,500*2=149.000
Judá-Isacar-Zebulon y Ser-227,900
El total de las 12 tribus que es 603,550+Judá 74,600+Gad 45,600 y Isacar-54,400=778,200

Otra coincidencia que los hebreo sabían la distancia entre los planetas y el sol, pero como si en esa época no había tecnología según la historia de unos cuantos, los numero lo hablan todo no que son producto de la imaginación o esto es una mitología.

PALENQUE GUATEMALA

La medidas de la pirámide es de 60 metros de ancha, 42.5 metros de profundidad, y 27.2 metros de altura. El templo de el tope de la pirámide mide 25.5 metros de ancho, 10.5 metros de profundidad, y 11.4 metros de altura. Las piedra mas grande pesaban 12 a 15 toneladas, esta estaban en el tope de la pirámide. El total del volumen de la pirámide y el templo es de 32,500 metros cúbicos. Esta son algunas de la medidas de una de la pirámide de palenque, los numero como serán. Solo observen .

60m—196' pies—2352" pulgadas
14 = 29 + 11 = 40
45.2m—139 pies—1668" pulgadas
27.2m—89 pies—1068" pulgadas
25.5m—83' pies—996" pulgadas
10.5m—34' pies—408" pulgadas
11.4m—37' pies—444" pulgadas
196+139=335-2352=2017
139+89=228+83=311+37=348+1668=2016
408+196=604+139=743+89=832+83=915+34=949+1068=2017
996+444=1440+408=1848+139=1987+89=2076+83=2159
Recuerden, que de alguna manera, estas civilizaciones llevaban el tiempo, okay por el sol, eso se entiende, pero como llevaban el tiempo a las constelaciones, tan perfecto.

STONEHENGE INGLATERA

Es un monumento de la edad de bronce, si los que vivían en esa época construyeron esos grandes megalitos entonce en que época nosotros vivimos, si nosotros no podemos igualar ningún monumento de la antigüedad, el ultimo monumento fue construido en el 1920, el castillo de coral. Veamos algunas de las medidas del círculo del sol de piedra.

0.75m en pie 2 y pulgada 24*84=
700m en pie 2300 y pulgada 27600-1296-300-84=25920
110m en pie 306 y pulgada 4320/2=2160

La construcción de este monumento esta rodeado por una fosa circular que mide 104m de diámetro, dentro de ese espacio se alza un bancal en el que aparecen 56 fosas. El bancal y la fosas están cortado por una << AVENIDA >> con un camino de 23m de ancho y 3km de largo. Estas personas de la edad de bronce tenían buen uso de la geometría que hasta el (PI) de un circunferencia, el radio, centro, y arco.

104 / 33 = 3.15
56 * 36 = 2016
23m en pie 75 y pulgada 900
3km 900 / 3 = 300º ACUARIO

El monumento actual toma su aspecto para el cual transportaron 32 bloque de arenisca desde la montaña de preseli.

33m en pie 108 y en pulgada 1296 108pie*20=2160
2.4m en pie 20 y en pulgada 84*24=2016
7.5m en pie 25 y en pulgada 300º ACUARIO
7.3m en pie 24 y en pulgada 288*7=2016 24pie*90=2160
2.1m en pie 6 y en pulgada 72*28

PUMAPUNKU

Veamos estas medidas de estas ruinas de Bolivia.

7.81m - 25 pies - * 12 = 300
5.17m - 16 pies - * 12 = 192
1.07m - 3 pies - * 12 = 36
7.90m - 25 pies - * 12 = 300
2.50m - 8 pies - * 12 = 96
1.86m - 6 pies - * 12 = 72
167.36 - 549 pies - * 12 = 6588
116.7 - 382 pies - * 12 = 4584
20m - 65 pies - * 12 = 780

27.6m - 90 pies - * 12 = 1080 si decimos * 2=2160
6.95m - 22 pies - * 12 = 264
38.72m - 127 pies - * 12 = 1524 + 300 + 264 + 72 = 2160
7.81m - 25 pies - * 12 = 300
5.17m - 16 pies - * 12 = 192
1.07m - 3 pies - * 12 = 36
6588+1080+264+300+192+72=8496 el signo de Escorpio
6588+4584=11172+1080+300+264=12816 el signo de Virgo
4584+1524=6108+264=6372-36=6336 el signo de Sagitarios
1524+1080+780+300+264+192+36=4176 el signo de Capricornio
1524+300+192=2016 el signo de Acuarios
6588+1524+1080+780+300+96+72+16=10656 el signo de libras
1080 + 780 +264 + 36 = 2160
Y el 90 puede ser usado como 90° que es el signo de Cáncer.
Y el 300 como el grado 300° que es el signo de Acuarios.
Estos números son los números de los metros y los pies, desde el 2 al 90.

una área ovalada de 14.3 metros (46.92 pies), de largo, y 5.5 metros (18.4 pies), de ancho. La piedra del Niche es de 0.9 metros de alto.
500 metro de distancia de hagar qim, esta el templo megalítico de mnajdra.

20m - 65 pies - * 12 = 780 pulgadas.
5.2m - 17.6 pies - * 12 = 211 pulgadas.
14.3m - 46.92 pies - * 12 = 563 pulgadas.2 * 1008 o 1080 = 2016 - 2160 si decimos 1524 - 300 - 264 - 24 = 1008
3 * 672 o 720 = 2016 - 2160 si decimos 780 - 72 - 36 = 672, y 780 - 65 = 715 + 5 = 720
5 * 432 = 2160 si decimos 300 + 90 =390 + 20 = 410 + 22 = 432
6 * 336 o 360 = 2016 - 2160 si decimos 300 + 36 = 336, y 336 + 24 = 360
7 * 288 = 2016 si decimos 264 +22 =286 + 2 = 288
8 * 252 o 270 = 2016 - 2160 si decimos 264 - 7 = 257 - 5 = 252, y 264 + 6 = 270
9 * 224 o 240 = 2016 - 2160 si decimos 192 + 25 = 217 + 7 = 224, y 224 + 22 + 8 = 240
16 * 126 o 135 = 2016 - 2160 si decimos 127 - 1 = 126, y 127 + 8 =135
20 * 108 = 2160 si decimos 72 + 36 = 108

27 * 80 = 2160 si decimos 25 + 25 = 50 + 22 = 72 + 8 = 80
90 * 24 = 2160 si decimos 25 - 1 = 24
Estos son los números de los pies en pulgadas, del 36 al 1080.
36 * 56 o 60 = 2016 - 2160 si decimos, y
72 * 28 o 30 = 2016 - 2160 si decimos 25 + 3 = 28, y 27 +3 = 30
96 * 21 = 2016 si decimos 20 + 1 = 21
1080 * 2 = 2160

Con solo el uso de la recta y la suma, solo usando números que están en la medidas, esto es para que vea, que los números son los mismo.

AKAPANA BOLIVIA TIWANAKU

Es aproximadamente una estructura en forma piramidal, que mide 257 metros, de ancho, y 197 metros mas largo de un lado, a lo máximo, y 16.5 metro de largo.

257m - 843 pies * 12 = - 10116
197m - 646 pies * 12 = - 7752
16.5m - 54 pies * 12 = - 648
7752 + 648 = 8400 + 60 =8460 + 36 = 8496
257 - 197 = 60
12 + 12 + 12 = 36
Escorpio = 8496

* PUMAPUNKU, es otra plataforma por el hombre, construida al este—oeste, en una línea recta, como AKAPANA. La pumapunku, es una loma de tierra en forma de terraza rectangular, con una piedras gigante (megalithic block), de 167.36 metros a lo largo de la pared de norte a sur en la línea recta, y 116.7 metros, mas largo de un lado, a lo largo de la pared de este a oeste, en una línea recta, y tiene 5 metros de alto. 20 metro de ancho, idéntico, y una proyección extendida de 27.6 metros, del norte al sur, y del noroeste, y sureste, de la esquina de pumapunku. Es una terraza de piedra de 6.75 por 38.72 metros en dimisión, y tiene una superficie en cementada de un bloque grande.

167.36m - 549 pies - * 12 = 6588 pulgadas
116.7m - 382 pies - * 12 = 4584 pulgadas

5m - 16 pies - * 12 = 192 pulgadas
20m - 65 pies - * 12 = 780 pulgadas
27.6m - 90 pies - * 12 = 1080 pulgadas * 2 = 2160
6.75m - 22 pies - * 12 = 264 pulgadas
38.72m - 127 pies - * 12 = 1564 pulgadas
6588 - 264 = 6324 + 12 = 6336
1080 + 780 =1860 + 264 = 2124 + 20 = 2144 + 16 = 2160
4584 - 264 = 4320 - 127 = 2193 - 16 = 4177 (4176)
1564 + 264 = 1828 +167 = 1995 +20 = 2015 (2016)

Si esta ciudad estuviera sus ruinas en mejor condición, otro gallo cantaría los números fueran impresionante, con solo esto números logre sacar 3 fechas del zodiaco, y el 2160.

* SACSAYHUANUN PERU, Esta cerca de la ciudad del Cuzco a una altitud de 3,701 metros, que son en 12,000 pies de altura.

12,000 * 12 = 144,000 el mismo 144,000 de la Biblia, que casualidad?
De la 3 paredes la mas larga es de 400 metros, y tienen 6 metros de alto.
400m - 1312 pies - * 12 = 15744 +1312 = 17056 solo 80 para 17136, que es Cáncer.
6m - 19 pies - * 12 = 228
Todas estas ciudades fueron destruida por los españoles, solo que dan algunas ruinas.

VOYNICH MANUSCRITO/ CIPHER

Este pequeño libro tiene un sin fin de preediciones astrológica de cuando va a suceder el próximo cambio en los signos del zodiaco, el que escribió el libro tenia información completa y segura de cuando esto va a suceder en el 2016 y 2160 es el tiempo que dura para el nuevo cambio en el signo miren lo extraño de este libro solo menciona algunos de los signos del zodiaco como piscis, Aries, sagitario, acuarios y un animal que puede ser un dragón o otra cosa, que creo que es capricornio, si miramos bien la foto que representa a acuario párese como si fuera libra, pero la forma en que esta son dos cubo pintado de azul que representa el agua y es el único signo con una corona en unas de las figuras que eso quiere decir que es el próximo signo que va a reinar con el sol en el 2016. Son 5 signo que de los 5 solo cuatro tiene 30 figuras y piscis tiene solo 29 esto quiere decir que el que hizo el libro lo hizo en el año bisiesto. Otra cosa extraña del manuscrito es que usaron unos símbolos y números, pero algunos números se pueden ver sin problema como el 989 que se repite muchas veces. 989+989=1978 D'imperio a criptographer and summarized all previos research on the Voynich manuscript in 1978. Que coincidencia que la suma de esos dos números dan 1978. Otra coincidencia que el numero 808 se ve muchas veces y si lo multiplicamos. 808*5=4040+80+40=4160 El 80 y el 40 también salen muchas veces en los números de los circulo, esto quiere decir que esta prediciendo también cuando va a ser el otro cambio.

80+40+40=160*12=1920+89=2009

El año que Edward leedskalnin empezó a construir el Castillo de coral y el 2009 primer African American presidente en los estados unidos, y yo escribí esto diciembre 23, 2009. Todos estos números son del libro.

1920+69=1989 la Guerra en el golfo pérsico y callo el muro de Berlín.
1920+81=2001 el ataque a las torres gemelas.
1920+49=1969 el hombre llega a la luna?
1978+38=2016 esto son los números.
1969+38=2007 nace la primera oveja clonada en el mundo científico en Irán. Esto son algunos de los números que yo puedo reconocer.
1920+48=1968 el asesinato de Martín L. King. 1920+96=2016

Para mi el manuscrito Voynich fue escrito en un lenguaje de las civilizaciones antiguas como arameo, fenicio, antiguo árabe, hindú, latín antiguo y otros mas, miren que el que escribió ese libro utilizo una letra de cada escritura de la antigüedad y también empleo los números este libro puede ser obra de Galileo Galilei, Leonardo da Vinci o Michel de Nostradamus muy pocas persona conocen este manuscrito es un enigma con muchas hipótesis sobre su origen que es de el 15 o 16 siglo, recuerden que la iglesia perseguía a todo aquel que no fuera con la creencia católica sobre su famoso dios cristo y muchos de ellos no creían en nada ni querían tener nada con la iglesia y por eso muchos de ellos fueron perseguido y en carcelado y humillados delante del mundo antiguo, como Galileo que vivió preso en su propia casa por la iglesia, pero cual fue su crimen ser una persona con ideas y teorías sobre el mundo y el universo. El que escribió el manuscrito lo hizo de esa manera para que la iglesia no pudiera entender su significado que es medicina y Astrología y los tres tenían conocimiento de las dos ramas.

El manuscrito voynich la representación de sagitario

El manuscrito voynich con la representación de piscis.

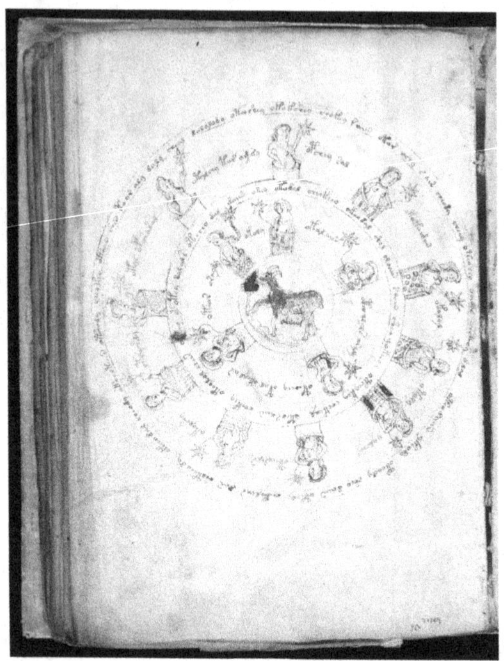

Manuscrito voynich con la representación de Aries.

Manuscrito voynich con la representación de un dragón.

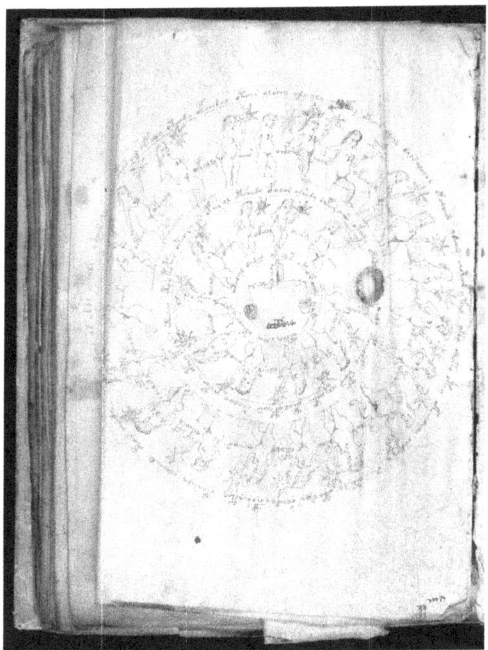

Manuscrito voynich co la representación de acuario.

Wilfred Michael Voynich-1865-1930-65 años.
Muere a la edad de 65 años y nace en el año 1865. En el 1912 compra el libro.
65*31=2015

Esposa de Voynich, Ethel Lilian Boole nace en el 1864-1960, a la edad de 96 años, y en el 1885 Voynich es miembro de una organización revolucionaria y ella tiene 21 años.

PREDICIONES DE LOS NUMEROS

Hoy 12 de enero de el 2010 sucedió un terremoto en el pequeño país de Haití, de 7.3 y seguido por 2 mas de 5.9 en la escala de Richter, yo no puedo predecir el futuro pero si puedo dar la fecha de algo que pueda suceder y una amiga mía que tiene el don de el espíritu dijo la noche de la víspera de san Lázaro que san Lázaro dijo que en el año por venir que es el 2010 algo grande va a suceder un país se va a destruir, y esto es solo el principio, y yo fui testigo de lo que el dijo esa noche. Ustedes creen si quieren, cada cabeza es un mundo. La Biblia es un libro de preediciones no de salvación de espíritu como muchos creen, solo lo utilizan para hacerse ricos y poderosos a costilla de los pendejo. Como dice el dicho (que el mas sabio vivía del mas pendejo), y si ustedes lo permiten que le roben su tiempo y dinero, (cada loco con su tema). Si miran bien pueden ver algunos de los signo del zodiaco en un templo Masónico. Y la representación del sol que esta en la pared al fondo es el mismo que tiene el papa cuando sale a caminar en grandes multitudes. El trabajo de los lumínate es decir la verdad poco a poco, por que la raza humana es muy violenta y agresiva, cuando se encuentra frente a algo que no conoce, por ejemplo si una nave especial se aparece en el cielo, que creen ustedes que va a pasar, pánico mundial. Si se fijan bien esto es una bóveda celeste que marca la posición del sol en diferente tiempo en el año y el 21 de diciembre del 2016 el sol se muere o se para por 3 días en la constelación del sur que es llamada la cruz del sur y el 25 se mueve 1grado hacia el norte y acuario es el Nuevo rey del zodiaco, esa es la famosa venida de cristo Jesús el sol. Ignorantes son lo que creen en ese cuento, ni los mismo judío creen en el y supuestamente ellos lo mataron. Ajá. Se que muchos se preguntaran por que Hollywood hace muchas películas sobre los extraterrestre y secretos mundiales es que el trabajo de ellos es la educación humana sobre el fenómeno ovni, solo piensen en algunas de las películas como quinto elemento, ultima cruzada & la cabeza de cristal, el tesoro nacional, y da Vince codee entre otras, y se preguntaran y porque no se dejan ver, si ellos si se dejan ver el problema es que nosotros somos muy violento y todo lo queremos resolver con la fuerza, hasta que no cambiemos nuestra forma de pensar y creo que el día esta cerca, que los ojos se van abrir y la verdad se va a conocer y la mentira de la religión no será mas, ya los zombi no seguirán mas al hombre y todos seremos iguales, tenemos que dejar el odio y la Guerra para poder evolucionar a la quinta dimensión y tomar conciencia que no estamos solos en el universo que tenemos nuestros hermanos mayores que cuidan de nosotros los incrédulos, que muchos solo creen en la Biblia que es un libro hecho por el hombre a sus conveniencia o favor.

JEANE DIXON 1904-1997

Dixon les decía a los reporteros que ella nació en el 1918 y una vez le mostró un pasaporte, pero en deposición para un juicio dijo que ella nació en el 1910. Y unos reporteros del national observer quienes entrevistaron miembro de la familia de Dixon y examiner documentos que decían que nació en el 1904. Miren que extraña

es esta mujer, Secaza con un hombre de nombre James Dixon en el 1939, II Guerra mundial.
19*106=2014
4*504=2016
En 1956 dijo que un presidente iba a morir no en su primer termino de su gobierno y John f Kennedy fue asesinado 1963.
56*36=2016
En el año 1960 son las elecciones entre Kennedy y Nixon.
60*33=1980
60*36=2160
Asesinan a Kennedy 1963.
63*32=2016
En el 1965 ella publica un libro regalos de las profecías.
65*31=2015
Ella muere en 1997 a la edad de 93 años.
97*20=1940
97*21=2037
93*22=2046
De ella tengo poca información pero lo números son los mismo que los de mas.

DUR-SHARRUKIN LA MESOPOTAMIA

La ciudad fue construida en forma rectangular, y mide 1760 por 1635 metros, y el área esta compuesto, por 35 kilómetros cuadrado, que son 288 hectáreas de tierra. El largo de la pared mide 16280 Asirían unida, que corresponde al valor numérico del nombre SARGON. 157 torres protegen sus lados. Por 7 puertas se podía entrar a la ciudad en cualquier dirección. La pared de la ciudad tiene un grosor de 24 metros.

1760m - 5774 pies - * 12 = 69,288
1635m - 5364 pies - * 12 = 64,368
35 kilómetros cuadrado
288 hectáreas
16280 Asirían unida
157 torres
7 puertas
24m - 78 pies - * 12 = 936
16280 + 936 = 17,216, el numero es - 80 que es = 17136
16280 - 5774 = 10506 + 157 = 10663 - 7 = 10656
1760 + 288 = 2048 + 78 = 2126 + 24 = 2150 + 7 = 2157 (2160)
11635 + 288 = 1923 + 157 = 2080 + 78 = 2158 (2160)
5774 + 5364 = 11138 + 1635 = 12773 + 1760 = 14533 + 288 = 14821 + 157 = 14978 - 3 = 14975 (14976)
288 * 7 = 2016

* NINEVEH, según los record encontrados de la dimisión es de 503 por 242 metros (1650 * 794 pies). Esta compuesta de 80 habitaciones. La fundación fue hecha de piedras de coral y ladrillos, y era de 22 metros (72 pies), de altura. Piedras gigantes en la puerta, que pesan 30 Kg. (30 toneladas); y muchas de las figuras son un león con alas o un toro, con la cabeza de hombre, de la mina de (balata), y tuvieron que ser levantados mas de 20 metros (66pies). Hay mas de 3000 metros (9843pies), de paneles de piedras esculpidos en (BAS-RELIEF), con todo sus parte. Una pintura tiene a 44 hombre moviendo a una estatua gigante, y la escultura enseña a 3 hombre dirigiendo la operación, estando parado en las piedra gigante, casi todas las estatua pesan entre 9000 y 27000 kilogramos. En este momento el total de (NINEVEH), es sobre 759 kilómetros (1430 acres), y 15 puertas, y 18 canales de agua.

En la Biblia se menciona (NINEVEH), y donde primero es mencionado es en el génesis capitulo 10, versículos 11 al 12; se fue de esta tierra Ashur, y construyo (NINEVEH), el país Asirían, en el verso hebreo, siendo (NIMROD), el que construyo a Nineveh.

* las paredes y las puertas, las ruinas de Nineveh están rodeada, por piedras gigante y ladrillos, con fecha de 700 años ante de cristo. Sobre 12 kilómetros de pared de largo, la pared es 6 metros (20pies), de alto, hecha por una pared de ladrillos de 10 metros (33 pies) de altura, y 15 metros (49 pies) de grosor. Las piedras que retienen la pared, y tiene un grosor de espacio de cada 18 metros (59 pies). La base de la pared del camino y el interior de la cámara hacia la puerta, donde se a línea con una piedra cortada a la perfección en posición parada de 1 metro (3 pies), de alto.

* shamash puerta, la piedra de la pared tiene un grosor de 20 metros (66 pies), hacia afuera, desde la línea de la pared principal, con un ancho de 70 metros (230 pies).

* halzi puerta, la entra de la puerta fue achicada, con ladrillo a 2 metros (7 pies), como la puerta de Adad.

* Adad puerta, Nineveh ultimo punto de defensa, se pueden ver en la construcción de ladrillo, cuando achica el camino de 4 metros (13 pies), a 2 metros (7 pies).

503m - 1650 pies - * 12 = 19800
242m - 749 pies - * 12 = 9528
22m - 72 pies - * 12 = 864 pulgadas + 708 + 588 = 2160
30 toneladas—60000 libras
3000m - 9843 pies - * 12 = 118,116 pulgadas
44 hombres.
3 hombres parados
759 kilómetros = 1730 acres + 2760 + 864 + 796 + 156 + 30 = 6336
Sagitarios
15 puertas
12 kilómetros = 7 millas
6m - 20 pies - * 12 = 240 pulgadas
10m - 33 pies - * 12 = 396

15m - 49 pies - * 12 = 588
18m - 59 pies - * 12 = 708
1m - 3 pies - * 12 = 36 pulgadas
20m - 66 pies - * 12 = 796 pulgadas
70m - 230 pies - * 12 = 2760 pulgadas
2m - 7 pies - * 12 = 84 pulgadas
4m - 13 pies - * 12 = 156 pulgadas
2m - 7 pies - * 12 = 84 pulgadas
864 + 708 + 396 +49 - 1 = 2016 Acuarios
2760 - 240 = 2520 - 156 = 2364 - 84 = 2280 - 84 = 2196 - 36 = 2160
796 + 708 = 1504 + 396= 1900 + 240= 2140 + 20=2160, el total de años que duran en darle la vuelta al sol.
2760 + 796 = 3556 + 708 = 4264 - 84 = 4180 - 4 = 4176 Capricornios
9528 + 588 = 10116 + 396 = 10512 + 156 =10668 - 12 = 10656 Libras
19800 - 708 = 19092 + 156 = 19248 + 84 = 19332 - 36 = 19296 Géminis
9528 - 588 = 8940 - 396 = 8544 - 84 = 8460 + 36 = 8496 Escorpión
9528 + 9843 + 1730 +396 - 1 = 21456 Taurus

Esta son las ruinas de algunas de la ciudades de la Mesopotamia, unas de la civilizaciones con mas historias y mitos sobre la creación del hombre, como pueden ver las medidas son las misma, que las demás civilizaciones en otras parte del mundo, y todas con una distancias de océanos, de increíbles millas, y sobre todos esto tienen la misma medidas, con el mismo resultado, por que no escribieron en un tabla de piedra las fechas de cada años de los signos del zodiaco o la constelaciones, ¿ porque el secreto de todas la civilizaciones de esconder este secreto en la medidas, desde el mas antigua monumento o ciudad, hasta el mas reciente monumento, están las misma medidas, y los mismo números, en especial el 144?

HAGAR QIM TEMPLO DE ISLA DE MALTA

La pared del oeste tiene 20 metros de largo, el templo de hagar qui, tiene la piedra mas grande usada, por los maltese, en su arquitectura megalíticas, que pesa 57 toneladas (114,000 libras).

El (MENHIR), es una solo piedra grande parada, que tiene 5.2 metros (17.6 pies), de alto.

Mas haya de la entrada del templo principal hay

5.5m - 18.4 pies - * 12 = 220 pulgadas.
0.9m - 2 pies - * 12 = 24 pulgadas.
500m - 1640 pies - * 12 = 19680 pulgadas.
57 toneladas por libras 114,000.
1640 + 220 = 1860 + 114 = 1974 + 24 = 1998 + 18 = 2016 Acuarios.
1640 + 220=1860 + 114=1974 + 211=2185 - 20 =2165 - 5 =2160 los años que duran en dar la vuelta al sol.
2016 + 2160 = 4176 Capricornios.
19680 - 220 = 19460 - 114 = 19346 - 57 = 19289 + 5 = 19294 + 2 = 19296 Géminis.
19296 + 2160 = 21456 Taurus.

ISHIBUTAI KOFUN JAPON

Es una recamara es forma rectangular, y mide 25 pies por, 11 pies, por 15 pies, de altura, cerca de un pasaje de 38 pies, de largo, y el techo esta compuesto de 2 piedras plana, y cada una pesa 60 a 70 toneladas.

Y también tiene 30 piedras, y tienen sobre 2300 toneladas, y una altura sobre 4.7 metros (15 pies), y el ancho de 3.5 metros (11 pies), y el largo de 7.7 metros (25 pies).

La tumba es inferior para ser del el emperador (SAGA NOUMAKO), la tumba es un rectángulo del largo 80 metros (262 pies).

25 pies * 12 = 300 pulgadas, y 300º es el signo de Acuario
11 pies * 12 = 132 pulgadas * 12 = 1584 + 300 = 1884 + 132 = 2016
15 pies * 12 = 180 pulgadas, y 180 * 12 = 2160
60 toneladas—120000 libras
70 toneladas—140000 libras
30 piedras
2300 toneladas—4600 libras
4.7m= 15 pies * 144 = 2160
3.5m= 11 pies
7.7m= 25 pies

80m= 262 pies * 12 = 3144 pulgadas
25 + 11 = 36
25 + 15 = 40
4600-300=4300-180=4120+25=4145+15=4160+11=4171+4=4175 (4176)
2300-140=2160-120=2040-25=2015 (2015)
120 * 18 = 2160
40 * 54 = 2160
60 * 36 = 2160
30 * 72 = 2160
80 * 27 = 2160
25+15=40+11=51+3=54
132-80=52-25=27
180-80=100-25=75-3=72
15+3=18

LA GRAN PIRAMIDE DE GIZA EGIPTO

Como todos sabemos que la pirámides a sido el centro de estudio del mundo, con miles de hipótesis, pero cual es el verdadero secreto de las pirámides en sus medidas creo que nadie halla escrito algo sobre los resultado de las medidas, como en el metros, pies, y pulgadas, y luego en la suma, recta, multiplicación, y división, del resultado entre ellas, que es un poco interesante, y curioso a la vez. Todos no preguntamos como la construyeron, y hay muchas respuestas sin pruebas, unos dicen que los esclavos hebreos la construyeron, en el reinado de Khufu, otros que fueron seres de otro planeta, la verdad es que no importa quien fue que lo hizo, la verdad es que ellos tenían una tecnología superior a la época en que estaban, que nosotros con la tecnología de hoy en día no podemos hacer algo igual, pero que querían decir ellos con sus medidas, yo creo que era una forma de llevar el tiempo de los signo del zodiaco, para ellos poder predecir el próximo cambio del signo del zodiaco que sucede cada 2160 años, que para los 12 signos darle la vuelta al sol duran 25,920 años que ellos llamaban el gran año. Miremos algunas de las medidas de la pirámide Giza. La medida original de la pirámide es.

146.478 metros, que en pies son 480 pies, y en pulgadas son 5,760, y las medida de hoy en día son 138.75 metros, en pies 455, y en pulgadas son 5,450, y cada lado de la pirámide, tiene 230.37 metros, que en pies son 755.81 de largo, que en pulgadas son 9,020 de un total de 36,240 pulgadas, las cuatros cara tienen un error de 58 milímetros de largo, y la base es horizontal, y plana a 21 milímetros, estas fueron algunas de las medida. Ahora las medida del interior de la pirámide de Giza, que son un poco curiosas en su resultado final, de metro, a pies, y de pies a pulgadas.

17 metros en pies 55.7, y en pulgadas 660*3=1980
7.29 metros en pies 23.9 y en pulgadas 276*7=1932
0.96 metros en pies 3.2 y en pulgadas 36*56=2016
1.04 metros en pies 3.5 y en pulgadas 36*56=2016
105.23 metros en pies 345.3 y en pulgadas 4,140
8.84 metros en pies 29 y en pulgadas 348*6=2088
28.2 metros en pies 98.7 y en pulgadas 1176
39.3 metros en pies 129 y en pulgadas 1548
1.5 metros en pies 5 y en pulgadas 60*5=300g ACUARIO

1.1 metros en pies 3.8 y en pulgadas 36*56=2016
1.73 metro en pies 5.8 y en pulgadas 60*5=300g ACUARIO
5.75 metro en pies 18.10 y en pulgadas 216*10=2160
5.23 metros en pies 17.2 y en pulgadas 204*10=2040
6.23 metros en pies 20.5 y en pulgadas 240*9=2160
1.04 metros en pies 3.5 y en pulgadas 36*56=2016
2 metros en pies 6 y en pulgadas 72*28=2016
8.6 metros en pies 28 y en pulgadas 336*6=2016
46.68 metros en pies 153 y en pulgadas 1836
2.06 metro en pies 6.9 y en pulgadas 72*28=2016
2.29 metros en pies 7.6 y en pulgadas 84*24=2016
7.6 centímetros en pies 0.249 y en pulgadas 3*672=2016
1.04 metros en pies 3.5 y en pulgadas 36*56=2016
51 centímetros en pies 1.8 y en pulgadas 12*168=2016
1.04 metros en pies 3.5 y en pulgadas 36*56=2016
1.2 metros en pies 3.4 y en pulgadas 36*56=2016
10.47 metros en pies 34.4 yen pulgadas 408
5.234 metros en pies 17.2 y en pulgadas 204
5.974 metros en pies 19.1 y en pulgadas 228
0.91 metros en pies 3 y en pulgadas 36*56=2016
27 metros en pies 90 y en pulgadas 1080*2=2160

El numero 36 sale 8 veces hagamos algo con la multiplicación del 36.
36*1=36*56=2016
36*2=72*28=2016
36*3=108*20=2160
36*4=144*14=2016
36*5=180*12=2160
36*6=216*10=2160
36*7=252*8=2016
36*8=288*7=2016

5 de 8 dan el mismo resultado y 3 da el total de los años que dura un signo en darle la vuelta al sol.

LA PIRAMIDE DE KHAFRE

En mi búsqueda de las medida de la pirámide en contre muy pocas, pero con un resultado fantástico en los números, veamos el resultado con la diferencia de que no utilizo la multiplicación si no la suma del resultado de las pulgadas.

143.5 metros en pies 471 y en pulgadas 5,652
215.25 metros en pies 706 y en pulgadas 8,472
10 metros en pies 33 y en pulgadas 396
El interior.
11.54 metros en pies 38 y en pulgadas 546
12 metros en pies 39 y en pulgadas 468
30 metros en pies 98 y en pulgadas 1,176
14.15 metros en pies 46.5 y en pulgadas 552 y 5 metros en pies 16 y en pulgadas 192
494.6 metros en yardas 541 en pies 1,623 y en pulgadas 19,476
10 metros en pies 33 y en pulgadas 396
Tomemos 2 medidas del exterior y 2 medidas del interior, y sumémoslas entre si y ver su resultado.
19,476+5,652+396+396=25,920

El resultado es el total de años que duran las 12 constelaciones en darle la vuelta al sol y en las medida esta el secreto de cómo las grandes civilizaciones llevaban el tiempo, pero que sucede cuando llega esa fecha, por un secreto, cual es el misterio en el 2016 lo veremos.

LA PIRAMIDE DE MENKAURE

Es la más pequeña de las 3 y pocas medidas en contre sobre ella esta son algunas de las medidas de la pirámide.

.4 metros en pies 339 y en pulgadas 4,068
61 metros en pies 204 y en pulgadas 2,448
65.5 metros en pies 215 y en pulgadas 2,580
103106 metros en pies 356 y en pulgadas 4,272

LA ESFINGE DE GIZA

Cual es el misterio de este monumento que no quiere hablar solo el tiempo lo dirá.

73.5 metros en pies 241 y en pulgadas 2,892
6 metros en pies 20 y en pulgadas 240*9=2160
20.22 metros en pies 66 y en pulgadas 792*2=1584
2,892-792=2100

En la meseta de Egipto hay un total de 97 pirámides, otras de renombres son la pirámide roja, la pirámide doblada, y la pirámide mediana, también vamos haber algunas de las medidas de ellas, y la suma entre las 3 pirámides.

LA PIRAMIDE ROJA

104 metro en pies 341 y en pulgadas 4,092
220 metros en pies 722 y en pulgadas 8,664@
3 pies en centímetros 91 y en pulgadas 36@*56=2016
4 pies en metro 1.22 y en pulgadas 48*42=2016
27 grados y 200 pies en metros 68 y en pulgadas 2,400@
40 pies en metros 12.3 y en pulgadas 480@
50 pies en metros 15 y en pulgadas 600@ total = 16,339
LA PIRAMIDE DOBLADA
101.1 metros en pies 332 y en pulgadas 3,984
188.6 metros en pies 619 y en pulgadas 7,428 ?????????
54 grados 27 pies en pulgadas 324
43 grados 22 pies en pulgadas 264 total = 12,000

LA PIRAMIDE MEDIANA

De la base al tope 93.5 metros en pies 307 y en pulgadas 3,684
1465 metros en pies 213 y en pulgadas 2,556
4 metros en pies 472 y en pulgadas 5,664
51 grado y 50.35 en pies y en pulgadas 600
20 metros en pies 65 y en pulgadas 780

57 metros en pies 187 y en pulgadas 2,244
10 metros en pies 32 y en pulgadas 384@ total = 13,356@
144*14=2016
El resultado es la suma de la pirámide roja y la pirámide mediana son los números.
13,356+8,664=22,020+2,400+1,080+384+36=25,920 es el mismo resultado de la
Pirámide de khafre.

EL TEMPLO DE LUXOR

Algo curioso sobre el templo es sus coordenadas 25º 41' 59" N 32º 39 E, porque, el castillo de coral en la florida tiene coordenadas similares 25º 30' 00" N 80º 26' 34" W. ahora miremos sus medidas.

65 metros en pies 213 y en pulgadas 2,556
25 metros en pies 82 y en pulgadas 984
15.15 metros en pies 49 y en pulgadas 588
1 metros en pies 3 y en pulgadas 36*56=2016
25 metro en pies 82 y en pulgadas 984-744=240*9=2160
260 metros en pies 853 y en pulgadas 10,236
19 metros en pies 65 y en pulgadas 744-588=156-36=120*18=2160
10 metros en pies 32 y en pulgadas 384

LOS TEMPLO DE ABYDO

Original era de 82 pies y en pulgadas 984, por 12 columnas en 2 líneas de 6, y cada línea en cada lado por 7 líneas de columnas de 42 pies de alturas (12.8metro), y cada línea tenía 9 columnas, pero la línea de adentro de 7 columnas. El relieve de la pintura por el pasillo contienes símbolos de la creación.

12.8 metros en pies 42 y en pulgadas 504*4=2016

VALLE DE LOS REYES

VR-1 TUMBA DE RAMESSES VII
ALTURA 4.25m en pies 13 y en pulgadas 156*13=2028
ANCHO 5.17m en pies 16 y en pulgadas 192*11=2112
LARGO 44.3m en pies 145 y en pulgadas 1,740
AREA 163.56 m2 en pies 1760 y en pulgadas 21,120 total = 23,208
23,208 + 192 = 23,400 + 163 = 23,563 + 44 = 23,607 + 5 = 23,612 + 4 = 23,616

VR-2 RAMESSES IV
5.21m en pies 17 y en pulgadas 204*10=2040
8.32m en pies 27 y en pulgadas 324*6=1944
88.6m en pies 290 y en pulgadas 3,480
304.88m2 en pies 3281 y en pulgadas 39,372

VR-3 RAMESSES III
3.13m en pies 10 y en pulgadas 120*9=2160
7.71m en pies 25 y en pulgadas 300g ACUARIO
53.47m en pies 175 y en pulgadas 2100
193.36m en pies 2081 y en pulgadas 24,972

VR-4 RAMESSES XI
5.01m en pies 16 y en pulgadas 192*11=2112
11.30m en pies 37 y en pulgadas 444*5=1776
104.09m en pies 341 y en pulgadas 4,092
503.5m2 en pies 5419 y en pulgadas 65,028

VR-5 HIJO DE RAMESSES II
2.85m en pies 9 y en pulgadas 108*18=1944 y 108*19=2052 y 108*20=2160
15.43m en pies 50 y en pulgadas 600
443.2m en pies 1454 y en pulgadas 17,448
1266.47m2 en pies 13,632 y en pulgadas 163,584

VR-6 RAMSSES IX
4.61m en pies 15 y en pulgadas 180*12=2160
8.55m en pies 28 y en pulgadas 336*6=2016

105.2m en pies 344 y en pulgadas 4,128
396.4m2 en pies 4266 y en pulgadas 51,192

VR-7 RAMESSES II
5.82m en pies 19 y en pulgadas 228*9=2052
13.06m en pies 42 y en pulgadas 504*4=2016
168.05m en pies 551 y en pulgadas 6,612
868.4m2 en pies 9347 y en pulgadas 112,164

VR-8 MERENPTAH
6.46m en pies 21 y en pulgadas 252*8=2016
14.86m en pies 48 y en pulgadas 576*4=2304-144=2160
164.86m en pies 540 y en pulgadas 6,480
772.54m2 en pies 8315 y en pulgadas 99,780

VR-9 RAMESSES V & RAMESSES VI
6.92m en pies 22 y en pulgadas 264*8=2112
13.3m en pies 43 y en pulgadas 516*4=2064
116.84m en pies 383 y en pulgadas 4,596
510.07m2 en pies 5490 y en pulgadas 65,880

VR-10 AMENMESSE
3.84m en pies 12 y en pulgadas 144*14=2016
9.47m en pies 31 y en pulgadas 372*5=1860
105.34m en pies 345 y en pulgadas 4140
350.27m2 en pies 3770 y en pulgadas 45,240

VR-11 RAMESSES III
6.55m en pies 21 y en pulgadas 252*8=2016
13.85m en pies 45 y en pulgadas 540*4=2160
188.11m en pies 617 y en pulgadas 7,404
726.33m2 en pies 7818 y en pulgadas 93,816

VR-12 FAMILIA REAL
5.42m en pies 17 y en pulgadas 204*10=2040
5.55m en pies 18 y en pulgadas 216*10=2160
92.33m en pies 302 y en pulgadas 3,624
253.83m2 en pies 2732 y en pulgadas 30,784

VR13—AMENHERKHEPSEF & MENTU
2.75m en pies 9 y en pulgadas 108*22=2052
5.09m en pies 16 y en pulgadas 192*11=2112
71.33m en pies 234 y en pulgadas 2808
180.99m2 en pies 1948 y en pulgadas 23,376

VR-14 TAWOSRET & SETNAKHTE
6.01m en pies 19 y en pulgadas 228*9=2052
13.31m en pies 43 y en pulgadas 516*4=2064
158.41m en pies 519 y en pulgadas 6,228
628.55m2 en pies 6,765 y en pulgadas 81,180

VR-15 SETI II
3.5m en pie 11 y en pulgada 132*16=2112
8.06m en pie 26 y en pulgada 312*6=1872
88.65m en pie 290 y en pulgada 3,480
298.11m2 en pie 3,208 y en pulgada 38,496

VR-16 RAMESSES I
4.96m en pie 16 y en pulgada 192*11=2112
6.26m en pie 20 y en pulgada 240*9=2160
49.34m en pie 161 y en pulgada 1,932
147.94m2 en pie 1,592 y en pulgada 19,104

VR-17 SETI I
6.05m en pie 19 y en pulgada 228*9=2052
13.19m en pie 43 y en pulgada 516*4=2064
137.19m en pie 450 y en pulgada 5,400
649.4m en pie 6,986 y en pulgada 83,832

VR-18 RAMESSES X
3.79m en pie 12 y en pulgada 144*14=2016
3.7m en pie 12 y en pulgada 144*14=2016
42.68m en pie 140 en pulgada 1680
144.32m2 en pie 1,553 y en pulgada 18,636

VR-19 MENTU
3.79m en pie 12 y en pulgada 144*14=2016

3.69m en pie 12 y en pulgada 144*14=2016
38.68m en pie 126 y en pulgada 1,512
132.83m2 en pie 1,429 y en pulgada 17,148

VR-20 THOTMOSE I & HATSHPSUT
4.53m en pie 14 y en pulgada 168*12=2016
7.17m en pie 23 y en pulgada 276*7=1932
210.32m en pie 690 y en pulgada 8,280
513.29m2 en pie 5,525 y en pulgada 66,300

VR-21 ????????????????????????
5.71m en pie 18 y en pulgada 216*10=2160
6.78m en pie 22 y en pulgada 264*8=2112
41.04m en pie 134 y en pulgada 1,608
120.29m2 en pie 1,294 y en pulgada 12,528

VR-22 AMEMHATEP III
4.98m en pie 16 y en pulgada 192*11=2112
8.45m en pie 27 y en pulgada 324*6=1944
126.68m en pie 415 y en pulgada 4,980
554.92m2 en pie 5,973 y en pulgada 71,676

VR-23 AY
5.44m en pie 17 y en pulgada 204*10=2040
8.89m en pie 29 y en pulgada 348*6=2088
60.16m en pie 197 y en pulgada 2,364
212.22m2 en pie 2,284 y en pulgada 27,408

VR-24 ?????????????????????
2.5m en pie 8 y en pulgada 96*21=2016
5.63m en pie 18 y en pulgada 216*10=2,160
6.42m en pie 21 y en pulgada 252*8=2016
23.36m2 en pie 251 y en pulgada 3,012

VR-25 ????????????????????
2.39m en pie 7 y en pulgada 84*24=2016
2.39m en pie 7 y en pulgada 84*24=2016
15.59m en pie 51 y en pulgada 612*3=1836

35.58m2 en pie 382 y en pulgada 4,584

VR-26 ?????????????????????
??????????????????????????????????
2.84m en pie 9 y en pulgadas 108*22=2052
11.26m en pie 36 y en pulgadas 432*5=2160
20.05m2 en pie 215 y en pulgadas 2,580

VR-27 ??????????????????????
2.89m en pie 9 y en pulgadas 108*22=2052
7.65m en pie 25 y en pulgadas 300º ACUARIO
20.78m en pie 68 y en pulgada 816*2=1632
91.87m2 en pie 988 y en pulgada 11,856

VR-28 ???????????????????????
2.39m en pie 7 y en pulgada 84*24=2016
6.23m en pie 20 y en pulgada 240*9=2160
8.19m en pie 26y en pulgada 312*6=1872
28.88m2 en pie 310 yen pulgada 3,720

VR-29 ???????????????????????
????????????????????????????????????
1.14m en pie 3 y en pulgada 36*56=2016
1.39m en pie 4 y en pulgada 48*42=2016
1.62m2 en pie 17 y en pulgada 204*10=2040

VR-30 ????????????????????????
2.71m en pie 8 y en pulgada 96*21=2016
3.15m en pie 10 y en pulgada 120*18=2160
42.06m en pie 137 y en pulgada 1,644
105.12m2 en pie 1,131 y en pulgada 13,572

VR-31 ????????????????????????/
0.98m en pie 3 y en pulgada 36*56=2016
1.74m en pie 5 y en pulgada 60*5=300º ACUARIO
3.25m en pie 10 y en pulgada 120*18=2160
5.65m2 en pie 60 y en pulgada 720*3=2160

VR-32 TIA'A
6.11m en pie 20 y en pulgada 240*9=2160
6.17m en pie 20 y en pulgada 240*9=2160
39.67m en pie 130 y en pulgada 1,560
106.3m2 en pie 1,144 y en pulgada 13,728

VR-33 ?????????????????
????????????????????????
????????????????????????
????????????????????????
????????????????????????

VR-34 ?????????????????
????????????????????????
????????????????????????
????????????????????????
????????????????????????

VR-35 AMENHOTEP
3.44m en pie 11 y en pulgada 132*16=2112
???????????????????????????????
91.87m en pie 301 y en pulgada 3,612
362.85m2 en pie 3,905 y en pulgada 46,860

VR-36 MAIHERPRI
1.62m en pie 5 y en pulgada 60*5=300° ACUARIO
?????????????????????????????????
6.34m en pie 20 y en pulgada 240*9=2160
18.54m2 en pie 199 y en pulgada 2,388

VR-37 ??????????????????????
1.96m en pie 6 y en pulgada 72*28=2016
4.05m en pie 13 y en pulgada 156*13=2028
18.39m en pie 60 y en pulgada 720*3=2160
38.04m2 en pie 409 y en pulgada 4,908

VR-38 THUTMOSE I
2.64m en pie 8 y en pulgada 96*21=2016

5.78m en pie 18 y en pulgada 216*10=2160
18.39m en pies 60 y en pulgada 720*3=2160
125.65m2 en pie 1,352 y en pulgada 16,224

VR-39 AMENHOTEP I
4.94m en pie 16 y en pulgada 192*11=2112
3.92m en pie 12 y en pulgada 144*14=2016
10.09m en pie 33 y en pulgada 396*5=1980
193.69m2 en pie 2,084 y en pulgada 25,740+144=25,884+36=25,920

VR-40 ?????????????????????
2m en pie 6 y en pulgada 72*28=2016
2m en pie 6 y en pulgada 72*28=2016
2.24m en pie 7 y en pulgada 84*24=2016
3.57m2 en pie 38 y en pulgada 456*4=1984

VR-41 ?????????????????????????
11.23m en pie 36 y en pulgada 432*5=2160
1.82m en pie 5 y en pulgada 60*5=300º ACUARIO
1.62m en pie 5 y en pulgada 60*5=300º ACUARIO
2.96m2 en pie 31 y en pulgada 372*5=1860

VR-42 HATSHEPSUT & MERYTRE
4.32m en pie 14 y en pulgada 168*12=2016
7.61m en pie 24 y en pulgada 288*7=2016
58.18m en pie 190 y en pulgada 2,280
184.72m2 en pie 1,988 y en pulgada 23,856

VR-43 THUTMOSE IV
5.32m en pie 17 y en pulgada 204*10=2040
10.26m en pie 33 y en pulgada 396*5=1980
105.73m en pie 346 y en 4,152
407.7m2 en pie 4,388 y en pulgada 52,656

VR-44 ??????????????????????????????
?????????????????????????????????????/
5.65m en pie 18 y en pulgada 216*10=2160
6m en pie 19 y en pulgada 228*9=2052

22.59m2 en pie 243 y en pulgada 2,916

VR-45 USERHET
2.64m en pie 8 y en pulgada 96*21=2016
5.36m en pie 17 y en pulgada 204*10=2040
5.80m en pie 19 y en pulgada 228*9=2052
20.09m2 en pie 216 y en pulgada 2,592-228-204=2160

VR-46 YUYA & TJUYU
4.51m en pie 14 y en pulgada 168*12=2016
10.02m en pie 32 y en pulgada 384*5=1920
21.31m en pie 69 y en pulgada 828*2=1656
62.36m en pie 671 y en pulgada 8,052

VR-47 SITHAH
5.33m en pie 17 y en pulgada 204*10=2040
13.72m en pie 104 y en pulgada 1,248 y 9.7m en pies 29 y en pulgadas 348
124.93m en pie 409 y en pulgada 4,908
501.42m2 en pie 5,397 y en 64,764

VR-48 AMENEMOPET CALLED
2.02m en pie 6 y en pulgada 72*28=2016
4.69m en pie 15 y en pulgada 180*12=2160
8.43m en pie 27 y en pulgada 324*6=1944
31.02m2 en pie 333 y en pulgada 3,996

VR-49 ???????????????????????????/
2.24m en pie 7 y en pulgada 84*24=2016
3.5m en pie 11 y en pulgada 132*16=2112
24.14m en pie 79 y en pulgada 948*2=1896
46.61m2 en pie 501 y en pulgada 6,012

VR-50 ANIMALES
1.51m en pie 4 y en pulgada 84*24=2016
1.59m en pie 5 y en pulgada 60*5=300
3.79m en pie 12 y en pulgada 144*14=2,016 144*15=2160
5.11m2 en pie 55 y en pulgada 660*3=1980

VR-51 ANIMALES
1.9m en pie 6 y en pulgada 72*28=2016
2.66m en pie 8 y en pulgada 96*21=2016 8pie*270=2160
7.67m en pie 25 y en pulgada 300ºACUARIO
17.86m2 en pie 193 y en pulgada 2,304-144=2,160

VR-52 ANIMALES
1.26m en pie 4 y en pulgada 48*42=2,016
1.37m en pie 4 y en pulgada 48*42=2016 4pie*540=2160 48pulgada*45=2160
4.2m en pie 14 y en pulgada 144*14=2016
5.25m2 en pie 17 y en pulgada 204*10=2040

VR-53 ??????????????????????????????
1.88m en pie 6 y en pulgada 72*28=2016 6pie*360=2160
5.17m en pies16 y en pulgada 192*11=2112 16pie*135=2160
8.44m en pie 27 y en pulgada 324*6=1944 27pie*80=2160
36.56m2 en pie 119 y en pulgada 1,428+324+192=1944D-DAY

VR-54 TUTAMKHAMUN
??????????????????????????????
1.17m en pie 3 y en pulgada 36*56=2016
1.69m en pie 5 y en pulgada 60*5=300 60*36=2160
2m2 en pie 6 y en pulgada 72*28=2016

VR-55 AMARNA
171.23m en pie 561 y en pulgada 6,732
???????????????????????????????????
27.61m en pie 90 y en pulgada 1080*2=2160
???????????????????????????????????

VR-56 ????????????????????????
3.13m en pie 10 y en pulgada 120*18=2160
7.59m en pie 24 y en pulgada 288*7=2016
7.34m en pie 24 y en pulgada 288*7=2016 24pie*90=2160
39.25m2 en pie 128 y en pulgada 1536

VR-57 HOREMHEB
5.6m en pie 18 y en pulgada 216*10=2160 18pie*120=2160
8.94m en pie 29 y en pulgada 126*16=2016
127.88m en pie 419 y en pulgada 5028
472.61m2 en pie 5,087 y en pulgada 61,044

VR-58 ??????????????????????????????
2.36m en pie 7 y en pulgada 84*24=2016
405m en pie 1,328 y en pulgada 15,936
7m en pie 22 y en pulgada 264*8=2112
23.67m2 en pie 254 y en pulgada 3,048

VR-59 ?????????????????????????
2.11m en pie 6 y en pulgada 72*28=2,016 72*30=2160
2.11m en pie 6 y en pulgada 72*28=2,016 72*30=2160
3.01m en pie 9 y en pulgada 108*20=2160
6.4m2 en pie 68 y en pulgada 816*2=1632

VR-60 SITRE & HATSHEPSUT
1.95m en pie 6 y en pulgada 72*28=2016
6.57m en pie 21 y en pulgada 252*8=2016
10.88m en pie 35 y en pulgada 420*5=2100
63.39m2 en pie 682 y en pulgada 8184

VR61 NUNCA FUE USADA
1.71m en pie 5 y en pulgada 60*36=2160
3.3m en pie 10 y en pulgada 120*18=2160
6.30m en pie 20 y en pulgada 240*9=2160
15.49m2 en pie 166 y en pulgada 1992

VR-62 TUTANKHAMUN
3.68m en pie 12 y en pulgada 144*14=2016 144*15=2160 12pie*180=2160
7.86m en pie 25 y en pulgada 300ºACUARIO
30.79m en pie 101 y en pulgada 1212
109.83m2 en pie 1182 y en pulgada 14,184

VR-63 NO SE SABE QUIEN ES LA PERSONA
???
???
???
???

VR-64 ?????????????????????????????????
???
??
??
???

VR-65 ???????????????????????????????????
???
???
???
???

EL NUMERO 21

Estos son los números que multiplicado por es igual a 2016 Y 2160.

1) 1008*2= 2016
2) 504*4= 2016
3) 336*6= 2016
4) 252*8= 2016
5) 224*9= 2016
6) 168*12= 2016
7) 144*14= 2016
8) 126*16= 2016
9) 112*18= 2016
10) 96*21= 2016
11) 84*24= 2016
12) 72*28= 2016
13) 63*32= 2016
14) 56*36= 2016
15) 48*42= 2016

1) 5*432=2160
2) 10*216=2160
3) 15*144=2160
4) 20*108=2160
5) 30*72=2160
6) 40*54=2160
7) 45*48=2160
8) 60*36=2160
9) 80*27=2160
10) 90*24=2160
11) 120*18=2160
12) 135*16=2160
13) 180*12=2160
14) 240*9=2160
15) 270*8=2160
16) 360*6=2160
17) 540*4=2160
18) 720*3=2160
19) 1080*2=2160

1) 216*10=2160-144=2016 ese es el numero de la Biblia 144.

La suma de la diferencia entre un numero y otro es del 2 al 9 es 7 y del 9 al 16 es 7 y del 16 al 24 es 7 que es 21, y del 24 al 42 son 18. En todas estos números solo 3 son impares el, 9, 21 y el 63, y 21*3= 63, y 32*3= 96 y es el único número 21 sumándolo no da, 48, 96, y 112, 144, ni 224, pero si el 96 se multiplican entre 21. Y, 9*2=18, 9*4=36, 9*8=72, 9*16=144, 9*24=216. Que es así 2+1+6=9, ó 21+6=27, ó 21 ó 16
Los primeros 4 son 21, 42, 63, 84, y los que no salen en los primero 4 son 48 y 96.
Los últimos 6 son 126, 168, 252, 336, 504, y 1008, y los que no salen son 112, 144 y 224

En total solo 10 salen y 5 no salen, 10+5= 15. Y el juego dice así.

(21)+21=(42)+21=(63)+21=(84)+21=105+21=(126)+21=147+21=(168)+21=189+21=210+21=231+21=(252)+21=273+21=294+21=315+21=(336)+21=357+21=378+21=399+21=420+21=240+21=441+21=462+21=483+21=(504)+21=525+21=546+21=567+21=588+21=609+21=630+21=651+21=672+21=693+21=714+21=735+21=756+21=777+21=798+21=819+21=840+21=861+21=882+21=903+21=924+21=945+21=966+21=987+21=(1008)+21=1029+21=1050.Y 50 es el total de ellos.

(21)	(42)	(63)	(84)	105	(126)	147	(168)	189	210
231	(252)	273	294	315	(336)	357	378	399	240
441	462	483	(504)	525	546	567	588	609	630
651	672	693	714	735	756	777	798	819	840
861	882	903	924	945	966	987	(1008)	1029	1050

Lo curioso de este caso es que Malaquías predijo solo 112 papas, y la Biblia del 144 que son los famosos elegidos, hagamos algo con algunos nombre para ver la cantidad de letras que tienen.

MIGUEL OSCAR MONTALVO HERNANDEZ
8 5 8 9 = 28
GEORGE WASHINGTON
6 10 = 16
BENJAMIN FRANKLIN
8 8 = 16
WILFRED MICHAEL VOYNICH
7 7 7 = 21
GALILEO GALILEI
7 7 = 14

Miren otra cosa, que casualidad de los números voy a usar como ejemplo a mi persona y 4 presidente de los estado unidos.

Yo nací el 26 de febrero del 1972, mi primera hija nace en el año 1996, y yo tengo 24 años, la segunda nace 1999, y yo tengo 27 años, y la ultima nace en el 2004, y yo tengo 32 años, otra cosa yo me gradúe en el año 1993 a la edad de 21 años, y en el año 1995 11 de enero me case, y tengo 23 años, y ese mismo año tuve una experiencia con la muerte el 27 de febrero, y es la edad la que tengo cuando nace mi segunda hija, y mi madre que es mía abuela nació en el 1918, 13 de septiembre y muere en el año 2003 a la edad de 84 años, y cuando tiene su primer hijo a la edad de 22 años, la segunda a la edad de 23 años, la tercera a la edad de 25 años, el cuarto que es mi padre ella tiene 28 años, y la quinta a la edad de 32 años, y cuando yo nací mi padre tiene 26 años, y yo nací el 26 de febrero, un sábado que es el día 6. En el año 1991 entro a los estados unidos a la edad de 18 en febrero 21 faltando solo 5 días para los 19 años. Mi segunda hija en el 2016 ella va a tener 16 años. El mes 2 del 1972 así 2+1+9+7+2= 21 Ulysses s. Grant en el 1884 escribió sus memorias, y 2 días ante de terminar el manuscrito muere a la edad de 63 años. 1+8+8+4= 21 y 6+3= 9

George Washington nace el año 1732, y muere a la edad de 67 años, John Adams muere en el año 1826 a la edad de 91 años, y Thomas Jefferson muere el mismo año

1826 a la edad de 83 años, los 2 el mismo día 4 de julio.

Washington 67-Adams 91 = 24
Jefferson 83-Washington 67 = 16
Adams 91-Jefferson 83 = 8. Total 48

Seguiré con la suma del numero 21 para ver hasta donde llega el, yo se hasta donde quiero que llegue, el es un numero infinito.

1+8+2+6+9+1=27Adams y 1+8+2+6+8+3=28Jefferson y 1+7+3+2+6+7=26Washington

1050+21=1071+21=1092+21=1113+21=1134+21=1155+21=1176+21 =1197+21=1218+21=1239+21=1260+21=1281+21=1302+21=1323+21=1344+21=1365+21=1386+21=1407+21=1428+21=1449+21=1470+21=1491+21=1512+21=1533+21=1554+21=1575+21=1596+21=1617 +21=1638+21=1659+21=1680+21=1701+21=1722+21=1743+21=1764+21=1785+21=1806+21=1827+21=1848+21=1869+21=1890+21=1911+21=1932+21=1953+21=1974+21=1995+21=2016. Y 50 es el total. 50+50=100

2016 2016, 2016, 2016, 2016, 2016, 2016, 2016, 2016, 2016
1071 1092 1113 1134 1155 1176 1197 1218 1239 1260
1281 1302 1323 1344 1365 1386 1407 1428 1449 1470
1491 1512 1533 1554 1575 1596 1617 1638 1659 1680
1701 1722 1743 1764 1785 1806 1827 1848 1869 1890
1911 1932 1953 1974 1995 2016 2037 2058 2079 2100

Que tan grande es el fenómeno astrológico, o el cambio terrenal que la grande civilizaciones y grandes sabios sabían lo que va a suceder que todos la escritura son en forma de claves, de manuscrito, o códigos secretos, pero yo tuve la visión y puedo ver los números con facilidad este es el secreto los números. Voy a utilizar algunos de los números Edward, los llamo así porque por el empezó todo esto de los números.

90/28=3.214285714285714285714285714285714
900/280=3.214285714285714285714285714285714
900/286=3.14685314685314685314685314685314
9000/2800=3.214285714285714285714285714285714
9000/2860=3.14685314685314685314685314685314

Si cojeemos cualquier numero de la tabla del 21 y los dividimos el resultado es 714, pero los números que no se pueden usar son 21, 42, 63, y 84, después cualquiera solo los números de 3 dígitos, o de 4 dígitos, los 2 del frente, o los 2 del final, por ejemplo

2100, 2016, esto solo se puede hacer con el 28, y la suma de los números del 21
2/28=0.0714285714285714285714285714285714
100/28=3.5714285714285714285714285714286
20/28=0.714285714285714285714285714285714
16/28=0.5714285714285714285714285714285714

Si miramos bien el 714 es el mismo numero 21, 7+14 = 21, y 7+1+4=12 en la republica dominicana el 21 de enero es el día de la virgen del Altagracia, en esta foto ella representa a la estrella Belén, (que es virgo), y 12 estrella que representan las 12 tribus de Israel, y por igual a los 12 apóstol, y una corona de oro. Según cuenta la historia 2 hermanos Alonso y Antonio

Trejo llegaron a la isla en 1506 a Salva león de Higüey, y el 12 de mayo 1512 se fundo la parroquia en la villa de Salva león de Higüey.

Virgen del Altagracia 1512

Lo curioso de esta pintura es que no se sabe quien fue su creador, si fue Da Vinci, Michel Ángelo, o Rafael, pero la pregunta es quien es el autor, este es el misterio.

También se habla de las 21 divisiones, de las 7 potencias africanas.

El nombre de 21 división hace referencia al numero de jerarquías en que se dividen los Loases o Espíritus, esto son los nombre, LEGUAS, OGUNES, RODAS, LOCOS, GUEDES, PETROS, SIMBIS, LOCOMIS, ZOMBIS, INDIOS, NOGOS, CONGO, GUINES, NIÑOLLIS, CAES, DONGUELES, SHUNQUES, PIUES, DIFEMAYOS,

PETIFONES, Y MARASA.

En el famoso concilio de Trento en el 1546 la iglesia católica adopto solo 72 libros, 45 del viejo, y 27 del nuevo, y en el siglo III a. c. el faraón Ptolomeo filadelfo junto 72 sabios judíos, para que en 72 días tradujeran la Biblia del arameo al griego, también hay 7 libros de diferencia entre las iglesias no-católicas.

1) TOBIAS
2) SABER
3) JUDIT
4) SABIDURIAS
5) ECLESIASTICO
6) BARUE
7) 1ra y 2da MACABEOS

72+72=144+72=216= 2+1+6+=9 Y 21+6=27
1+4+4=9 Y 1+44=45

El numero 23 para mi es un numero como cualquier otro, pueda que el tenga algunas propiedades misteriosas, pero yo hasta el momento no lo e encontrados, en el Internet hay muchas cosas sobre el 23, pero yo se algo del 11 que es el 22, por ejemplo.

11+00=11
11+11=22
22+11=33
33+11=44
44+11=55
55+11=66
66+11=77
77+11=88
88+11=99
99+11=110
111-222-333-444-555-666-777-888-999
111+111=222-1+1+1+=3, 2+2+2+=6 y 22+2= (24)*90=2160
222+222=444-2+2+2=6, 4+4+4=12 y 44+4= (48)
333+333=666-3+3+3=9, 6+6+6=18 y 66+6= (72)
444+444=888-+4+4+4=12, 8+8+8=24 y 88+8= (96)
555+555=1110-5+5+5=15, 1+1+1=3 y 11+10=21-117= 96
666+666=1332-6+6+6=18, 1+3+3+2=9 y 13+32=45-117= 72
777+777=1554-7+7+7=21, 1+5+5+4=15 y 15+54=69-117= 48
888+888=1776-8+8+8=24, 1+7+7+6=21 y 17+76=93-117= 24

999+999=1998-9+9+9=27, 1+9+9+8=27 y 19+98=117

Ahora yo se que el 23 es misterioso, es el numero que al revés es 32 si miramos la tabla del 21, se darán cuenta que los números que salen son, 21, 42, 63, y 84, y en la tabla del 22 salen el, 24, 48, 72, 96, pero hay un problema donde esta el 28, 32, y 36 o 56 que son los números que multiplicados por los números 63 y72, si usamos la tabla del 7 podemos encontrar el 28, y 56, y usando la del 6 tenemos el 36, y la del 4 el 32. Lo curioso de este problema es que solo 1 presidente duro 32 días, y murió, 1 con 3 términos de 4 años cada unos que son 12, y 3 con solo 8 años cada uno.

HARRISON = 32 días en la presidencia
ROOSVELT = 4.4.4
JEFFERSON = 8
MADISON = 8
MONREO = 8 que es igual que 888. Y 888+888 = 1776 el año de la independencia.

Los 3 números con mas misterio son el 7, 11, y 21, pero el 7 es el único que sale en la tabla del 11 y en la tabla de 21, de esta manera 777, ya yo quiero terminar con esta odisea de números, pero cada día que pasa mas cosa extrañas siguen apareciendo.

Los 21 nombre de dios que son así.

1) ADONAI
2) EL
3) EL ELOHE
4) EL EYON
5) ELOHIM
6) EL OLAM
7) EL-ROI
8) EL-SHADDAI
9) EMANUEL
10) JEHOVA
11) JIREH
12) MEKADDESH
13) NISSIN

14) RAFA
15) ROHI
16) SABAOT
17) SHAMMAH
18) TSIDKENU
19) JAH
20) MALAKIN
21) ELI

Que casualidad los 21 nombre de los números están diciendo la verdad como yo veo los numero yo no se, nunca fui muy bueno con los números, ya si creo que termine, OH recuerden que el libro del Apocalipsis termina en el capitulo 22, y en el versículo 21, ¿Qué extraño que el libro mas sagrado termine en esos 2 números, porque?

21*96=2016

2016 2016 2016 2016 2016

EL PANTEON

Fue construido en el 126ad * 16 = 2016. La altura de la cúpula y el diámetro de el circulo interior es el mismo 43.3 metro (142pies), en pulgadas son 1704 * 2 = .

* EL PORTICO, la Tereza del panteón fue originalmente diseñada para columnas de granitos, y la base de 50 pies romanos de alto, y el (capital), que es la parte de arriba de los pilares, 10 pies romanaos de alto en el orden (corinthian architecture slender and ornate at top: describes a slender architectural column with an ornate capital). El constructor hizo muchos cambio y ajuste en forma de usar el (shaft), camino 40 pies romanos de alto y 8 pies romanos (capital) de alto. Las columnas de granito gris actualmente usada en el panteón pronaos fueron mimadas en Egipto en la montaña del este, y cada uno mide 12 metros (39 pies) de alto, y 1.5 metros (5 pies), en diámetro, pesan 60 toneladas.

* ROTUNDA, es un edificio con una cúpula, y tiene 4535 toneladas métricas (4999 toneladas corta), el peso del concreto, que esta en la cúpula esta concentrado en un aro de (voussoirs), la parte curveada de un arco,9.1 metros (30pies), en diámetros, en forma de cúpula en circulo, el (dome), techo circular que esta soportado por 8 (barrel vaults), cilindro en forma de medio cilindro, de 6.4 metros (21 pies) de grosor.

El grosor de la cúpula es variable de 6.4 (21pies) a la base de la cúpula a 1.2 metros (3.9 pies), alrededor de (oculus), de la forma circular.

La dimensión tiene mas sentido, cuando es expresada en las medidas romanas, el (dome) la cúpula tiene 150 pies romanos, el (ocuclus), el circulo es 30 pies romanos en diámetros, y la puerta es 40 pies romanos.

43.3m - 142 pies - * 12 = 1704 pulgadas
43.3m - 142 pies - * 12 = 1704
50 pies romanos * 12 = 600
10 pies romanos * 12 = 120 pulgadas
40 pies romanos * 12 = 480
8 pies romanos * 12 = 96
12m - 39 pies - * 12 =468
1.5m - 5 pies - * 12 = 60 pulgadas
9.1m - 30 pies - * 12 = 360
6.4m - 21 pies - * 12 = 252
1.2m - 3.9 pies - * 12 = 46.8 pulgadas
150 pies romanos * 12 = 1800
30 pies romanos * 12 = 360
40 pies romanos * 12 = 480 pulgadas
1704 + 360 + 96 = 2160
600 + 480 = 1080 * 2 = ????
96 * 21 = 2016
252 * 8 = 2016
1800 + 360 = 2160
600 + 480 = 1080 + 468 = 1548 + 360 = 1908 + 252 = 2160

Este es el famoso panteón de roma, y esta son la sumas de la pulgadas, los números no mienten, cual es el secreto, de esa facha, por que tanto misterio, por que siempre en las medidas, por que no escriben un libro, y explican el significado de esa fachas, que son muy importante, que toda cultura del mundo habla de ellas, como consiguieron el conocimiento de llevar el tiempo tan perfecto, con las constelaciones que están a millones de distancia, o fue que un grupo de hombre, o (pendejos), se pusieron a mirar para el cielo por 2160 años, y así, poder calcular el tiempo. ¿la pregunta es quien le dio el conocimiento de llevar el tiempo de la constelaciones del zodiaco?

Recuerden que este monumento fue construido 126 ante de cristo, en la era de Aries, 18 años ante de la nueva era, que fue en el 144, que es el famoso nacimiento de cristo (PISCIS), que es la era en que estamos ahora, y el próximo cambio es en el 2016 (ACUARIOS) + 144 = 2160.

LA CATEDRAL DE SAN BASILIO RUSSIA

La iglesia central mas larga de la intercesión es de 46 metros de alto, pero tiene el área del piso de 64 mª.

Tradicionalmente en Moscow en los tiempo medievales, la fundación eran construidas en piedra blanca, mientra la iglesia fue construida en ladrillo rojo de (28 * 14 * 8) centímetros.

28 * 72 =
14 OR 15 * 144 =
8 * 252 =
28 * 14 = 672 * 3 = 2016
14 * 8 = 112 * 18 = 2016
28 * 8 = 224 * 9 = 2016
46m - 150 pies * 12 = 1800
28cm—11 pulgadas
14cm—5 pulgadas
8cm—3.14960 pulgadas
5 * 3 = 8
11 + 5 = 16
11 + 3 = 14
64mª en pulgadas 99 pª

Esta son las únicas medidas que encontré, y como pueden, ver los números son los mismo.

LA COLUMNA DE TRAJON'S

Terminada en el año 113, por el arquitecto Apollodarus .

La estructura es de 30 metros (98 pies), de altura, y 35 metros (125 pies), incluyendo el pedestal mas largo.

La columna esta hecha de 20 disco de mármol, y cada uno pesa 32 toneladas, con un diámetro de 3.7 metros (11 pies). Los 190 metros (625 pies), alrededor de los disco de la columna 23 veces. Adentro de los disco de la columna hay una escalera en forma espiral de 185 escalones.

La columna tiene 38.4 metro de altura de el piso hasta el tope de la base de la estatua. La estatua y su base miden 29.76 metros de alto, y este numero es casi 100 pies romanos. La base de debajo de la escalera de espiral adentro de la columna mide 8cm menos.

La columna están compuesta por 29 bloque de mármol lunares, y pesan mas de 1100 toneladas.

30m - 98 pies - * 12 = 1176 pulgadas
35m - 125 pies - * 12 = 1500
32 toneladas=64,000 libras
3.7m - 11 pies - * 12 = 132
190m - 625 pies - * 12 = 7500
34m - 111 pies - * 12 = 1332
38.4m - 125 pies - * 12 = 1500
29.76m - 97 pies - * 12 = 1164
8cm - 3.14960 pulgadas
1500 + 625 = 2125 + 35 = 2160
1176 + 625 1801 + 125 = 1926 +125 = 2051 + 98 = 2149 + 11 = 2160
1332+125=145712 =1582+190=1707+98=1805+97=1902+35=1937+3
0=1967+38=2005+11= 2016 Acuarios.
7500 + 1164 = 8664 + 1332 = 9996 + 625 = 10621 + 35 = 10656 Libras
1500 + 1332 + 1164 + 125 + 38 + 11 + 3 + 3 = 4176 Capricornios.

EL DOMINO CHINO

Es un juego muy divertido que se piensa mucho, se discute, y hasta hay problemas por un simple juego que tiene su misterio, pero todo misterio tiene solución y creo que esta es una de ella, veamos los números de el domino de un juego tan lindo. Son 7 fichas, 28 en total, y la suma es de 168.

12=12
10+11=21
8+9+10=27
6+7+8+9=30
4+5+6+7+8=30
2+3+4+5+6+7+=27
1+2+3+4+5+6=21 total es 168
28*6=168
168*12=2016
7*1=7 21
7*2=14 35
7*3=21 49
7*4=28 63
7*5=35 77 .
7*6=42 91
7*7=49 total es 196*11=2156 por 4 años de diferencia.

Miren la suma de eso mismo numero de 35 al 7.
196-28=168
91+77=168
35+28=63
28+27=49
21+14=35
14+7=21 total es 168

La recta entre ellos mismo.
91-49=42
77-42=35
63-35=28
49-28=21
35-21=14
21-14=7
49-21=28
63-35=28
77-49=28

91-63=28 total es 112*18=2016
7+6=13 13*7=91+77=168
6+5=11 11*7=77
5+4=9 9*7=63
4+3=7 7*7=49
3+2=5 5*7=35
2+1=3 3*7=21 =168
168+168=336
336*6=2016

Los números no hablan mentira solo la verdad.
21-12=9
27-21=6
30-27=3
30-30=0
30-27=3
27-21=6
9*3=27
9*6=54
6*3=18
9+6=15
27+30+30+30+27=144
144*14=2016
144*15=2160

LAS BARAJAS

Nadie sabe con certeza quien fue el creador ni su origen solo hay suposiciones de quien fue. Veamos los números de la Barajas. Todas tienen un total de cuatro por cada una.

2-3-4-5-6-7-8-9-10—J11-Q12-k13-A14o1
4*4*4*4*4*4*4*4*4 4 * 4 * 4 * 4
8-12-16-20-24-28-32-36-40-44-48-52-56
8*4=32
12*4=48
16*4=64
20*4=80

24*4=96
28*4=112
32*4=128
36*4=144
40*4=160
44*4=176
48*4=192
52*4=208
56*4=224
32*63=2016
48*42=2016
64*32=2048
80*25=2000
96*21=2016
112*18=2016
128*16=2048
144*14=2016
160*13=2080
176*12=2112
192*11=2112
208*10=2080
224*9=2016

JUEGO DE DADO INDU

Son los mismo números de el domino y las Barajas, creo que las Barajas son de origen, chino o hindú, porque los números son similares.

2*4=8 4*6=24 6*8=48 8*10=80 10*12=120
2*6=12 4*8=32 6*10=60 8*12=96
2*8=16 4*10=40 6*12=72
2*10=20 4*12=48
2*12=24
16*8=128*16=2016
120+80+60+40+20=320
320*7=2240-160=2080-80=2000
2240-80=2160-160=2000 un dados tienen 6 lados y los 2 son 12 y si sumamos el total de un dado es 21 y el otro 21

21+21=42 y si multiplicamos 42*12=504 y hagamos lo mismo con el 504*4=2016

Todos los números de todas las civilizaciones dicen lo mismo en diferente formas y tiempo. Toda civilización cuenta una historia en diferente forma, y con el mismo significado, por ejemplo las Barajas de le Normand de 36 cartas en total dicen que son un calendario lunar de 360 días, pero el que invento las cartas de 36 conocía el fenómeno astrológico de una manera o otra y utilizaran los números para predecir el futuro, no como Michael Nostradamus que todo lo que predijo fue en letra y no con fechas numéricas, como los hebreo, egipcio, chino, hindú, babilonia, maya, azteca, inca y el ultimo es un personaje un poco extraño, y difícil de creer lo que logro hacer en tampoco tiempo, y casi nadie lo conoce y que fue lo que hizo personas que viven en la misma ciudad no saben ni lo que es, y yo le he preguntado a muchas personas que si saben lo que es el Castillo de coral y me dicen que es eso, esa manera de expresarse, me deja saber que los historiadores no han hecho su trabajo, no le dan importancia como a las pirámides, pero es importante como las pirámides lo hizo un solo hombre, y lo que sucede es que la historia no tiene respuesta paras las preguntan. La primera pregunta seria como es posible que un hombre solo pudo hacer esos monumentos, con solo herramientas del 1900 rudimentarias, pero hay miles de teoría de como lo hizo, y ninguna tiene sentido de como el pudo hacer todo lo que hizo. Yo digo que el tenia contacto con seres con un grado de inteligencia superior al nuestro, por eso su Castillo es un libro de preediciones hacia el futuro de la raza humana, por ejemplo voy a usar dos fechas que salen en los números de la matemática, que son el 2010, 2012 y 2016.

2010 este numero sale en la matemática que quiere predecir no lo se y el 2012 que es la fecha de los maya y que todo el mundo esta hablando y muchos están prediciendo que va suceder en esa fecha en especial los cristiano, pero en esa fecha nada va a suceder y ese numero no sale en los números de la matemática, solo en el génesis en las edades de los primero patriarca. Ahora el 2016 es el numero que todas civilización, con sus números de una manera o otra nos lo dejaron escrito en forma de claves o adivinanza, y toda fecha que esta en este libro desde 1900 hasta el 2000, algo paso en la historia de esas fechas que salen en este libro de preediciones matemáticas, como el 2001, las torres y otras mas que hay.

BIBLIOGRAFIA

1) La Biblia reina Valera del año 1960
2) antiguos mapa de la historia .
3) El manuscrito voynich el Internet.
4) El castillo de coral visión personal la información por el mismo lugar.
5) Fortalezas de guerras en los estados unidos, la historia.
6) Independencia, y presidentes de los estados unidos, la historia.
7) Preediciones de los grandes maestros de la historia.
8) ruinas de las antiguas civilizaciones la historia.
9) profecía del mago merlín el Internet.
10) profecía de los hopi el Internet.
11) Leonardo da Vinci el Internet.
12) Michell de Nostradamus el Internet.
13) profecía de st. Malaquías el Internet.
14) la basílica de san pedro el Internet.
15) el numero 21 mi trabajo.
16) la basílica de san basilio el Internet.
17) los números son lo mismo mi trabajo.
18) Jeane dixon el Internet.
19) misterio de algunos famosos mi trabajo.
20) los juegos de domino, dados, y barajas mi trabajo.